Das Genie in mir

Werner Siefer ist Diplom-Biologe, Wissenschaftsredakteur und Autor. Zu seinen Spezialgebieten zählen Hirnforschung, Evolution und Anthropologie. Bei Campus erschien von ihm unter anderem der Bestseller *Ich. Wie wir uns selbst erfinden* (2006, zusammen mit Christian Weber).

Mehr über den Autor unter www.wernersiefer.de

Werner Siefer

Das Genie in mir

Warum Talent erlernbar ist

Campus Verlag
Frankfurt/New York

Bibliografische Information der Deutschen Nationalbibliothek:
Die Deutsche Nationalbibliothek verzeichnet diese Publikation in der Deutschen Nationalbibliografie. Detaillierte bibliografische Daten sind im Internet unter http://dnb.d-nb.de abrufbar.
ISBN 978-3-593-38695-9

Umschlaggestaltung: Hißmann, Heilmann, Hamburg
Satz: Fotosatz L. Huhn, Linsengericht
Druck und Bindung: CPI – Ebner & Spiegel, Ulm
Gedruckt auf säurefreiem und chlorfrei gebleichtem Papier.
Printed in Germany

Besuchen Sie uns im Internet: www.campus.de

Inhalt

1. Vom Können und Wollen 9
2. Wie Genies denken 18
3. Der Talent-TÜV 59
4. Schneller, besser, reicher – IQ 87
5. Im Universum der Möglichkeiten 112
6. Wenn Lady Di den T-Rex umarmt 136
7. Zahlensinn und Sprachinstinkt 177
8. Wecke den Experten in dir! 211
9. Das eigene Talent wagen 245

Dank 256
Literatur 257
Register 262

All jenen gewidmet,
die fürchten,
nicht gut genug zu sein.

Kapitel 1

Vom Können und Wollen

Hermann war der Meinung, dass Wille allein nicht genüge. Um etwas zu schaffen, versicherte er, müsse man das entsprechende Können besitzen. Seine Weisheit packte er in einen Spruch, den er fast immer dann anbrachte, wenn er es ablehnte, sich auf ein Vorhaben einzulassen, das ihm nicht ganz geheuer war. Oder wenn er eine Aufgabe beschreiben wollte, die nicht so einfach zu bewältigen war, wie der Gesprächspartner es sich ausmalte. »Das musst du schon können und nicht nur tun wollen«, bemerkte er dann. Er sagte das nicht auf Hochdeutsch, sondern im Lechrainer Dialekt, einer Mischung aus Schwäbisch und Bairisch, der entlang des Lechs um Landsberg verbreitet ist. Deswegen klang es überhaupt nicht holprig.

Der schon in jungen Jahren weise Hermann war mein Schulfreund, und er konnte imponierend viel. Zum Beispiel auf dem Bauernhof seiner Eltern Ferkel mit einer Rasierklinge kastrieren. Wie sein Vater es uns vorgemacht hatte, legte er ein Tier auf den Rücken, und während ich es halten musste, drückte er zwischen den Hinterbeinen mit Daumen und Zeigefinger eine schwartige Wölbung hervor, ritzte die Bauchdecke auf, holte die Hoden heraus, schnitt sie ab und warf sie in den Hof. Die kleinen Bälle kullerten über den Kies, Steinchen und Schmutz aufnehmend, die Katzen im Wettlauf hinterher. Auf die Wunde streute Hermann weißen Puder. Dann war das nächste Ferkel dran.

Hermann wusste auch, wie man Traktor fährt, und kannte alle Schmiernippel an der Zugmaschine oder dem Ladewagen. Er fuhr zum Grasmähen und konnte Heu machen, er kannte die Saat-Termine, mistete den Kuhstall aus, wusste, wann zu düngen war oder welche Rückenschmerzen die Kartoffelernte verursacht. Der Wetterbericht, der uns Kinder sonst kaum interessierte, war für Hermann wichtig, genauso der Barometerstand und was im Hundertjährigen Kalender verzeichnet war. Wenn es im Sommer hagelte, war er besorgt um die Früchte auf den Feldern. Wenn es nach einer längeren Trockenheit geregnet hatte, wusste er, dass ein kurzer Gewitterschauer den Pflanzen nicht reichen würde. »Des vergibt 'it« – bemerkte er dann wissend. Zufrieden gab er sich erst nach einem langen Regen oder Wolkenbruch, der Pfützen hinterließ und die Wiesen durchweichte.

Hermann kannte sich darin aus, wie eine Landwirtschaft funktioniert. Oder sagen wir: ein bäuerlicher Mischbetrieb mit Milchproduktion, Schweinezucht und Getreidebau, wie es ihn in den 1970er Jahren noch gab, bevor die Landwirte rationalisierten und lernten, Vermieter, Lageristen oder Hundeführer im nahen Fliegerhorst auf dem Lechfeld zu werden. Seine Eltern verlangten seine Unterstützung und waren überzeugt, dass ein Kind früh zum Arbeiten erzogen werde sollte. Hermann war stolz auf die Verantwortung, die ihm dadurch zufiel.

Wenn ich daheim im Gemüsegarten beim Umgraben geholfen hatte und ihm anschließend selbstbewusst die Blasen an meinen Fingern zeigte, winkte er nur ab. »Du weißt nicht, was Arbeit ist«, erklärte er und streckte mir seine Handflächen entgegen. Darauf zeichneten sich dicke, gelbliche Hornhauthöcker ab. Das sollte bedeuten: Wer wirklich arbeitet, der bekommt keine Blasen. Wieder so eine Hermann-Weisheit. Mich enttäuschte seine Reaktion. Da hatte ich einmal den Spaten in die Hand genommen, und dann war es wieder nicht gut genug gewesen.

Die Schule liebte Hermann weniger. Nicht, dass er besonders schlechte Zensuren erhalten hätte. Aber das Sitzen und Zuhören, das Sich-Vertiefen in das, was ein Lehrer sagte oder in den Büchern stand, war einfach nicht, was er wollte. Fast hatte es den Anschein, als wären der Hermann der Landwirtschaft und der Hermann der Schule zwei verschiedene Personen. Voller Verantwortung und zupackend der eine, passiv abwartend der andere. Das ging nicht richtig zusammen, und ich vermute, dass es für viele Bauernkinder nicht vereinbar war: draußen auf dem eigenen kleinen Hof trotz junger Jahre erwachsen zu sein und in der Schule erfahren zu müssen, dass die Welt um so viel größer ist, als man sie überschaute. Da würde eine Sphäre die Oberhand behalten. Bei Hermann waren das nicht die Aussagen des »Studierten« vorne an der Tafel. Er äußerte das nie, aber es war spürbar, dass er nicht recht daran glaubte, dass Lehrer vom richtigen Leben besonders viel verständen.

Ob das nun stimmte oder nicht, er dachte eben so. Der britische Philosoph und Mathematiker Bertrand Russell (1872–1970) beschrieb das mit einem bildhaften Spruch. »Jedermann, wohin er auch immer geht, ist von einer Wolke tröstlicher Überzeugungen umgeben, die ihm folgen wie Fliegen an einem Sommertag.« Das passte auf Hermann – nicht nur, weil auf Bauernhöfen bekanntlich allerlei Getier zu Hause war.

Sind Sie ein Genie?

Ich erinnerte mich an den Schulfreund, während ich im schwäbischen Tuttlingen in einem edel mit Holz vertäfelten Hörsaal saß und einen Vortrag von Tony Buzan verfolgte. In der Hauptstadt für künstliche Hüftgelenke und andere medizinische Ersatzteile fanden an diesem Wochenende im Juli 2007 die Deutschen Gedächtnismeisterschaften statt. Buzan, der früher einmal Weltmeister im Memorieren gewesen war, der den britischen Thronfolger Prince Charles und Michael Jackson, den einstigen König des Pop, trainiert hatte, referierte über das Gehirn. Vielmehr, er weckte Zweifel.

Wir wüssten über das Denkorgan nur, gab er vor, dass wir weniger als »ein Prozent« dessen wüssten, was es zu wissen gebe. »Wir fangen buchstäblich gerade erst an, zu entdecken, was in unserem Kopf steckt«, sagte Buzan während er mit großen Schritten die Bühne durchmaß. Er berichtete von einem Jugendfreund, mit dem er durch die Wälder gezogen war und der ein enormes Wissen über die Natur, Tiere und Pflanzen besessen hatte. In der Schule hatte der arme Kerl aber hinten sitzen müssen, weil er schlechte Zensuren schrieb.

Dabei war mir Hermann eingefallen.

Aber was bedeute das schon?, fuhr der Brite mit den kurzen grauen Haaren fort. »Heute merke ich mir 60 historische Daten in 15 Minuten, in der Schule schaffte ich in einem ganzen Jahr keine 40.« Man solle das Buch *Der kleine Prinz* von Antoine de Saint-Exupéry lesen, riet Buzan, das schule die Fantasie. Man solle Farbe benutzen, um seine Ideen zu Papier zu bringen und zu gliedern. Man solle seinen Körper trainieren, denn Sport verbessere das Denkvermögen. Man solle sich gesund ernähren, weil »Junk-Food« ein »Junk-Brain« hervorbringe. Und man solle sich mit Kreativspielen beschäftigen, das halte diesen Muskel im Kopf – er tippte sich an die Stirn – in Schwung. Veröde ein Gehirn hingegen in Langweile, sacke sein Leistungsvermögen in den Keller. Zur Veranschaulichung beschrieb Buzans Zeigefinger mit strenger Geste ein umgekehrtes U, wie ein Flugzeug, das vom Steil- in den Sturzflug übergeht.

Es war eine wohlfeile Botschaft, die der in einen dunkelblauen Zweireiher und Stehkragenhemd gekleidete Gedächtnismeister da schreitend unter die Leute brachte. Die Schule kritisieren, Misstrauen wecken gegenüber vermeintlichen Lehrbuchweisheiten und ein bisschen Zuspruch geben, fest an das eigene Potenzial zu glauben. Dazu ein paar süße Wohlfühlratschläge – das waren die Zutaten dieser Mischung, die er selbstbewusst anrührte.

Während er redete, schritt der Brite auf und ab. Immer auf und ab. Und dabei schien ihm jene Russellsche Wolke tröstlicher Überzeugungen zu folgen. Doch diesen Eindruck gewann ich wohl erst später.

Dann stoppte er abrupt, blickte in den Saal, griff hinein in seinen Fliegenschwarm und schleuderte etwas davon ins Publikum. »Wer unter Ihnen«, rief er, »glaubt, er sei ein Genie?«

Ein Bach, Beethoven, Einstein, Darwin, Leonardo, Gauß, Goethe, Kant, Kasparow, Kopernikus, Mozart, Newton, Picasso, Piaget, Pelé oder jemand von vergleichbarer Sorte? Ich nahm die Frage gar nicht recht ernst, so absurd schien sie mir. Wie soll man sich selbst denn zu einem Könner dieser Kategorie erklären können?

Zwei Anwesende hoben die Arme, zwei unter vielleicht hundertfünfzig. Der eine sah aus wie ein zeitlebens übersehener Beamter im Ruhestand, der andere wie ein entrückter Physikstudent.

Der Büroklammertest

Ohne weiteren Kommentar gab Buzan nun Buntstifte und Papier aus und unterteilte das Publikum in kleine Gruppen. An die Tafel schrieb er das Wort »Büroklammer«.

Damit fiel der Startschuss für einen Kreativitätstest, den der Psychologe Joy Paul Guilford (1897–1987) entwickelt hatte. Die Zuhörer sollten aufschreiben, wozu sich das Drahtstück gebrauchen ließe, außer Papiere damit zu bündeln. Danach sollten sie notieren, wozu das Drahtstück *nicht* dienlich sei. Also etwa auf den Mond zu fahren oder zum Joggen, Mauern, Essen, Trinken, als Treibstoff, Babywindel, Luftfilter, als Computer oder als Treppe.

Die Negativlisten wurden deutlich länger als ihre Positivpendants. Doch – zur großen Überraschung aller – konnte bei näherer Prüfung kaum ein Punkt darauf verbleiben. Die Mondfahrt fiel weg, weil eine Büroklammer zusammen mit Millionen anderen eingeschmolzen werden kann und so zum Tank einer Rakete wird. Im Computer kann sie als Stecker oder Gehäuse dienen, beim Joggen als Reißverschluss der Jacke. Selbst trinkbar ist eine Büroklammer. Wie? Das Metall in Salz- oder Phosphorsäure auflösen und die Brühe mit sehr viel Wasser verdünnen – ein derartiges Gebräu könnte sogar weniger ungesund sein als Cola.

Reichlich Wasser auf die Mühlen des Populisten Buzan. Menschen finden leichter Argumente für das *Nichtfunktionieren* eines Plans oder Projekts. Sie treffen fortlaufend Grundannahmen, nach denen zwar niemand gefragt hat, die sie jedoch in ihrer Vorstellungskraft einschränken. Doch negative Argumente lassen sich durch kreatives Denken in positive verwandeln. Gibt es also eine Funktion, für die sich die Büroklammer nicht eignet? Nicht in der Fantasie. Sie lässt sich gar zu einem dünnen Faden ausziehen, um damit auf den Mond zu klettern. Kinder, dozierte der Brite, dächten so. Doch in der Schule, später im Studium oder der Berufsausbildung ginge ein Großteil ihrer Kreativität verloren.

Schließlich wiederholte Buzan seine Frage, wer unter den Anwesenden sich für genial halte. Nun meldete sich ein knappes Dutzend Zuhörer, möglicherweise ermutigt von der temporären Wiederentdeckung ihrer Fantasie oder einfach nur willens mitzuspielen. Und ich bemerkte, dass eine seiner Fliegen direkt bei mir gelandet war und fortan mir folgend meinen Schwarm in Unordnung brachte. In dem Geschwirre tauchten Fragen über Fragen auf. Verlieren Kinder mit dem Erwachsenwerden tatsächlich wertvolle Fähigkeiten, weil sie ver-bildet werden? Was ist das überhaupt: die Begabung, das Talent oder das kreative Genie? Werden Menschen mit diesen Eigenschaft geboren oder können sie selbst dazu beitragen, so zu werden – und sei es nur ein Stückchen weit? Die Unordnung trieb mich an.

Erlernte Talente

Mir kam ein Zitat des amerikanischen Psychologen William James (1842–1910) in den Sinn. »Genie«, verkündete er, »ist kaum mehr als die Fähigkeit, auf ungewöhnliche Weise wahrzunehmen.« Eine andere Perspektive einzunehmen, Ideen zu entwickeln, das sind doch Fertigkeiten, die sich lernen lassen – oder? Auch für Thomas Alva Edison (1847–1931), Ikone aller Erfinder, kam schöpferische Kraft nicht aus purer Eingebung, war kein göttlicher Funke vonnöten. »Genialität besteht zu einem Prozent aus Inspiration und zu 99 Prozent aus Transpiration«, soll er gesagt haben.

Aber sind das nicht alles hohle Worte? Das überlegte ich, meinen Fliegenschwarm neu ordnend. Wie soll man denn seine Welt auf eine nicht gewohnheitsgemäße Art sehen? Das schaffen nur wenige Menschen – und alle anderen eben nicht. Viele sind fleißig und doch scheint ihnen jede Berufung zu Höherem zu fehlen. Andere sind faul, haben aber Glück und landen mit leichter Feder einen Geniestreich.

Ich erinnerte mich an die Streber in der Schule, die noch auf die schwierigsten Fragen eine Antwort wussten und bei jedem Stoff und jedem Lehrer beste Noten erhielten. Nicht selten waren das auch diejenigen, die beim Sportunterricht wie ein Sack am Reck hingen und stets als Letzter oder Vorletzter in die Fußball- oder Handballmannschaft gewählt wurden. Die Mädchen interessieren sich für Kunst und Sprachen, die Jungen für Mathematik und Physik. Das kann kein Zufall sein. Es gibt sie einfach, die Elite und die Masse, die Begabten und die – sagen wir – anderweitig Begabten. Und zweifellos sind solche Erfahrungen, Talent-Erfahrungen, also die Auffassung davon, was jemand kann oder können könnte, entscheidend dafür, was jemand in seinem Leben wird.

Aber lässt sich die menschliche Intuition hier nicht leicht hinters Licht führen? Talent oder Begabung sind auch von der Perspektive abhängig, die jemand einnimmt. Das zeigt sich zum Beispiel am Drama nicht weniger Kinder, die scheinbar gar keine Begabung besitzen, nur weil ihnen ausgerechnet die Fähigkeiten fehlen, die dem Lehrer, dem Vater oder der Mutter einzig etwas bedeuten. Wohl auch das eigene Erleben inspirierte den Schriftsteller Thomas Mann zu der Figur des musisch veranlagten Sohnes Hanno, der in der Kaufmannsfamilie Buddenbrook aufwächst und unglücklich ist, weil die Fähigkeiten, über die er reich verfügt, unerwünscht sind und er die Begabungen, die von ihm erwartet werden, nicht vorweisen kann.

Dass Talent kein Schicksal sein muss, sondern erworben werden kann, davon war der ungarische Lehrer László Polgár überzeugt – und er konnte es belegen. In den 1970er Jahren startete er ein viel diskutiertes Experiment: Er unterrichtete seine drei Töchter selbst und drillte sie von klein auf intensiv im Schachspiel. Die ungewöhnliche Operation gelang. Alle drei wuchsen zu außergewöhnlich starken Spielerinnen heran. Die 1976 geborene Judit wurde bereits im Alter von 15 Jahren Großmeisterin. Heute belegt sie den ersten Platz der Weltrangliste der Frauen.

Doch auch ohne Spitzenförderung leisten ganz normale Menschen Außergewöhnliches – wenn es etwa der Beruf erfordert. Ein Beispiel dafür ist Erna Schreivogl, Verkäuferin in einer Metzgerei im oberbayerischen Kaufering. Sie kennt mehr als 600 verschiedene Preiscodes für die einzelnen Produkte auswendig.

Mir ist ihr Können aufgefallen, als ich in der Schlange wartete und eine Kollegin die richtige Nummer nicht wusste. Daraufhin rief Frau Schreivogl »17« quer durch den Laden. Dass sie, wie sie anschließend versicherte, 632 Zuordnungen im Kopf hatte, erschien mir so verwunderlich, dass ich sie auf die Probe stellte. Ich fragte: »325?«, sie antwortete: »Thüringer Rotwurst«. »437?« – Frau Schreivogl: »Rinder-Rouladen«, »554?« »Putenschnitzel«. Die Verkäuferin war nicht in Verlegenheit zu bringen.

Ein Gedächtnistalent? Als es in den Telefonzentralen noch keine Computer gab, saßen dort Mitarbeiter, die mehrere Hundert Nummern von Teilnehmern präsent hatten. Sekretärinnen wussten die Kontaktdaten der wichtigsten Gesprächspartner ihrer Chefs. Legendär waren auch die Kassiererinnen und (die wenigen) Kassierer beim Discounter Aldi.

Vor der Erfindung der piepsenden Scanner hatten sie nicht nur alle Preise des Sortiments inklusive der Sonderaktionen und Saisonartikel im Kopf. Sie tippten sie auch so behände ein, dabei mit keinem Blick die Tastatur beachtend, dass der Kunde mit dem Einpacken kaum hinterherkam. Fehler machten diese Künstlerinnen und Künstler des Supermarktes so gut wie nie, wie sich anhand sogar ellenlanger Rechnungen kontrollieren ließ.

Sind sie alle Naturtalente oder hat sich ihr Gehirn einfach nur hervorragend auf die Herausforderungen ihres Lebens eingestellt? Sind sie gar – Genies?

Kapitel 2

Wie Genies denken

Vincent van Gogh und Zerah Colburn haben eines gemeinsam: Beiden haftet das Etikett eines Genies an. Ansonsten jedoch verbindet die zwei wenig. Ersterer gilt heute als einer der berühmtesten und einflussreichsten Künstler und als Begründer der modernen Malerei. Im sehr reifen Alter von 27 Jahren entschloss er sich zu seinem Beruf und blieb bis zu seinem Tod im Jahr 1890 ein wenig beachteter Sonderling. Colburn hingegen ist heute selbst in seiner Heimat, der Ostküste der USA, weitgehend vergessen. Dabei war ihm als kleiner Junge der Ruf vorausgeeilt, ein Wunderkind zu sein.

Colburns Nimbus gründete sich darauf, dass er aus dem Stand die schwierigsten Rechnungen vornehmen konnte und das Einmaleins beherrscht haben soll, noch bevor er in die Schule ging. Seine Kindheit brachte der 1804 in Cabot (Vermont) geborene Junge weitgehend damit zu, als Sensation durch die großen Städte und Fürstenhöfe zu tingeln. Das Publikum durfte dem Knaben eine Aufgabe zurufen, und dieser spuckte im Handumdrehen die richtige Antwort aus. Das Quadrat von 1449? »2 099 601«, erwiderte der Junge. Wie viele Sekunden haben 2 000 Jahre? Antwort: »63 Milliarden und 72 Millionen«.

Colburn beschäftigte sich Zeit seines Lebens und im Scheinwerferlicht der Öffentlichkeit mit diesem und ähnlichem Blödsinn und sollte daran zerbrechen. Van Gogh hingegen verausgabte sich unbeachtet von der Welt dabei, den Menschen einen neuen Sinn zu geben, und wurde darüber zu einem der größten Künstler aller Zeiten.

Der Überlieferung nach soll es eines schönen Augusttages im Jahr 1810 in der Schreinerei seines Vaters Abia Colburn gewesen sein, als Zerah erstmals einfache Rechnungen vor sich hin murmelte. »5 mal 7 ist 35, 6 mal 8 ist 48«, brabbelte der Junge. Dabei, so heißt es in seiner von ihm selbst verfassten Biografie, ging er zu diesem Zeitpunkt erst seit sechs Wochen in die Schule und hatte dort bisher weder Zahlen noch Buchstaben, weder Rechnen noch Schreiben, gelernt. Der Vater hörte ungläubig zu, wie sein Sohn das Einmaleins durchdeklinierte. Schließlich wollte er von ihm wissen, was 13 mal 97 sei. »1261«, antwortete der Bub ohne zu zögern, und seine Karriere als blitzschnell rechnendes Wunderkind begann.

Das Angebot des nahen Dartmouth College, den Jungen kostenlos auszubilden, lehnte Abia Colburn ab. Der Vater verließ stattdessen mit seinem Sohn die Familie und hatte ganz offensichtlich die Absicht, dessen Begabung in bare Münze zu verwandeln. »Als ob er irgendetwas dazu beigetragen hätte, dass der Junge so war«, notierte ein Kritiker von dessen späterer Autobiografie säuerlich im *New England Magazine*. Schon auf der Fahrt nach Boston unterhielt Zerah die Fahrgäste mit seinen irren Kalkulationen. In der Stadt angekommen, wurde er in kürzester Zeit zur Hauptattraktion, zum ausgestellten Genie, dem die Menschen seit jeher mit jener sonderbaren Mischung aus distanzloser Schaulust und Ehrfurcht begegnen.

Ein frühreifer Zahlenjongleur

Zerah löste Rechenoperationen mit sehr hohen Zahlenwerten rasch und richtig im Kopf, für die selbst ausgebildete Mathematiker Papier und etwas Zeit benötigen. Nach zwanzig Sekunden konnte er zum Beispiel angeben, wie vielen Tagen und Stunden

1811 Jahre entsprachen. Das Publikum wollte hinter sein Geheimnis kommen und erfahren, wie er das anstellte. Doch wann immer jemand den Jungen nach seiner Technik ausforschte, brach er in Tränen aus. Was auffiel, so ein zeitgenössischer Beobachter, war einzig, dass Zerah während seiner Berechnungen stets zu sich selbst sprach und Krämpfe ihn schüttelten.

Immer wieder sollen Sponsoren angeboten haben, Zerahs Erziehung und Lebensunterhalt zu finanzieren. Doch Abia Colburn verzichtete darauf, nichts schien ihm genug, was wiederum die Wohltäter verärgerte. Die Colburns brachen mit der Gesellschaft, setzten nach Liverpool in die alte Welt über und reisten weiter nach London. »Der Ruhm des Sohnes, nicht der Charakter des Vaters war ihnen vorausgeeilt«, kommentierte der Kritiker im *New England Magazine* boshaft, »und so fanden sie außerordentlich großzügige Freunde.«

Wohin er auch kam, weckten Zerahs mathematische Fähigkeiten die Neugier des Publikums. Abia buchte Ausstellungsräume und verlangte Geld von couragierten Bürgern, die sich für schlau genug hielten, Zerah mit einer Aufgabe herauszufordern. Außerdem verkaufte er bereits Vorbestellungen der Autobiografie seines begabten Sohnes. Das Werk war zwar noch nicht einmal begonnen, doch er versprach, dass darin das Geheimnis der genialen Rechenkünste des Wunderkindes verraten werden würde. Währenddessen war Zerah ohne Unterlass damit beschäftigt, so stupide Fragen wie die nach dem Quadrat von 888 888 zu beantworten. Ein Murmeln, ein Schütteln und dann die Antwort: 790 121 876 544. Eine Ähnlichkeit mit den Äußerungen früher Computer ist wohl rein zufällig – schließlich waren sie damals noch nicht erfunden.

Das vergeudete Talent

Einmal wurde diesem als menschliche Rechenmaschine vermarkteten Kind die unverfänglich anmutende Frage gestellt, ob 4 294 967 297 eine Primzahl sei, also nur durch eins und sich selbst teilbar? Nein, erklärte der Achtjährige, denn sie sei durch 641 teilbar. Damit hatte er – allerdings ohne es zu wissen – eine Fermatsche Zahl widerlegt. Das ist eine jener Zahlen, von denen der berühmte französische Mathematiker Pierre de Fermat (1607/1608–1665) behauptet hatte, sie seien nur durch eins und sich selbst teilbar.[1]

Aber damit hatte es sich auch schon, was Zerah Colburns erinnernswerte Leistungen zur Mathematik anging – sieht man einmal von einem folgenreichen Zusammentreffen mit William Rowan Hamilton (1805–1865) ab. Für den späteren Mathematiker und königlichen Astronom Irlands, der wichtige Beiträge auf dem Weg zur Quantenmechanik lieferte, wurde die Begegnung mit Colburn zu einem entscheidenden Wendepunkt im Leben, wie er sich später erinnerte. Die beiden trafen sich bei einem Rechenwettkampf, den Colburn gewann. Colburn gab Hamilton anschließend Übungsstunden. Davon war dieser so beeindruckt, dass er statt Sprachen Mathematik studierte, und zwar in Dublin. Persische und arabische Texte las Hamilton, der selbst als ein Wunderkind galt und schon als Jugendlicher zwölf Fremdsprachen beherrscht haben soll, fürderhin nur noch zum Zeitvertreib.

Zerah Colburn hingegen genoss nie eine adäquate, fördernde Ausbildung. Er ging in eine Schauspielschule, verdingte sich als Lehrer und arbeitete nebenher bei einem Institut der britischen Regierung, das sich mit dem Problem beschäftigte, wie auf hoher See der Längengrad ermittelt werden könnte. Nach dem Tode seines Vaters kehrte er in die USA zurück, schloss sich den Methodisten an und wurde einer ihrer Wanderprediger.

Das Rechnen interessierte ihn immer weniger, er schien die Begabung dazu zusehends zu verlieren. Im Jahr 1833, wohl in einem letzten Versuch, sein Talent zu Geld zu machen, erschienen die Memoiren von Zerah Colburn, »geschrieben von ihm

---

1 Tatsächlich hatte der schweizerische Mathematiker Leonhard Euler Fermats Vermutung schon 1732 anhand der nämlichen Zahl 4294967297 widerlegt. Dies war Zerah jedoch nicht bekannt. Er führte die komplizierte Kalkulation allein im Kopf durch.

selbst«, mit dem Versprechen, seine Rechentechnik zu verraten. Auf den ersten Seiten befindet sich eine Zeichnung des Buben in edlem Gewand, in der Hand einen Spiegel, das Symbol der Weisheit und der Selbsterkenntnis. Doch außer ein paar Rezepten für Küchenmathematik findet sich in dem Werk nichts Aufregendes. Suchte Colburn etwa die Quadratwurzel aus 92416, schaute er sich die letzten Ziffern an, 16, und merkte sich die Wurzel, also 4. Die Wurzel aus der ersten Ziffer, 9, ist gleich 3, und somit hatte er die Lösung: 304. Das Verfahren gleicht allerdings mehr einer Daumenregel, denn 46, 54, 96 ergeben mit sich selbst multipliziert ebenfalls eine Zahl mit den Ziffern 16 am Ende. Wie er es schaffte, die richtige Lösung zu finden, wusste Colburn nicht zu erklären. Er muss sich zu guten Teilen auf seine Intuition verlassen haben, den Ruf, den er genoss – und darauf, dass noch kein Taschenrechner zur Stelle war, um seine Lösungen zu kontrollieren.

Und das Urteil der Geschichte? Für seine Bekenntnisse wird »ihr Autor keine Unsterblichkeit erlangen«, urteilte der Rezensent der Autobiografie und zog eine vernichtende Bilanz: »Insgesamt bedauern wir, dass Zerah Colburn sein Leben aufgeschrieben hat. Ihm selbst gegenüber empfinden wir nun weniger Respekt als vor der Lektüre, für seinen Vater dagegen unaussprechliche Verachtung.«

Zerah Colburn, das verschwendete Talent, starb im Jahr 1839, im Alter von 35 Jahren.

Der Spätstarter

In der Lebensgeschichte Colburns klingen zahlreiche Motive des Wunderkindthemas an. Zum Beispiel seine Frühreife, die Manifestation des Genialen aus sich selbst heraus, wie aus dem Nichts und ohne vorherige Anleitung. Oder das allseits ungläubige Staunen seiner Mitmenschen ob der Fertigkeiten des Buben. Was daran Wirklichkeit war, was Inszenierung – besonders angesichts der ausgeprägten wirtschaftlichen Interessen des Vaters an dem Kind –, ist heute kaum mehr zu unterscheiden.

Es ist aber nicht so, dass der Genius bereits im zarten Kindesalter durchbrechen muss, um sich entfalten zu können. Und es ist in Wirklichkeit ebenso wenig obligatorisch, dass seine Umwelt ihn sofort für seine Äußerungen bewundert. Vincent van Gogh zum Beispiel fasste erst im Alter von 27 Jahren den Vorsatz, Maler zu werden, also zu einem Zeitpunkt, als die wichtigsten Lebensentscheidungen seiner meisten Zeitgenossen im 19. Jahrhundert bereits getroffen waren. Und wenn er ein Genieklischee erfüllte, so war es eher dasjenige des einzelgängerischen, ungepflegten Außenseiters, der in wirtschaftlicher Not sein Dasein fristete.

Van Goghs zahlreiche Biografen notieren vor dessen 16. Geburtstag keinerlei künstlerisch irgendwie auffällige Vorkommnisse. Der erste Kontakt mit der Welt der Kunst erfolgte erst danach. Sein Vater, ein protestantischer Pfarrer, schickte den jungen Vincent zur Ausbildung in eine internationale Galerie, die sich auf die Produktion und den Vertrieb von Reproduktionen alter Meister sowie auf Salonmalerei spezialisiert hatte. Van Gogh sollte Kunsthändler werden, doch hielt er nicht lange durch. Den immer gleichen bürgerlichen Geschmack zu bedienen, war er nach wenigen Jahren müde. Vincent suchte nach Sinn – demjenigen in seinem eigenem Leben und demjenigen in der Welt, und er fand ihn zunächst in der Religion.

Die Familie hatte indes andere Pläne und wirkte darauf hin, dass Vincent eine Ausbildung als Buchhändler begann. Nachdem dies ebenfalls keinen längerfristigen Erfolg versprach – er sei »kein anziehender junger Mensch«, urteilte der Buchhändlersohn –, gestand man ihm ein Theologiestudium zu. An der geistigen Arbeit wiederum fand Vincent keinen Gefallen und ging lieber auf eine Missionarsschule in Brüssel, wo es mehr um praktische Begabungen ging. Von der Metropole siedelte er in die Borinage über, einem belgischen Industriegebiet und Steinkohlerevier rund um die Stadt Mons. Dort gab van Gogh, mittlerweile Mitte 20, den

Arbeitern Bibelstunden, machte Krankenbesuche und hielt Reden. Keinerlei besondere Vorzeichen deuteten darauf hin, dass der ungepflegte Sonderling dereinst die Moderne begründen sollte – abgesehen vielleicht von seinem existenziellen Verantwortungsgefühl und den hohen moralischen Maßstäben, die er bei der Suche nach seinem Platz in der Welt anlegte.

Ungelenke Anfänge

Seine Familie hielt ihn bereits für einen Versager, als er endlich beschloss, sich der Kunst zuzuwenden. Worin das innere Motiv dafür lag, was die Wende beförderte, ist kaum mehr ermittelbar. Die Kunsthistoriker verknüpfen es allenthalben mit einem Brief vom Juli 1880, in dem van Gogh, der sich seiner Familie weitgehend entfremdet hatte, von einer »Heimat der Bilder« sprach. Damit meinte er die Welt der Kunst, der Kunstwerke, der Künstler, der Ausstellungen, für die er »heftige Leidenschaft bis zum Überschwang« empfand.

Nach all dem Suchen schien van Gogh angekommen. Er begann eine Sammlung einfacher Reproduktionen der Werke von Rembrandt, Delacroix, Millet und anderer Meister anzulegen. Die Originale hatte er zumeist nicht einmal mit eigenen Augen gesehen. Die zweifelhaften Kopien nahmen in seinem Leben eine ganz besondere Stellung ein. Er blickte sozusagen durch die Werke hindurch auf die Wirklichkeit, wie sein Biograf Uwe Schneede, Direktor der Hamburger Kunsthalle, erklärt. »Frappierend oft verwies van Gogh von einer Erscheinung in der Welt auf ein Kunstwerk. Ein Hohlweg war wie bei Dürer, eine holländische Landschaft glich ›Corot oder van Goyen‹, der Selbstmordversuch einer Freundin schien ihm aus Flauberts Roman *Madame Bovary* vertraut. Alle Erfahrungen sowohl mit der Kunst als auch mit der Realität gewann er aus der ›Heimat der Bilder‹.«

Wie zuvor als Prediger wollte er sich für die Armen und Ausgestoßenen engagieren – diesmal jedoch mit den Mitteln der Kunst. Das Zeichnen sollte dem Ziel dienen, auf soziale Missstände hinzuweisen. Van Gogh nannte das »erschreckende Wahrheitstreue«, für die Historiker markiert der Begriff den Keim seiner umfassenden Neuerung. Die ersten Gehversuche waren noch schwerfällig, wie die Reaktionen seiner Freunde zeigten. Ein Maler kritisierte die Zeichnung eines Sämanns, es handele sich nicht um einen Mann, der säe, sondern um einen Mann, der Modell stehe als Sämann. Von seinem Talent war van Gogh gleichwohl überzeugt. »Jedenfalls spüre ich jetzt doch: Ich habe eine Malerfaust, und ich bin sehr froh, dass ich so ein Instrument am Leib hab, wenn es auch noch ungelenk ist«, schrieb er in einem Brief an seinen vier Jahre jüngeren Bruder Theo, der Kunsthändler geworden war und Vincents Lebensunterhalt bestritt.

Manchmal wünschte er sich mehr »glatte Geschicklichkeit«, um anerkannt zu werden. Gleichzeitig ahnte er indes, dass nur der Mut, kompromisslos seinen eigenen Weg zu gehen, ihn weiterbringen würde. »Denke ich darüber nach, so sage ich mir: nein, lasst mich nur lieber ich selbst sein und mit einem groben Pinselstrich strenge, grobe, doch wahre Dinge sagen. Ich werde den Sammlern und Kunsthändlern nicht nachlaufen, mag, wer Lust hat, nur zu mir kommen.«

Wegbereiter der Moderne

Van Gogh näherte sich der Kunst weitgehend autodidaktisch. Er kopierte ältere Maler oder zeichnete anhand von Lehrbüchern. Bei Anton Mauve in Den Haag studierte er die Aquarell- und Öltechnik. Im Alter von 33, im Jahr 1885, begann er ein Kunststudium in Antwerpen, um schließlich nach Paris überzusiedeln, wo er zwei Jahre blieb, sich viel im Louvre aufhielt und mit anderen Künstlern verkehrte.

Die Absage an das Gefällige, die Zuwendung zu sozialen Themen, der damit einhergehende Bruch mit der bürgerlichen Gesellschaft und schließlich die bewusste Entscheidung für all dies – für heutige Künstler mögen diese Attribute normal erscheinen, zu van Goghs

Zeiten waren sie revolutionär. Außerdem manifestierte sich bereits in den Arbeiten aus den frühen achtziger Jahren des 19. Jahrhunderts das von ihm entworfene neue ästhetische Prinzip. Van Gogh wollte durch den rauen Ausdruck, den er seinen Bildern verlieh, den Betrachter über seinen Zustand und sein Fühlen informieren, ihm von »ernsthaftem Schmerz« künden, wie er sagte, ihn auf diese Weise »bewegen und rühren«. Die Zeichnungen waren grob und kahl, und so sollten sie auch sein. »Das war jetzt nicht mehr Unvermögen, es wurde nach und nach zum Konzept«, urteilt sein Biograf Schneede, nämlich »das Prinzip der Widerständigkeit in der Moderne«.

Wenn sich van Gogh auch die Natur als Motiv wählte, so hatte das mit der Landschaftsmalerei seiner Vorgänger nichts zu tun. Er setzte sich davon völlig ab. Es sei, schrieb er zur neuen Kunst, »seine große Sehnsucht, solche Unrichtigkeiten machen zu lernen, solche Abweichungen Umarbeitungen, Veränderungen der Wirklichkeit, damit es – nun ja, Lügen werden, wenn man will, aber – wahrer als die buchstäbliche Wirklichkeit«.

Van Gogh formulierte damit nicht nur sein Lernziel, er bildete sich selbst dazu aus und blieb seinem ästhetischen Vorhaben treu, auch wenn es ihn von allem bisher Bekannten wegführte – genauso wie von der Gesellschaft der Menschen. In nur drei Jahren, von 1888 bis 1890, entstand sein Hauptwerk, nach heutiger Kenntnis 864 Gemälde und rund 1000 Zeichnungen. Er selbst litt an psychischen Erkrankungen, vermutlich an einer Depression, und starb im Alter von 37 Jahren an den Folgen eines Schusses in die Brust, den er sich am 27. Juli 1890 selbst beibrachte. Er habe, schrieb er in einem unvollendeten Brief an seinen Bruder Theo, sein Leben für die Kunst aufs Spiel gesetzt und sein Verstand sei dabei »zur Hälfte draufgegangen«.

Es war Vincent van Gogh vermutlich nicht einmal besonders viel Talent in die Wiege gelegt als allein der pure Schaffenswille. Und doch war der Pastorensohn, der ungelenk zu zeichnen begonnen hatte, zweifellos ein Überflieger. Der einstige Sonderling und Außenseiter wurde nicht nur zum Rollenmodell für die Künstlerexistenz schlechthin. Er ebnete den Weg für andere Größen wie Pablo Picasso, Wassily Kandinsky, Max Beckmann, Max Liebermann, Franz Marc oder Oskar Kokoschka. Seine Arbeiten, die zu seinen Lebzeiten Theos Wohnung beengten und von denen nur eine verkauft wurde, erzielen heute auf Auktionen Rekordpreise.

Das Urteil, worin die Leistung dieses Malers bestand, fällt der Kunstgeschichte im Rückblick relativ leicht: Er ist einer der bedeutendsten Künstler, die jemals gelebt haben, fertig.

Wie er hingegen sein Ziel erreichte, ja es überhaupt identifizierte, worin seine eigentliche Begabung bestand, das ist weitaus schwerer zu ermitteln. Das liegt in seinem Fall nicht an der Quellenlage – auch wenn Briefe natürlich nur in Grenzen den Blick auf die Innenwelt dieses Menschen eröffnen.

Van Gogh war ein in jeder Hinsicht unkonventionelles Genie: Er wusste zunächst nicht, was er wollte, er konnte nicht, wofür er später berühmt werden sollte, und für das, was er machte, interessierte sich, solange er lebte, das Publikum nicht. Was daran im Einzelnen genial sein soll, bleibt verborgen, und doch trifft das Attribut zu. Bei Zerah Colburn hingegen, dem eigentlichen Versager, fällt die Bewertung leichter. Er konnte anscheinend rechnen wie der Blitz, hatte aber irgendwann keine Lust mehr dazu.

Talentiert, begabt oder gar genial?

Die beiden Beispiele zeigen sehr deutlich, dass es nicht so einfach ist, die Leistungen von Menschen treffend zu bewerten, zu kategorisieren oder gar vorherzusagen. Die Begabungen des Homo sapiens, so scheint es, sind dafür zu mannigfaltig und in ihren Zeitverläufen zu undurchsichtig. Es gibt frühe Meister und Spätberufene, solche, die sich alles erarbeiten müssen, und andere, denen die Leichtigkeit bereits in die Wiege gelegt scheint.

Die Schwierigkeiten beginnen schon bei den Begriffen. Das »Talent«, die »Begabung« oder gar das »Genie« sind Kategorien, die nicht nur inhaltlich schwer zu trennen sind, auch die Sprache geht nicht gerade pfleglich mit ihnen um. Mit der einen Ausnahme vielleicht, dass die Volkspsychologie intuitiv davon überzeugt ist, dass eine geistige oder körperliche Befähigung mit umso größerer Sicherheit angeboren ist, je herausragender sie erscheint. Oder nicht?

Dabei ist ein Talent dem ursprünglichen Wortsinn nach etwas in hohem Grad Besorg- und Erwerbbares. Der Begriff stammt aus dem Altgriechischen und bezeichnete ursprünglich das Gewicht der Wassermenge, die in einer Art Standard-Amphore Platz fand. Je nach Gefäß waren das zwischen 20 und 36 Kilogramm. Dieses Maß entsprach außerdem einer Geldeinheit, die eine recht erkleckliche Summe darstellte. Mit einem Talent ließen sich nämlich gut zwanzig Sklaven erwerben. Ein Kerl mit Talent war folglich einer mit Vermögen, und wenn es hieß, er könne etwas Besonderes leisten, wozu nicht jedermann in der Lage sei, so bezog sich das zunächst auf das pekuniär-wirtschaftliche Gebiet.

Ein gewisser Theophrast von Hohenheim, besser bekannt unter dem Namen Paracelsus, war es dann, der im 16. Jahrhundert den Begriff erweiterte, in das christliche Weltbild überführte und so idealisierte. In einer seiner Schriften deutete der 1541 in Salzburg gestorbene Arzt und Alchimist das biblische Gleichnis vom Talent als dem zinsbringend anzulegenden Geld um. Er interpretierte es als eine von Gott verliehene Gabe des Verstandes beziehungsweise des Geistes, das Talentum. Im 18. Jahrhundert wurde das Gegenteil, talentlos, zu einer Bezeichnung für »ohne Geschick«, »ohne besondere Begabung«.

Seither gilt das Talent eher als geschenkt denn verdient. Der Fremdwörterduden notiert, es handele sich dabei um eine besondere Begabung auf einem bestimmten, oft künstlerischen, Gebiet. Oder um eine Person, die Begabung besitze. Die Begabung wiederum gilt als etwas Gegebenes. Dies sei »eine natürliche Anlage, eine angeborene Befähigung zu bestimmten Leistungen«, schreibt wieder der Duden. In einem Brockhauslexikon ist die komplizierte Rede von der Begabung als einer »Disposition zu bestimmten Leistungen, auf die Gesamtheit eines strukturellen Befähigungsniveaus bezogen oder auf einzelne Komponenten«, wobei Disposition Veranlagung meint.

Das Web-Lexikon Wikipedia wirft beides ungeniert in einen Topf: »Von Begabung oder Talent wird gesprochen, wenn eine Person über eine besondere Leistungsvoraussetzung verfügt«, heißt es dort. Meist verstehe man darunter eine oder mehrere überdurchschnittliche Fähigkeiten. Wenn man auch davon ausgehen könne, dass fast alle Menschen mehr oder minder begabt seien, so sei die Verwendung des Begriffs Begabung doch meist auf überdurchschnittliche Leistungsvoraussetzungen bezogen. Der Artikel ist allerdings mit dem Hinweis versehen, er enthalte zu wenig belegende Literatur.

Es muss in den Genen liegen ...

Die Auffassungen in den Nachschlagewerken stimmen im Großen und Ganzen mit denjenigen der Volkspsychologie überein. Wenn ein Lehrer von einem Kind sagt, es besäße eine Begabung, so ist damit die Befähigung gemeint, unbekannte Probleme lernend zu überwinden. Woher diese Fähigkeit stammt, scheint unerklärlich. Mit anderen Worten: Es entzieht sich dem bewussten Erleben des Lehrers oder Betreuers, wie der Schüler sein Können erlangt hat. Es war plötzlich da, handelt sich mithin um etwas mysteriös Gegebenes, eine Gabe eben.

Diese Auffassung, so viel lässt sich schon erkennen, ist mit zwei grundsätzlichen Schwierigkeiten behaftet. Zum einen bezieht sich die Definition auf den subjektiven Eindruck des Betreuers. Dieser kann aber nicht alles über seinen Schüler wissen, außerdem wird seine Wahrnehmung aufgrund eigener Erfahrungen voreingenommen sein. Zudem muss der Beobachter, da der vermeintliche Kern der Gabe selbst verschlossen bleibt, die Begabung anhand dessen ermessen, was sein Schüler bereits kann. Die Einschätzung von Begabung geschieht also aus einem Zirkelschluss heraus: Kann eine Person mehr, gilt sie als begabt. Und warum ist sie begabt? Na, sie kann doch mehr! Gleiches gilt für das Talent. Werden die Begriffe umgangssprachlich verwendet, dann stets auf diese problematische Weise. Problematisch, weil das derzeitige Können über die weitere Entwicklung und damit auch über die Begabung, die dieser Entwicklung zugrunde liegt, gar nichts aussagt. Dieses Phänomen des Zirkelschlusses taucht, wie wir sehen werden, in der Begabungsforschung immer wieder auf.

Doch weiter in der Begriffsklärung. Wie Talent und Begabung definiert werden, haben wir gesehen, doch was ist ein Genie? Eine Begabung kann sich auf verschiedene Felder beziehen. Jemand besitzt einen grünen Daumen, hat ein Organisationstalent, ist eine Sportskanone oder mathematisch, musikalisch oder beim Sammeln von Käfern begabt. Als Genies gelten, den Lexika zufolge, solche Personen, die eine besondere kreative Begabung besitzen, also überdurchschnittlichen Erfindungsreichtum. Der Ausspruch, dass Kinder Genies seien, würde demnach zutreffen, produzieren sie doch in der Regel viele Einfälle. Andererseits reicht Ideenreichtum allein nicht für das Geniale. Man muss seine Einfälle darüber hinaus mit Nachdruck verfolgen, sonst bleiben sie Wolkenkuckucksheime. Ein Genie misst sich folglich auch daran, welche Wirkung es in der Gesellschaft entfaltet, sei es nun in Kunst, Wissenschaft oder Sport. Dies aber nur ein bisschen, denn die anderen können sich schließlich irren, und sei es auch nur eine Zeit lang, wie es am Beispiel van Goghs deutlich wird.

Zum Genie jedenfalls gehört Begabung. Und Begabung, das haben wir gesehen, wird als Veranlagung begriffen. Das Genie scheint in den Genen zu stecken, damit wäre Begabung eine Gabe. Wie aber kommen wir in ihren Besitz?

Auf der Suche nach der Gabe

Solange das christliche Weltbild das Sein erklärte, galt Gott als derjenige, der eine Fähigkeit gleichsam einhauchte. Zerah Colburn bedankte sich im Vorwort seiner Autobiografie bei seinem Schöpfer als dem »Spender aller Begabung«. Einer solchen Vorstellung hing der Philosoph Immanuel Kant (1724–1804) nicht an. Doch auch für ihn war das Geniale etwas Unerklärliches, ein gleichsam immaterieller Hauch, der nicht erworben werden kann, sondern manchen Personen von Natur aus zu eigen ist und erst mit deren Tod endet.

Mit der Verbreitung wissenschaftlich-rationaler Erklärungsmodelle des Menschen und der Welt begannen die Versuche, dem Geheimnis herausragender Denker, der Ursache ihrer besonderen geistigen Fähigkeiten auf die Spur zu kommen. Dabei sind zwei Linien zu beobachten: solche, die sich mehr mit den Ergebnissen des Denken beschäftigten, und solche, die sich auf das Denkorgan konzentrierten.

Der Erfinder der Phrenologie, Franz Joseph Gall (1758–1828), etwa war überzeugt, dass sich eine gute Merkfähigkeit an den hervorstehenden Augen einer Person ablesen lasse. Später analysierten Gelehrte anatomische Präparate des menschlichen Denkorgans und versuchten in dessen Windungen und Wölbungen, Dellen und Falten Anzeichen von Besonderheiten zu entdecken. In der Hauptsache wollten die frühen Hirnforscher auf diese Weise die vier wichtigsten menschlichen Charakteristika verorten: den Sitz der Seele, den der Kriminalität, des Wahnsinns und der Genialität.

Um ihr Ziel zu erreichen, betrachteten die Wissenschaftler den Schädelinhalt berühmter Personen oder gar Genies – auch zu Ende des 19. beziehungsweise Beginn des 20. Jahrhundert war eine klare Abgrenzung kaum zu treffen – und hofften, darin etwas Besonderes auszumachen. Das Hirnpräparat Hermann von Helmholtz' – Physiker, Physiologe, Universalgelehrter – nahmen sie genauso unter die Lupe wie das des Mathematikgenies Carl Friedrich Gauß, des Historikers Mommsen, des Chemikers Bunsen und des Malers Adolph von Menzel. Manchem Autor schienen »ungewöhnliche Hirnwindungen« oder ein »luxuriöses Äußeres« des Stirnhirns für eine erhöhte Denkfähigkeit verantwortlich sein. Daneben galt vor allem ein höheres Gewicht des Gehirns als ein Maß für die schiere Denkkraft, und so kam bei den Vergleichen meist heraus, dass prominente, gesellschaftlich hochstehende Individuen mehr Masse im Kopf hatten. Sollte bei diesem Zirkelschluss der Wunsch der Vater des Gedankens gewesen sein?

Exotische Völker wie etwa »Hottentotten«, »Buschfrauen« oder Eskimos fielen beim Maßstab Hirngewicht genauso durch wie Frauen ganz allgemein. Letztere waren, wie der Arzt Paul Möbius (1853–1907) in seinem berühmten Werk ganz ernsthaft vertrat, vom »physiologischen Schwachsinn« befallen. Das einschränkende Adjektiv sollte wohl bedeuten, dass die Lebenstüchtigkeit des weiblichen Geschlechts nur ein Anschein und ihr somit nicht zu trauen sei.

Geradezu legendär wurden später die Versuche des Hirnforschers Oskar Vogt (1870–1959), die Denkertalente des Sowjet-Führers Wladimir Iljitsch Lenin (1870–1924) in dessen Nervenzellen zu identifizieren. Vogt argwöhnte, dass die Intelligenz in einer speziellen Schicht der Großhirnrinde säße. Und just in jener Schicht III wollte er nach dreijähriger Feinanalyse von Lenins Gehirn besonders viele und große Zellen aufgefunden haben. Ihr Führer, durften die Bolschewiken daraufhin feierlich folgern, sei ein »Assoziationsathlet« gewesen. Natürlich ist nichts dergleichen haltbar. Zuletzt untersuchten Anatomen das Gehirn von Albert Einstein (1879–1955) nach irgendeinem Hinweis darauf, wie er wohl die Relativität in der Physik entdeckt haben möge – auch dies ohne ernsthafte Ergebnisse.

Darwins Cousin

In Großbritannien interessierte sich Francis Galton (1822–1911) weniger für die organischen Strukturen des Denkens als für die Erblichkeit von Denkleistungen. Der Arzt gilt sowohl als Begründer der Differenzialpsychologie, welche sich zur Aufgabe stellt, die individuellen Unterschiede der Persönlichkeit verschiedener

Menschen zu erfassen, als auch, zusammen mit dem Deutschen Wilhelm Wundt (1832–1920), der experimentellen Psychologie. Bekannt ist Galton ebenso für den Begriff der Eugenik, er ist der Urheber jener erbärmlichen Idee, dass sich zum Wohl der Menschheit nur diejenigen Paare fortpflanzen dürften, die über hervorragendes Erbgut verfügten.

Galton besaß selbst vielerlei Begabungen. So heißt es zum Beispiel, dass er im Alter von drei Jahren bereits lesen konnte. Im Jahr 1869, wohl angeregt durch seine intellektuell durchaus namhafte Verwandtschaft, veröffentlichte er ein Buch mit dem Titel *Hereditary Genius* (1910 unter dem deutschen Titel *Genie und Vererbung* erschienen). Die Publikation sollte Wellen schlagen.

Der Urvater der Psychometriker – das sind die Forscher, die den menschlichen Geist vermessen wollen – führte darin Belege an, dass im Durchschnitt der Bevölkerung eine Person unter einer Million ein erlauchter Denker sei. Eine Person von 4000 sei immerhin noch herausragend. Diese glänzenden Geistesakrobaten hätten mit einer weit über dem statistischen Mittel liegenden Häufigkeit biologische Verwandte, die ebenfalls intellektuell brillierten. Ganze Gelehrtenstammbäume stellte Galton zusammen, um herauszuarbeiten, dass die geistige Potenz mit dem Verwandtschaftsgrad einherging. Das bedeutete: Der Sohn eines Forschers war mit größerer Wahrscheinlichkeit selbst ein Forscher als dessen Neffe, Urenkel oder Großcousin. Das kreative Genie, schloss Galton, musste bereits mit den entsprechenden Voraussetzungen zur Welt kommen, es wurde geboren.

Als Paradebeispiel konnte er seine eigene Großfamilie anführen: Sein Großvater war der Naturforscher, Dichter und Arzt Erasmus Darwin (1731–1802). Bei seinem Cousin handelte es sich um den Begründer der Evolutionstheorie, einen gewissen Charles Darwin (1809–1882). Später sollten sich dessen Söhne zur Genealogie der Klugen gesellen, der Botaniker Francis (1848–1925), der Wirtschaftswissenschaftler und Eugeniker Leonard (1850–1943) sowie der Astronom und Mathematiker Sir George (1845–1912). Letzterer erkundete, wie der Tidenhub der Ozeane mit den Mondbewegungen zusammenhängt.

Natürlich folgte die Kritik auf dem Fuße. Der Schweizer Botaniker Alphonse Pyrame de Candolle (1806–1893) bezweifelte als erster offen die entscheidende Rolle der Vererbung – obwohl Galton den Gegner lobend als selbst einer begabten Familie entstammend zugeordnet hatte. Candolle hingegen führte in seinem 1873 erschienenen Buch *Histoire des sciences et des savants depuis deux siècles* Argumente an, dass herausragende Denker weniger geboren werden, sondern einem günstigen sozialen Milieu entsprängen. Es seien politische, ökonomische, kulturelle Bedingungen sowie die Erziehung, die Talente gedeihen ließen oder darben – je nachdem.

Diese Veröffentlichung veranlasste Galton dazu, von seiner bedingungslosen Haltung abzurücken. Er berücksichtigte einige Umweltfaktoren, die zumindest dazu beitragen könnten, ein Talent oder gar ein Genie hervorzubringen. So prüfte er bei Mitgliedern der ehrenwerten Royal Society of London, inwiefern der familiäre Hintergrund, die schulische Ausbildung oder die geografische Herkunft geistige Befähigungen gefördert haben könnten. Seine Befunde veröffentlichte er nur ein Jahr später, 1874, unter dem Titel *English Men of Science: Their Nature and Nurture*.

Schon an der Formulierung ist abzulesen, dass Galton ein wenig von seiner ursprünglichen extremen Position abrückte und beide Standpunkte berücksichtigte, Milieu und Abstammung. Diese Schrift legte den Grundstein für die Schlagworte, die die Psychologie über lange Zeit hinweg bis in die Gegenwart beschäftigen und in zwei gegnerische Lager spalten sollte: »Nature or Nurture«, Natur oder Erziehung?

Ein Beethoven, ein Colburn, ein Leonardo da Vinci, ein Darwin, ein Einstein, ein Freud, ein Galileo, ein Gandhi, ein Gauß, ein Goethe, ein van Gogh, ein Helmholtz, ein Mozart, ein Newton, ein Pasteur, ein Pelé, ein Planck, ein Shakespeare – nur um ein paar Persönlichkeiten zu nennen –, wurden sie geboren oder wurden sie erzogen? Und seitdem die Wissenschaft Gene als diejenige Substanz definierte und später zumindest im Grundsatz identifizierte, welche die biologische Vererbung trägt, ist die Vermutung noch etwas konkreter geworden: Weisen Genies womöglich besondere Erbfaktoren auf, die sie vor dem Rest der Bevölkerung auszeichnen?

Die Antwort darauf berührt den Menschen und sein Selbstbild als Homo sapiens, der Weise unter den Hominiden, in seinem Innersten. Sie hat zudem weitreichende Konsequenzen, die in der Diskussion über Bildung stillschweigend immer wieder eine Rolle spielen. Sind einem Menschen die Talente angeboren, gilt es diese jeweils nur zu ermitteln und entsprechend zu kanalisieren. Wer wenig Begabungen oder gar keine besitzt, braucht, so ließe sich verkürzt argumentieren, auch nicht über das Gewöhnliche hinaus unterstützt zu werden. Was ein Einzelner maximal zu leisten imstande ist, wäre bei seiner Zeugung vorgegeben. Fallen die Würfel jedoch nicht so früh oder vielleicht gar nie, käme der Förderung eine weitaus größere Rolle zu. Jeder würde ein besonderes Maß an Unterstützung einfordern können.

Es mag für das visionäre Denken von Darwins Cousin sprechen, vor weit über einem Jahrhundert eine Dichotomie formuliert zu haben, welche die Auseinandersetzung in der Psychologie bis heute prägt. Für das Fach kann es gleichwohl kein Kompliment sein, die vermeintlichen inhaltlichen Gegensätze bis jetzt nicht befriedigend aufgelöst zu haben.

Faszinierende Extreme

Oder ist es ganz einfach so, dass das untersuchte Objekt zu komplex ist? Bei den menschlichen Talenten tut sich fraglos ein ungeheuer buntes Spektrum auf, das zahlreiche Spielarten, Nuancen sowie Extreme kennt. Begabung widersetzt sich der Kategorisierung noch störrischer als der sprichwörtliche Esel – die schwammigen Begriffen und Kategorisierungen sind tatsächlich nur der Anfang.

Da sind zum Beispiel jene faszinierenden Inselbegabungen, im Englischen despektierlich »Idiot Savants« genannt, »wissende Idioten«. So heißen Menschen, die oft aufgrund ihrer geistigen Behinderung kaum in der Lage sind, ihren Alltag zu meistern. Gleichzeitig besitzen sie auf einem singulären Gebiet geradezu übermenschliche Geisteskräfte.

Der Brite Stephen Wiltshire zum Beispiel ist dank zahlreicher Fernsehauftritte relativ bekannt. Dort steht er meist mit dem Rücken zur Kamera und reproduziert mit dem Filzstift Stadtansichten. Wiltshire besitzt die unglaubliche Gabe, das Panorama einer beliebigen Metropole – New York, Rom oder München – aus dem Gedächtnis nachzuzeichnen, wenn er sie zuvor gerade einmal eine dreiviertel Stunde lang mit dem Hubschrauber überflogen hat. Jeder Hinterhof, jeder Baum im Park, fast jedes Fenster sind richtig platziert. Wiltshire, Jahrgang 1974, besuchte als Kind eine Schule für Lernbehinderte. Zu laufen begann er erst mit fünf Jahren, und auch mit dem Sprechen und dem Kontakt mit anderen Kindern hatte er Schwierigkeiten.

Leslie Lemke, Amerikaner und 1952 zur Welt gekommen, fällt durch eine besondere musikalische Begabung auf. Bei der Geburt erlitt sein Gehirn massive Schädigungen, noch als Baby entfernten ihm Ärzte aufgrund eines Glaukoms die Augen. Leslie wuchs bei Pflegeeltern auf, die ihn mit Musik in Kontakt brachten, doch Noten oder ein Instrument hatte er wegen seiner Blindheit nie gelernt. Gleichwohl setzt er sich eines Tages im Alter von 14 Jahren ans Klavier und spielt das Klavierkonzert Nummer 1 des russischen Komponisten Pjotr Tschaikowski – er hatte es am Abend zuvor im Fernsehen gehört.

Daniel Tammet (Jahrgang 1979) weiß 22 514 Stellen der Kreiszahl Pi auswendig – hat jedoch gelegentlich Probleme, links und rechts zu unterscheiden. Er sticht insofern heraus, als er Zahlen als Farben, Symbole oder Stimmungen wahrnimmt und in Grenzen sogar darüber Auskunft geben kann, wie die Berechnungen in seinem Kopf ablaufen. Die 11 beispielsweise erscheint ihm freundlich, die 5 laut, »37 klumpig wie Porridge«, 89 ist fallender Schnee, 333 hübsch und 289 hässlich. Wenn Tammet eine Rechenoperation ausführt, folgt er eher seiner Intuition, als dass er wirklich darüber nachdenkt. Die Farben und Formen vor seinem inneren Auge mischen sich zu einem Gebilde, und er drückt einfach aus, was er sieht – in Zahlen natürlich. So kann er 13 geteilt durch 97 auf 100 Stellen nach dem Komma genau im Kopf »berechnen«. Primzahlen sind für ihn ein Haufen abgerundeter Kieselsteine. Wenn er sich beruhigen möchte, wandert er durch ausgedehnte Zahlenlandschaften.

Tammet leidet am Asperger-Syndrom, einer leichten Form des Autismus. Er hat Schwierigkeiten, mit seinen Geschwistern umzugehen, deren Anspielungen und zweideutige Aussagen zu verstehen oder Busfahrpläne zu lesen. Wenn jemand sagt, er sei traurig, so löst das in ihm keinerlei unmittelbare Reaktion aus. Erst wenn er sich die Zahl sechs vorstellt – bei ihm gleicht sie einer dunklen Höhle –, kann er ein angemessenes Mitgefühl entwickeln.

Das Vorbild für den »Rain Man«

Ein regelrechter Star unter den Savants ist der Amerikaner Kim Peek. Er wurde am 11. November 1951 geboren, einem Sonntag, wie er wohl hinzufügen würde, und hatte einen massiv vergrößerten Kopf, dessen Schädeldecke an der Hinterseite nicht vollständig geschlossen war. An dieser Stelle trat nur von Hirnhaut bedecktes Nervengewebe hervor. Die Blase bildete sich zwar von selbst zurück, doch Kim blieb behindert, sodass er sich heute allein nicht einmal ein Hemd anziehen, duschen oder sich rasieren kann. Sein Vater betreut den fast 60-Jährigen rund um die Uhr.

Atemberaubend genial ist Kims Gedächtnis, das umfassender und exakter zu sein scheint als ein historisches Archiv. Peek soll in seinem Leben rund 12 000 Bücher gelesen haben, deren Inhalt er zu 98 Prozent rekapitulieren kann. Wobei »lesen« vielleicht der falsche Ausdruck ist, »abtasten« wäre treffender. Denn Kim hält sich beim Memorieren das Buch ganz nah ans Auge, sodass seine Nase fast das Papier berührt, und fährt eine Seite ab. Dazu benötigt er acht bis zehn Sekunden – macht 360 Seiten in weniger als einer Stunde.

Kaum etwas, das er einmal gehört hat, vergisst er wieder. Der freundliche Savant kennt die deutschen Bundeskanzler in der richtigen Reihenfolge: Adenauer, Erhard, Kiesinger, Brandt, Schmidt, Kohl, Schröder, Merkel. Er weiß genau, wer in seinem Wohnort Salt Lake City wo wohnt, kann zu jeder Anschrift den oder die Bewohner nennen, denn er hat die Adress- und Telefonbücher genauso gelesen wie das gesamte Straßenverzeichnis der USA. Keine Melodie, kein Musikstück geht ihm je wieder aus dem Kopf. Dass Richard Wagners *Tristan und Isolde* 1859 komponiert wurde, 1865 uraufgeführt, und zwar mit der Besetzung von unter anderem sechs Hörnern, drei Trompeten, drei Posaunen – all das weiß er.

Im Theater beschwert er sich angeblich regelmäßig lautstark, wenn ein Schauspieler vom geschriebenen Text abweicht – sein Vater Fran geht deshalb mit »Kimputer«, wie ihn manche Bekannte der Familie nennen, nicht mehr in Vorstellungen. In vielem reagiert Kim wie ein kleines Kind, nimmt zum Beispiel Aussagen sehr wörtlich. Als ihn sein Vater einmal in einem Restaurant bat, seine Stimme zu senken, rutsche er tiefer in seinen Stuhl – und mit ihm sein Kehlkopf. Als ihn jemand nach der »Gettysburg Address« von Präsident Abraham Lincoln fragte und damit die berühmte Ansprache meinte, antwortete Peek: »Will's House, 227 North West Front Street. Dort schlief er aber nur eine Nacht – am nächsten Tag hielt er die Rede.«

Der Mann, der nicht vergisst, war das Vorbild für den Hollywoodfilm *Rain Man* mit Dustin Hoffman. Und obwohl er in jüngeren Jahren keineswegs so in sich gekehrt war wie die Figur des emotional abgestumpften Raymond Babbitt, hatte er zunächst enorme Schwierigkeiten, mit anderen Menschen umzugehen. Kim war scheu, blickte dem Gegenüber nicht in die Augen, reagierte nicht, wenn Fremde ihn ansprachen. Seitdem sich sein Vater mit ihm mehr und mehr in die Öffentlichkeit wagt – auf Anregung von Dustin Hoffman hin –, ist Kim offener und sicherer geworden. Er stellt sich vor mehreren Hundert Leuten auf die Bühne und beantwortet selbstsicher und gut gelaunt Fragen. Wer ihn verulken will, der bekommt heute schon einmal Kims Scharfzüngigkeit zu spüren. Einem Mann, der wissen wollte, wie viele Hefekringel man stapeln müsse, um die Höhe des Eifelturms zu erreichen, antwortete er: »Man hat mir gesagt, dies sei eine intellektuelle Veranstaltung. Ich weiß nicht, ob Sie qualifiziert sind.« Gage nehmen die Peeks für derlei Auftritte keine, und wenn Kim keine Lust mehr hat, dann hört er einfach auf.

Ein Fenster ins Gehirn

Obwohl Menschen mit Inselbegabungen sich in der Aufnahme und Verarbeitung von Informationen so sehr von anderen Menschen unterscheiden, interessiert manchen Forscher dennoch, was von ihnen über die Entstehung von Talenten und über das Gehirn zu lernen ist. Er sei auf der Suche nach dem »Rain Man in uns allen«, erklärt der US-Psychologe Darold Treffert, einer der führenden Savant-Forscher weltweit. »Diese Menschen eröffnen ein einzigartiges Fenster in das Gehirn und seine Funktionsweise und erlauben einen Blick auf die versteckten Potenziale in jedem von uns«, erläutert Treffert. Savants zu verstehen, versichert der Psychologe, bedeute, den Menschen zu verstehen. »Kein Modell einer Hirnfunktion wird jemals komplett sein, solange es das verstörende Nebeneinander von Begabung und Behinderung in einer einzigen Person nicht erklären kann. Wir dürfen nicht so tun, als wären Savants Außerirdische.« Das offenkundig Selbstverständliche betonend spielt Treffert auf einige seiner Fachkollegen an, die Menschen mit dem Savant-Syndrom am liebsten aus der Begabungsforschung ausklammern würden. Sie wollen das Thema nicht komplizierter machen, als es ihnen ohnehin schon erscheint.

Der Psychologe hat im Keller seines Hauses in Wisconsin kistenweise Unterlagen über sämtliche Inselbegabungen dieser Welt und ihre Spleens gesammelt – es sollen knapp 100 sein. Darunter sind Menschen, die mit einem Blick die Höhe eines Gebäudes auf den Zentimeter genau abschätzen können oder mit ihren Händen völlig naturalistische Tierfiguren aus Ton formen, auf der anderen Seite aber außerstande sind, die Gabel zum Mund zu führen. Wie das alles in einem einzigen Gehirn zusammengeht, ist den Wissenschaftlern ein Rätsel.

Strukturelle Missbildungen

Bei einem Intelligenztest erreichte Kim Peek einen Quotienten (IQ) von 87, was deutlich unter dem Durchschnitt von 100 liegt. Allerdings klafften die Leistungen in einzelnen Gebieten weit auseinander, bei Gedächtnisaufgaben erreichte er zum Beispiel Spitzenwerte. Wie kein zweites wurde sein Gehirn nach allen Regeln der neurowissenschaftlichen Kunst unter die Lupe genommen. Hierbei kamen zwar allerlei Missbildungen zutage, doch ob diese gleichzeitig die Quelle seiner Talente bilden, bleibt fraglich. So sieht im Magnetresonanztomografen (MRT) die faltige Struktur des Kleinhirns am Hinterkopf – es ist wichtig für die Koordination von Bewegungsabläufen – deformiert und wie geschrumpft aus. Wo bei anderen das Corpus callosum, der sogenannte Balken, liegt, die Verbindung zwischen rechter und linker Hemisphäre, gähnt bei Kim Peek ein Loch in Form eines dunklen Flecks. Auch die Kommissuren, das sind zwei weitere Verbindungsfasern der beiden Gehirnhälften, fehlen.

Was all das zu bedeuten hat, ist völlig schleierhaft, wie Treffert eingesteht. Wären die normalen Kommunikationskanäle zwischen den Hirnhälften tatsächlich unterbrochen, »wüsste« die eine Hälfte nicht mehr, was die andere macht, die Hemisphären würden weitgehend unabhängig voneinander arbeiten. Mit dem Verhalten von Menschen mit einem »Split Brain«, einem geteilten Gehirn, haben die Neurowissenschaften schon Erfahrung gesammelt. Sie sind seit mehreren Jahrzehnten Gegenstand von Untersuchungen. Wird zum Beispiel Patienten zur Behandlung einer Epilepsie der Balken durchtrennt, zeigen sich typische Beeinträchtigungen: Sie können zwar nach Gegenständen greifen, die sich im linken Gesichtsfeld befinden, diese aber nicht mehr benennen. Das liegt daran, dass sich die spracheverarbeitenden Areale in der linken Hälfte befinden, die Objektinformationen jedoch in der rechten Hälfte verbleiben und so nicht berücksichtigt werden können.

Die beiden Hemisphären lösen also zum Teil ganz unterschiedliche Aufgaben. Außerdem regiert und kontrolliert, zumindest bei Gesunden, die eine Hälfte die andere. Ist etwa die sonst dominante »vernünftige« linke Hemisphäre geschädigt, kann es sein, dass die rechte ihren Platz übernimmt, und damit können auch deren musisch-künstlerische Fähigkeiten zum Ausdruck kommen. Allerdings ist umstritten, ob das mathematisch-rationale, Fehler korrigierende Denken tatsächlich links sitzt und die Kreativität ihm rechts gegenüber. Außerdem scheinen bei Menschen, deren Balken sich von Geburt an nicht ausbilden konnte, andere, winzige Kommunikationskanäle zu wachsen. Das Gehirn passt sich eben den Gegebenheiten an. Die Folge könnte sein, dass zwischen linker und rechter Hemisphäre zwar Informationen wechseln können, jedoch nur eingeschränkt. Es entstünde womöglich funktionell eine einzige Riesenhemisphäre – wie beim netten Savant Kim Peek.

Liegt darin der Ursprung von »Kimputers« besonderer Geistesgabe? Sein Gedächtnis wird nicht wie bei Gesunden von seinen Emotionen mitbestimmt, es funktioniert mehr nach der Art einer Videokamera: Es wird einfach alles aufgezeichnet – egal, ob es sich um Inhalte handelt, die irrelevant sind, wie Hausnummern, oder solche, die mit Freude oder Schrecken einhergehen, etwa der erste Schultag. Man kann dies positiv als Möglichkeit unbegrenzter Datenaufnahme bezeichnen, doch damit einher gehen Probleme, Inhalte zu gewichten und sich widersprechende Informationen gegeneinander abzuwägen.

Das Durcheinander der Erkenntnisse komplettieren neuere Forschungsarbeiten, denen zufolge der Zweck des Balkens keineswegs so klar ist, wie es die Befunde der Split-Brain-Arbeiten nahelegen. Denn es gibt Menschen ohne diese dicken Faserverbindungen zwischen den Gehirnhälften, die weder behindert sind, noch geniale Fähigkeiten besitzen. Das Ganze erinnert an die Bauernregeln zur Wettervorhersage: Kräht der Gockel auf dem Mist, ändert sich das Wetter, oder es bleibt, wie es ist. Zu jedem Befund scheint es eine Ausnahme zu geben, was Treffert durchaus bewusst ist. »Sicher ist nur, dass das Corpus callosum die Hirnhälften davor bewahrt, auseinanderzufallen«, spöttelt der Psychologe. Ob dazu der Schädelknochen nicht genügen würde?

Verschüttete Talente freilegen

Allan Synder von der Universität in Sydney wählt einen umgekehrten Ansatz. Statt herausfinden zu wollen, wie Savants denken, versucht er, deren Beschränkungen bei Gesunden experimentell zu imitieren. Dazu setzt Snyder Teile des Gehirns mit einer magnetischen Spule vorübergehend außer Betrieb. So jedenfalls lautet seine eigene Interpretation der Versuche, welche die meisten seiner Kollegen eher mit Argwohn betrachten. Der Hirnforscher ist gleichwohl überzeugt, dass wir alle mit umfangreichen Fähigkeiten geboren werden. Zum Beispiel mit dem Können, blitzschnell zu multiplizieren, zu dividieren oder Primzahlen zu identifizieren. Leider würden wir mit der Zeit den Zugang zu dem Genie in uns verlieren. Solche Aussagen vom verborgenen Potenzial und den schlummernden Geisteskräften schmeicheln dem Publikum, weil sie ein weit verbreitetes Vorurteil bedienen. Der australische Wissenschaftler versucht sie zu untermauern, indem er mithilfe einer kleinen Spule die um Kontrolle bemühte linke Hirnhälfte oder Teile davon ausschaltet.

Der Einsatz des transkraniellen Magnetstimulators, abgekürzt TMS, ist deswegen so attraktiv, weil er völlig unblutig ist. Das handliche Gerät wird einfach an den Kopf gehalten und sendet weniger als eine Tausendstel Sekunde dauernde, sehr starke Magnetimpulse aus. Das Kraftfeld durchdringt die Schädeldecke und regt die darunterliegenden Neuronenverbände großflächig zum Feuern an. Diese können damit ihren eigentlichen Aufgaben nicht mehr nachkommen und fallen aus. Die Blockade ist jedoch nicht bleibend, spätestens eine Stunde, nachdem die Magnetspule entfernt wurde, nehmen die blockierten Areale ihre Arbeit wieder auf.

Snyder lud zwölf gesunde Universitätsstudenten ein und präsentierte ihnen zwischen 50 und 150 ovale Objekte auf einem Computerbildschirm. Er wollte überprüfen, ob die Magnetspule zu einer Gabe verhelfen könnte, die sonst nur bei autistischen Menschen zu beobachten ist. Manche können mit einem einzigen Blick die Anzahl von Streichhölzern identifizieren, die aus einer Schachtel zufällig auf den Boden gefallen sind. Der Neurologe Oliver Sacks berichtete einst von einem Zwillingspaar, das beim Anblick eines Stäbchenhaufens wie mit einer Stimme »111« gerufen haben soll. Ungeübte überfordert das, sie schätzen normalerweise kleine Mengen von fünf, höchstens zehn Stück korrekt ein. Das Experiment von Snyder zeigte: Der TMS-Einfluss verhalf auch Gesunden auf die Sprünge. Bei zehn der zwölf Probanden verbesserte sich die Genauigkeit des schnellen Blicks.

In einem weiteren Versuch legte Snyder die Spule über der linken Gehirnhälfte an und testete, wie gut manche Personen vorher und nachher darin waren, Schreibfehler zu erkennen. Ein anderes Mal ließ er sie Bilder malen, um zu vergleichen, ob sich ihre Zeichnungen unterschieden. Zwar zeigten sich jeweils Effekte – doch in welchem Ausmaß, das war genauso unsicher wie der Mechanismus, der dahintersteckt. Eine Magnetspule ist ein unfokussiert wirkendes Gerät, und das gebiert weit eher Spekulationen als nachprüfbare Ergebnisse.

Dessen ungeachtet ist Snyder überzeugt, auf dem richtigen Weg zu sein. »Wir haben keinen Zugang zu den Hinterräumen unseres Gehirns, weil wir nur sehen, was wir kennen. Im normalen Leben ist es nicht von Vorteil, jedes Detail wahrzunehmen. Irgendwann werden wir Kappen tragen, die uns die Fähigkeiten von Savants geben«, prophezeit er. Tatsächlich ist das Gedächtnis des Menschen extrem leistungsfähig – nicht einfach auf Knopfdruck, sondern, wie wir noch sehen werden, durch gewöhnliches Training. Ganz Ähnliches könnte für kreative Leistungen gelten. Allerdings erscheint es nicht unbedingt erstrebenswert, in die Lage versetzt zu werden, sich jede Einzelheit etwa eines Telefonbuchs zu merken – und dafür zum Ausgleich keinen Kaffee mehr brühen oder Kinder erziehen zu können. Und wie Snyders grob gestrickte Savant-Mütze die feine Trennlinie ausfindig machen will, die zwanghaftes Abspeichern von einem gewollten Merken unterscheidet, die also den Sinn vom Unsinn trennt, steht ebenfalls in den Sternen.

Auch zur Lösung des schwelenden Nature-Nurture-Streits tragen Menschen mit dem Savant-Syndrom nicht bei. Es mag zwar so scheinen, als wären ihr extremes Potenzial und ihre Defizite gleichsam mit der Geburt existent und nicht etwa eine Folge von Umwelteinflüssen. Doch dieser Eindruck trügt nicht selten.

Kim Peek litt an einer Entwicklungsstörung des Nervensystems, die zwar vor der Geburt begann, aber erst nachdem sich Eizelle und Spermium zu einem menschlichen Embryo vereinigt hatten. Daniel Tammet, der Mann, der die Kreiszahl Pi so intensiv kennt, war nicht von klein an zu seinen ungewöhnlichen, bildhaften Rechenvisionen fähig. Seine Begabungen erblühten erst, nachdem er mehrere epileptische Anfälle erlitten hatte. Den britischen Bauarbeiter und ungezügelten Schläger Tommy McHugh schließlich verwandelte eine Gehirnblutung in einen exzessiv produzierenden Künstler, der sogar Ausstellungen bestreitet. Diese Beispiele zeigen, dass ein Savant, auch wenn es oft einen anderen Anschein haben mag, nicht unbedingt als solcher geboren sein muss.

Die Aura der Denkerstirn

Gewöhnliche Sterbliche begegnen einem sogenannten Genie meist mit einer eigentümlichen Haltung: einer Mischung aus Schaulust, Ehrfurcht und Bewunderung, die jedoch ohne Neid bleibt, weil es dafür an gemeinsamer Basis fehlt. Wer aus dem Meer der Mühsal herausragt, den verehren seine Mitmenschen. Schon seit jeher zogen vermeintliche Wunderkinder die Neugierigen an, auf Jahrmärkten oder in den Salons, zum Teil aus echtem Interesse, zum Teil aus Sensationsgier, die wissenschaftlich oder kulturell verbrämt war.

Das ist heute kaum anders. Das Publikum sucht den Weisen auf, um die Lösung von banalen bis gewichtigen, womöglich gar weltbewegenden Problemen zu erfahren. Es will diese Aura des Genies atmen und hegt stillschweigend wohl die Hoffnung, von der raren Gabe könnte etwas abfallen, ein Krümel herunterkullern in das Tal der eigenen geistigen Niederung.

Das Publikum liebt Erzählungen über befähigte Menschen. Dies bildet den Nährboden für alle Arten von Legenden. Wenn obendrein jede Äußerung eines Überfliegers unter strikter Beobachtung steht, kann das skurrile Züge annehmen. So ist zum Beispiel überliefert, dass der emsige Erfinder Edison in rauen Mengen Apfelkuchen mit Milch vertilgte.

Über den Mythos der schlechten Schulnoten eines Albert Einstein wollen wir ausnahmsweise einmal nicht reden. Dies hört sich zwar gut an, entbehrt aber jeder Grundlage. Bekannt ist auch, dass der Urheber der Relativitätstheorie noch nach Jahren in den USA Englisch nur mangelhaft sprechen konnte. Ein Ladenbesitzer auf Long Island soll ihm während eines Ferienaufenthalts dort eine Sonnenuhr (»sundial«) über die Theke gereicht haben, obschon Einstein nach Sandalen (»sandals«) verlangt hatte.

Anekdoten wie diese werden von der breiten Öffentlichkeit gern aufgenommen. Denn sie untermauern eine klare Trennlinie. Hier das gaffende Volk, dort der elegante Denker. Das Staunen des einen macht den anderen zum Exoten, zum Sonderling. Und allzu menschliche Makel vergrößern nur die Distanz. Mit seiner Alleinstellung, seiner Einsamkeit hat ein Genie in seinem Leben genauso zurechtzukommen wie mit der schmeichelhaften Bewunderung, die ihm entgegengebracht wird. Doch vielleicht ist es gar erst das ungläubige Staunen der anderen, das ein Genie erblühen lässt?

Eine kuriose Spezies mit grenzenlosen Fähigkeiten

»Ich hörte von Genies in der Schule«, lautet der erste Satz des 1999 erschienenen Buchs *Genius Explained* (sinngemäß: der erklärte Genius) von Michael J. Howe. »Sie waren«, fährt der Psychologe von der britischen Universität Exeter fort, »ein Geschlecht von gottähnlichen Individuen, ganz anders als gewöhnliche Menschen, da sie phänomenale und praktisch grenzenlose Fähigkeiten besaßen, von denen die normalen Männer und Frauen nicht einmal träumen konnten.« Die Idee, dass es eine Klasse intellektueller Giganten gäbe, die aus sich selbst heraus allen anderen überlegen sei, schien ihm, wie Howe in seiner kleinen Bildungsgeschichte schildert, noch einigermaßen akzeptabel zu sein.

Doch was, fragte er sich, war mit den Beinahe-Genies, den kreativen Erfindern und Entdeckern, die von manchen zwar als Genie angesehen werden, aber beileibe nicht von allen? »Wenn es unterschiedliche Grade des Genialen und keine klare Trennlinie dazwischen gibt, wie können dann Genies gleichsam eine eigene Spezies darstellen? Und wenn sie das nicht tun, wie unterscheiden sie sich von den gewöhnlichen Männern und Frauen, die sich ihre Fertigkeiten selbst aneignen und zwar allein durch emsige Anstrengung?«

Dass Howe ein Vertreter des Nurture-Lagers ist, welches Talent und Genie als Ergebnis von Umwelteinflüssen und persönlicher Entwicklung betrachtet, muss nach diesen Sätzen kaum ausgeführt werden. Genies sind in seinen Augen keine Außerirdischen, sondern nur insofern außergewöhnlich, als sie, aufbauend allein auf das grundsätzlich gleiche genetische Material, mit dem Millionen ihrer Mitmenschen geboren wurden, Einzigartiges erreicht haben. Und zwar einfach dadurch, dass sie sich sehr früh und auf intensivste Art und Weise mit dem sie interessierenden Gebiet beschäftigten. Diese Perspektive auf die Vielfalt menschlicher Talente, die die Rolle der Umwelt und des Lernens betont, muss man keineswegs teilen. Doch wer zusammen mit Howe eine Zeit lang gegen den Strom der Intuition schwimmt, der kommt zu äußerst interessanten Einsichten.

Howe nähert sich in seiner Analyse der Frage von »Nature or Nurture«, indem er die Biografien von Geistesgrößen studiert. Wobei das Gelände bereits am Startpunkt unsicher ist, wie der Psychologe sehr wohl weiß. Wie schon oben bei der Begriffsbestimmung erwähnt, folgt die Zuschreibung von Talent und Genie eher sozialen Konventionen statt wissenschaftlich klar umgrenzbaren Kriterien. So würden nur wenige widersprechen, dass Persönlichkeiten wie zum Beispiel Plato, Beethoven, Galileo, Michelangelo, Einstein oder Mozart Genies waren. Bei Tolstoi, Thomas Mann, Schubert oder Wilhelm Wundt, dem Begründer der Psychologie, wären die Diskussionen über deren Rang bereits intensiver. Und wie verhält es sich mit herausragenden Individuen wie Max Weber, dem Begründer der Soziologie, Edgar Allan Poe, Ingeborg Bachmann, Christine Nüsslein-Volhard, Nobelpreisträgerin für Medizin im Jahr 1995, Bob Dylan, *Spiegel*-Gründer Rudolf Augstein, dem Dalai Lama oder Wendelin Wiedeking, dem Porsche-Chef? Wenn auch jeder aus der letzten Gruppe zahlreiche Verehrer haben wird, der oder die dessen Fähigkeiten jeweils für bewunderungswürdig bis einzigartig hält, so würde die Allgemeinheit ihre Auszeichnung als »Genie« nicht unbedingt akzeptieren wollen.

Hinzu kommt, dass sich die soziale Bewertung mit der Zeit verändert wie die Mode. So ist fraglich, ob das Wirken einer Gabrielle Bonheur »Coco« Chanel (1883–1971) in einigen Jahrhunderten noch bewundert werden wird – obwohl sie die Hose für die Frau ebenso erfand wie das kleine Schwarze und ihre Rezeptur für Chanel Nummer 5 seit 1921 bis heute unverändert verwendet wird. Die bahnbrechenden Vererbungsstudien eines Gregor Mendel (1822–1884) blieben über Jahrzehnte ungewürdigt – denkbar ist sogar, dass nicht einmal der Forscher selbst ihre Tragweite erkannte. Ähnlich erging es den musikalischen Kompositionen eines Johann Sebastian Bach (1685–1750): Sie wurden von seinen Zeitgenossen missverstanden.

Mozarts Übungsfleiß

Bei genauer Betrachtung entpuppt sich, wenn man Michael Howe folgt, selbst das Wirken von Genies der obersten Kategorie als keineswegs göttlich, sondern ganz und gar irdisch.

Bei Wolfgang Amadeus Mozart (1756–1791) zum Beispiel begründen gemeinhin drei Umstände seinen Ruf, ein musikalisches Wunderkind gewesen zu sein.

Zum einen die Tatsache, dass er, kaum den Windeln entwachsen, nämlich im Alter von vier Jahren, mit dem Komponieren begann. Außerdem vermochte Mozart mit sechs oder sieben Jahren die Violine und das Cembalo so gut zu spielen, dass er zusammen mit seiner älteren Schwester und dem Vater Leopold auf bezahlte Konzertreisen durch ganz Europa gehen konnte. Drittens wird dem jungen Talent nachgesagt, ein unfassbares Gedächtnis für Musik besessen zu haben. Mit 14 Jahren soll er das *Miserere* von Gregorio Allegri (1582–1652) aus dem Kopf aufgeschrieben haben. Unterschiedliche Versionen gibt es allerdings dazu, ob er die berühmte A-cappella-Vertonung des 51. Psalms nur einmal hörte, nämlich bei einem Ostergottesdienst 1770 in Rom, oder mehrmals.

Richtig sei, argumentiert Howe, dass Mozart früh zu komponieren begann. Diese Werke waren allerdings weder herausragend, noch habe Mozart sie alleine verfasst. Vermutlich hat Vater Leopold die ganz frühen Stücke notiert, anschließend habe man sie beim Spielen verfeinert. Bei vielen der Kindheitskompositionen, etwa den ersten sieben Klavierkonzerten, handelt es sich mehrheitlich um Arrangements von Werken verschiedener anderer Künstler. Als schließlich der erste Titel entstand, der sowohl als Meisterwerk als auch als »echter Mozart« gilt, das Klavierkonzert Nr. 9 (Köchelverzeichnis 271), war sein Urheber bereits 21 Jahre alt.

Ähnlich verhält es sich mit seinen Symphonien. Mozart arbeitete eng mit Bachs jüngstem Sohn Johann Christian (1735–1782) zusammen und lehnte sich anfangs sehr eng an den Stil von dessen Vater an. »Mozart produzierte jene einzigartige Musik, die wir mit ihm verbinden, also erst nach einer ausführlichen Lernzeit«, folgert Howe.

Selbst die legendär frühreife Vortragskunst des populären Helden vermag Howe zu entzaubern. Seiner Meinung war es nicht primär eine musikalische Begabung, die Mozart – und, als Frau gerne vergessen, seine Schwester Nannerl – brillieren ließ, sondern Übungsfleiß. Schon von früh an war das Leben Wolfgangs von Musik erfüllt, Zeit zum Herumtollen blieb wenig. Howe macht folgende Rechnung auf: Angenommen, Leopold ließ seine Kinder, beginnend im Alter von drei Jahren, jeden Tag durchschnittlich drei Stunden lang üben, dann hätte sich das Exerzieren an den Instrumenten im Alter von sechs Jahren – als die Geschwister erstmals durch Europa reisten – bereits auf insgesamt 3500 Stunden summiert. Das ist ungefähr der Umfang, den heutige Instrumentalisten benötigen, um das Niveau eines guten Amateurs zu erreichen. Zu Mozarts Zeit, so Howe, sei es absolut ungewöhnlich gewesen, dass Kinder bereits mehr als 1000 Stunden mit Üben zugebracht hatten.

Wenn der vermeintliche Wunderknabe also das übliche Maß um den Faktor 3,5 übertraf, so würde sein Vortrag vermutlich alles hinter sich lassen, was dem Publikum bis dahin von Kinderhand vorstellbar schien. Zudem verdächtigt Howe den ehrgeizigen Vater Leopold, in der Wahl seiner Mittel nicht zimperlich gewesen zu sein. Um seine eigenen Qualitäten als herausragender Lehrer zu preisen und seine Kinder zu vermarkten, habe er womöglich nicht davor zurückgeschreckt, auf Konzertplakaten ein Lebensjahr abzuziehen – was allerdings durch die Quellenlage nicht gedeckt ist.

Mozarts phänomenale Gedächtnisleistung ist für Howe schließlich nichts weiter als eine indirekte Folge der intensiven Beschäftigung mit Musik. Er musste sich ein Stück nicht mehr Note für

Note merken, sondern erkannte aufgrund seines bereits angesammelten Wissens vertraute Muster und Phrasierungen, die er miteinander in Bezug setzen konnte – wir werden auf das bei Experten besonders geschulte Gedächtnis und ihre fokussierte Art der Informationsverarbeitung noch intensiv zu sprechen kommen. Allegris *Miserere* ist zwar eine lange Komposition, doch voller Wiederholungen, was die Aufgabe deutlich erleichterte. Außerdem, wer sagt denn, so Howe kritisch, dass Mozart wirklich jede Note richtig memoriert habe? Da die Aufführung des Stücks außerhalb des frommen Rahmens verboten war, hat niemand seine Gedächtniskopie mit dem Original prüfend verglichen.

Nun habe, betont Howe, seine Entmythologisierung des Wunderkindmotivs nicht das Ziel, Mozarts spätere überragende Leistungen zu schmälern. Ein Meisterwerk wie den *Don Giovanni* zu schreiben, sei nach wie vor eine ungeheure kreative Großtat. Nur sei die Quelle von Mozarts Fähigkeiten nicht etwa göttliche Eingebung gewesen, sondern geduldiges, mühsames, zähes und vor allem langes Training. Gedrillt von seinem Vater verbrachte er viele, viele Stunden am Instrument und mit Musik – ohne jedes Publikum als Zeugenschaft. Howe: »Man kann überhaupt nicht abstreiten, dass Mozart in seinen Leistungen die meisten Menschen um Längen überragte. Und doch wird erkennbar, dass die Anlagen, auf denen er aufbaute, nicht grundsätzlich von denjenigen verschieden waren, die alle Menschen teilen, auch jene, die nicht den Anspruch haben, ein Genie zu sein.« Die Argumentation überzeugt durchaus. Aber sie schließt nicht aus, dass Wolfgang Amadeus Mozart nicht doch außerordentlich günstige Erbanlagen mitbrachte.

Der freundliche Herr Darwin

Howe belässt es jedoch nicht bei einem Beispiel. Er versucht in seinen Arbeiten, so gut es die Quellen eben erlauben, hinter das Bild zu blicken, das sich die Öffentlichkeit von verehrten Genies macht. An Charles Darwin etwa war außergewöhnlich, dass nichts an ihm außergewöhnlich schien – Galtons Stammbaum zunächst zum Trotz.

Am 12. Februar 1809, vor 200 Jahren, im kleinen Shrewsbury, der Verwaltungsstadt der Grafschaft Shropshire, geboren, deutete nichts darauf hin, dass ausgerechnet dieses Kind einmal die Evolutionstheorie entwickeln würde, das bedeutendste Wirkprinzip der belebten Natur. Darwins Familie war wohlhabend, er genoss eine gute Ausbildung, hatte allerbeste Kontakte und stand unter keinerlei Zwang, zu seinem Lebensunterhalt einen Brotberuf ergreifen zu müssen. Darwin konnte, was seine Existenz betraf, ganz gelassen sein, und genauso entwickelte sich sein Leben: stetig und ruhig.

Als Junge erschien er bemerkenswert gewöhnlich, ohne ein deutliches Talent oder eine spezielle Begabung. In der Schule fiel er nicht weiter auf, geschätzt waren aber seine Freundlichkeit, Verlässlichkeit, Hilfsbereitschaft und sein großes Wissen über die belebte Natur, wie sich Klassenkameraden später erinnerten. Darwin selbst beurteilte die Schule später als eine reine Zeitverschwendung, denn was ihn am meisten interessierte, die Naturwissenschaften, wurde nicht gelehrt. Stattdessen las man die griechischen und lateinischen Klassiker und paukte deren tote Sprachen. Einmal zerrte der Schuldirektor Charles sogar vor die Klasse und beschimpfte ihn für seine Experimente mit einem Chemiekasten, die er zu Hause zusammen mit seinem vier Jahre älteren Bruder Erasmus angestellt hatte. Er sei, schalt ihn dieser gelehrte Mann namens Butler, ein »Dummkopf«, der mit Gasen und »anderem Quatsch« hantiere und nie etwas Sinnvolles zustande bringen werde.

Bis in die Mitte seines dritten Lebensjahrzehnts galt Charles in seiner Familie als ziellos, unentschlossen und wenig ambitioniert. Ihn schien das nicht zu stören, im Gegenteil. Er beförderte in seiner Verwandtschaft sogar das Bild des unreifen Naivlings. Selbst unter seinen geliebten und ihn liebenden Schwestern führte er sich gern als der intellektuell schwächere Bruder auf, der sich in vielem irrte.

Gleichwohl berichtet Darwin in seiner Autobiografie, dass er sich spätestens im Alter von elf Jahren für die Naturforschung interessiert hatte. In Wirklichkeit muss das wohl bedeutend früher gewesen sein, denn mit zehn ging er bereits auf Exkursionen, beobachtete Vögel und sammelte mit ebenso großer Leidenschaft wie Kenntnis Käfer und Schmetterlinge. So erkannte er zum Beispiel, dass an der walisischen Küste andere Nachtfalter lebten als bei ihm zu Hause in Shropshire.

Antiklerikale Ideen

Mit 16 begann Charles das Studium der Medizin in Edinburgh, wo Erasmus bereits dasselbe Fach belegt hatte. Die beiden Brüder lasen ungeheuer viel, zum Beispiel das Buch *Zoonomia* ihres Großvaters Erasmus, in dem dieser die Meinung vertrat, die Lebewesen seien durch einen natürlichen Prozess entstanden, nicht durch einen Schöpfungsakt. Daneben beschäftigten sie sich mit so unterschiedlichen Gebieten wie der Optik oder der Anatomie. Charles betrieb nebenbei weiterhin seine Naturstudien, lernte, wie man Vögel ausstopft und Tierkörper präpariert, und besuchte Vorlesungen der Geologie. Der Zoologe und Schwammexperte Robert Grant, ein Anhänger und Bewunderer des Botanikers und Zoologen Jean-Baptiste de Lamarck (1744–1829), wurde sein erster wissenschaftlicher Mentor. Dessen Theorie des Lamarckismus geht davon aus, dass sich Lebewesen verändern, indem sie Eigenschaften erwerben und diese anschließend an ihre Nachkommen vererben. Mit dem zunehmenden Wissen der Genetik zeigte sich jedoch, dass dies nicht möglich ist.

Charles besuchte Veranstaltungen naturforschender Gesellschaften und schloss dabei Bekanntschaft mit einigen intellektuellen Querulanten und Häretikern. Darunter war auch der Schriftsteller und Staatsphilosoph William Greg (1809–1881), der die unerhörte Meinung vertrat, dass die Gehirne niederer Lebewesen sich nicht grundsätzlich von dem des Menschen unterschieden. Außerdem bestritt Greg die Ansicht, Moral sei etwas von Gott Gegebenes. Ein anderer argumentierte für den Standpunkt, Geist entstamme der Materie und resultiere aus der Aktivität des Gehirns – was noch heute für viele Philosophen geradezu haarsträubend ist.

Charles beobachtete zudem gern und viel das Leben entlang der Küste. Manchmal überredete er den Kapitän eines Trawlers, ihn mitzunehmen. Er wollte sehen, welche Korallen, Schwämme, Polypen, Würmer, Seesterne oder Weichtiere das Schleppnetz vom Meeresgrund heraufholte.

Nur mit seinem Hauptfach Medizin wollte er sich so gar nicht anfreunden. Der junge Mann war vor allem von den Operationen angewidert, bei denen die Patienten bei vollem Bewusstsein blieben und vor Schmerzen schrien – schließlich waren die Segnungen der Anästhesie noch nicht bekannt. Er brach ab, und weil sein Vater befürchtete, Charles könnte ohne Berufsausbildung die Universität verlassen, schickte er den unentschlossenen Sohn zum Theologiestudium nach Cambridge.

Dort wurden nicht die Kirchenlehrer zu den Vorbildern, die ihn entscheidend in seinem Denken prägten, sondern wiederum ein Biologe, nämlich der Botaniker John Henslow (1796–1861). Die beiden unternahmen zusammen Ausflüge in Feld, Wald und an die Küste. Und Charles, dessen Wissen über die Natur unter seinen Freunden bereits den besten Ruf genoss, vertiefte seine Kenntnisse weiter – neben seinem eigentlichen Studium. Langsam, aber stetig wurde aus dem Amateur, der sich im Freien verlustierte, ein professioneller Wissenschaftler. »Als er Cambridge mit 22 Jahren verließ, hatte er Abertausende von Stunden mit der Naturbeobachtung zugebracht. Dies und sein Enthusiasmus, seine Neugier und die Freude, mit der er bei der Sache war, hatten ihn mit einer Expertise ausgestattet, die jene von Hobbyforschern bei weitem überstieg«, schlussfolgert Howe. Tatsächlich muss Henslow den jungen Darwin für einen der vielversprechendsten Naturforscher seiner Generation in Cambridge gehalten haben. Andernfalls hätte er in ihm nie den idealen Kandidaten gesehen, um mit dem Vermessungsschiff »HMS Beagle« auf Expedition zu gehen. Ende 1831 erhielt Charles Darwin offiziell die Einladung dazu.

Biografen haben immer wieder darüber spekuliert, ob vielleicht die Weltumsegelung Darwin erst in jene Person verwandelte, als die ihn die Geschichte kennt. Das ist gut möglich. An Bord las er Charles Lyells (1797–1875) eben erst erschienenes dreiteiliges Lehrbuch *Principles of Geology*. Darin belegt der Autor sehr einleuchtend seine Auffassung, dass die physikalische Welt in einem sehr langsamen, Millionen von Jahren dauernden geologischen Prozess entstanden sei. Von diesem Standpunkt aus lässt sich leicht eine Analogie zur belebten Welt ziehen. Wenn die Genesis, die biblische Geschichte von der Entstehung der Welt, nicht den Tatsachen entsprach, weshalb sollte die Heilige Schrift dann die Entstehung der Arten zutreffend wiedergeben? Während der fünf Jahre an Bord des Schiffes, weit von England entfernt, hatte Charles Darwin genug Zeit, über diese und weitere Fragen nachzudenken. Sein über Jahre geschultes Auge, seine Intuition und sein Ehrgeiz als Naturforscher lieferten ihm auf der Reise genug Datenmaterial, um Entwicklungen, die sich über geologische Zeiträume erstreckten, auch in der belebten Natur auszumachen.

Im Jahr 1836 kehrte Charles Darwin nach England zurück. Keine zwei Jahre später hatte er die Evolutionstheorie aufgestellt und mit einer Fülle von Argumenten scharfsinnig untermauert. Demnach erzeugen die Mechanismen der Mutation und der Selektion die Vielfalt der Arten von Tieren und Pflanzen. In den Schoß war ihm dies keineswegs gefallen.

Die Motivation entscheidet

Wer das Leben von Genies unter die Lupe nimmt, der stößt immer wieder auf Hinweise – beileibe keine Beweise –, dass ihr eigentliches Geheimnis weniger in der schieren Fähigkeit liegt, die intellektuellen Hürden einer Disziplin zu meistern. Vielmehr scheinen die Neugier, ein tiefes Interesse und vor allem eine eiserne Ausdauer entscheidende Voraussetzungen für große Leistungen zu sein.

Von dem großen Wissenschaftler Sir Isaac Newton (1642–1727), dem Begründer der nach ihm benannten Mechanik, ist überliefert, dass er sich mit Descartes' Standardwerk *Geometrie* abquälte wie ein Gaul auf dem Acker. Wenn er einige Seiten geschafft hatte und über Aussagen stolperte, blätterte er zurück und fing wieder von vorn an – so lange, bis er alles wirklich verstanden hatte. Sein später berühmtes Diktum, er habe nur deswegen weiter gesehen, weil er auf den Schultern von Giganten gestanden hätte, beschreibt die Situation zutreffend. So verhält es sich übrigens auch mit dem berühmten Vergleich selbst: Er stammt nicht von Newton, sondern geht vermutlich auf Bernhard von Chartres zurück. Und der im 12. Jahrhundert wirkende Scholastiker wiederum stand selbst auf den Schultern seiner kulturellen Vorfahren, denn er wurde zu seiner Metapher wohl vom antiken Mythos des Kedalion inspiriert, der auf den Schultern des blinden Riesen Orion saß und diesen lenkte. So prägen Bilder Bildungslegenden, die sich bis in die Gegenwart fortschreiben – und ergänzen lassen.

Als Kulturwesen verhalten sich Mensch wie Ameisen, die eine Brücke bauen: Man krabbelt aufeinander, der eine über den anderen, bis der Bogen geschlagen ist. Denn natürlich handelt es sich nicht nur um einen Riesen, auf dessen Schultern man zu steigen hat, sondern um viele. Newton machte da keine Ausnahme. Auch er musste sich in einem mühseligen Prozess das Wissen erst aneignen, das seine vielen Vorgänger geschaffen hatten. Die Absicht und der unbedingte Wille, die höchsten Gipfel zu erklimmen, um von dort einen Blick zu riskieren, waren jedoch seine ureigenen Leistungen.

Dies umreißt vielleicht das eigentlich Mysteriöse an Menschen, die herausragende Leistungen vollbringen: die Neugier, die mitunter bis zur Selbstaufgabe reichende Entschiedenheit, das unbeugsame Wollen. Woher stammen sie, woraus speisen sie sich? Der Besitz der Eigenschaften erstaunt umso mehr, als sie für ihre jeweiligen Besitzer nicht automatisch angenehm sein müssen. Sie können ihn zum Einzelgänger stempeln und in Konflikt mit Familie, Freunden oder den Weltanschauungen der Gesellschaft oder der Kirche bringen – Beispiele sind Darwin oder Galileo Galilei. Genial zu sein bedeutet auch, sich gegen herrschende Ansichten in der Gesellschaft zu stellen und entsprechende Konsequenzen tragen zu müssen. Damit ist Genie nicht selten mehr Fluch als Segen – je nachdem wie offen die Gesellschaft für neue Ideen und Provokationen ist.

Dass dem Faktor Motivation eine besondere Rolle zukommt, wenn es darum geht, das Leistungsvermögen eines Individuums einzuschätzen, steht für Howe fest. »Wenn, was wahrscheinlich ist, ererbte Unterschiede dafür verantwortlich sind, was Menschen schlussendlich erreichen, dann sind dies die Persönlichkeitsmerkmale und nicht die Intelligenz«, erklärt der Psychologe. »Es ist einfach besonders vorteilhaft, es immer weiter zu versuchen.«

Genies wissen in der Regel genau, in welche Richtung sie streben, und blenden alles andere aus. Manchmal sind sie geradezu besessen und schaffen es, ihre Vision über große Zeiträume hinweg zu verfolgen. Sie bringen Tage damit zu, über etwas nachzudenken, das ihre Aufmerksamkeit gefesselt hat, und vernachlässigen darüber nicht nur ihre Mitmenschen, sondern manchmal sogar die eigenen Grundbedürfnisse. Hatte zum Beispiel Newton Gäste und ging in den Keller, um Wein zu holen, konnte es sein, dass er sich dort niederließ und an seinen geometrischen Modellen bastelte. Darüber entfiel ihm völlig, dass man oben auf ihn wartete. Der Physiker Albert Einstein soll so sehr in seine Arbeit vertieft gewesen sein, dass er darüber manchmal vergaß, Socken anzuziehen. Eingewendet sei, dass der Wahrheitsgehalt derartiger Anekdoten fragwürdig ist, weil sie die Erwartung vom zerstreuten

Professor bereitwillig erfüllen – eine Verzerrung, die bei Einzelfallstudien stets zu bedenken ist.

Einsteins skurrile Fantasien

Andere Details aus dem Leben Einsteins dagegen sind durchaus gut belegt. Schon als elfjähriger Schüler beschäftigte sich das spätere Weltgenie mit Naturwissenschaft und Philosophie. Er studierte Euklids Geometrie, bewies den Satz des Pythagoras, wozu er jedoch drei Wochen benötigte, und las – offenbar sogar mit Vergnügen – Kants *Kritik der reinen Vernunft*. Seine Mutter, eine Pianistin, ließ ihn das Geigenspiel erlernen, doch kam er dabei kaum voran. Erst im Alter von 13 Jahren, als er seine Leidenschaft für Mozarts Sonaten entdeckte, ging es in Riesenschritten weiter. »Die Liebe ist ein besserer Lehrer als das Pflichtbewusstsein – zumindest für mich«, soll der Urheber der Relativitätstheorie dazu festgestellt haben – durchaus in Übereinstimmung mit Howes Vorstellungen. Einstein selbst beharrte stets darauf, mit keinerlei besonderer Begabung geboren worden zu sein. Er sei einfach nur von klein auf neugierig gewesen und habe schon als Kind immer wissen wollen, wie die Dinge funktionieren, lautete seine eigene Bildungsgeschichte.

Ganz so frei schwebte der wissensdurstige Geist allerdings nicht im Raum. Alberts Onkel Jakob war ein zwischenzeitlich durchaus erfolgreicher Ingenieur, der sich mit einer eigenen Firma gegen Ende des 19. Jahrhunderts intensiv mit den neuen elektrotechnischen Errungenschaften beschäftigte, zum Beispiel mit der Erzeugung von Strom und der Beleuchtung der Wohnungen. Er war es, der Albert mit Pythagoras und der Mathematik im Allgemeinen in Kontakt brachte.

Ein anderer Onkel, Caesar Koch, weckte das Interesse des Jungen an Phänomenen wie der Elektrizität oder dem Magnetismus. In dem regelmäßig die Familie besuchenden Max Talmud fand der Junge einen Freidenker, der ihn vor keinem ungewöhnlichen, atheistischen oder revolutionären Werk verschonte. So las Einstein bereits als Junge von Darwins Evolutionstheorie.

Besonders hatten es ihm mathematische Fragestellungen angetan. Er empfand eine emotionale und intellektuelle Freude daran, mathematische Probleme zu lösen, und er schätzte an dem Fach genau das, was die meisten anderen beanstanden, nämlich dessen abstrakte Art, Lösungen zu entwickeln.

Im Jahr 1896, mit 17 Jahren also, begann Einstein das Studium der Physik an der Polytechnischen Hochschule in Zürich, wobei er neben seinen fachlichen Qualitäten dadurch auffiel, dass er es hie und da an Respekt gegenüber den Professoren vermissen ließ. Man kann das vielleicht auf den Einfluss Talmuds zurückführen. 1905 – in der Wissenschaftsgeschichte voller Ehrfurcht als »annus mirabilis«, das Wunderjahr, bezeichnet – veröffentlichte er mehrere Arbeiten, die ihm den Nobelpreis für Physik und Weltruhm einbringen sollten.

Anderen Genies vergleichbar bleibt aus seiner Biografie heraus zwar offen, woher sich Einsteins Motivation für sein Ziel speiste. Warum die Geometrie, warum die mathematischen Knobeleien?

Wie jedoch seine Kreativität funktioniert, hat der unkonventionelle Denker selbst an einem Beispiel vorgeführt: Er stellte sich vor, auf einem Lichtstrahl zu reiten, und erkannte – entsprechende Geometrien konstruierend –, dass Gleichzeitigkeit eine Frage des Standpunktes sein muss. Anders ausgedrückt: Die Zeit ist keine Konstante, sondern vergeht umso langsamer, je schneller ein Astronaut von einem ruhenden Beobachter aus gesehen fliegt. Das gilt heute als wahr, ist also mathematisch und experimentell endgültig bewiesen. Und doch wirkt es so verrückt, so aberwitzig und jeder Intuition widersprechend, dass sich das fast nur ein Außerirdischer ausgedacht haben könnte, nämlich das Genie Einstein.

Menschlicher klingt es hingegen, wenn wir es so formulieren: Dem Mann aus der kleinen Stadt Ulm gelang es einfach, sich sein wunderbar kindliches Denken ein Leben lang zu bewahren.

Kapitel 3

Der Talent-TÜV

Albert Einstein kam keineswegs als brillanter Denker zur Welt. Selbst das Weltgenie schlechthin musste zunächst lernen, also die mühsame Kraxelei auf die hohen Schultern seiner Vorgängerriesen vollbringen. Das tat er früh, und er nahm sich die Zeit dafür, die er zu brauchen glaubte. Dennoch: Dass er daraufhin etwas leistete, wozu viele Menschen grundsätzlich ebenfalls in der Lage wären, ist für jeden Laien nur schwer zu glauben. Dumm nur, dass es sich so auch in der dafür hauptsächlich zuständigen Wissenschaft, der Psychologie, verhält: Man weiß es nicht, man glaubt vielmehr.

Er sei bereit, »sein Haus darauf zu verwetten«, dass jede eminente Begabung eine starke genetische Komponente enthalte, polterte Thomas Bouchard zur klassischen Frage nach Anlage oder Umwelt. Der Psychologe von der Universität von Minnesota in Minneapolis hatte 1990 eine noch heute wegweisende Studie über die starke Erblichkeit des Intelligenzquotienten bei eineiigen Zwillingen veröffentlicht. Der mittlerweile emeritierte Professor ist eine graue Eminenz des Nature-Lagers, der an der bestimmenden Rolle der Gene nicht rütteln lässt. Doch seine wissenschaftlichen Gegner rührt das kaum. »Eine erstaunlich feste Überzeugung angesichts des gänzlichen Fehlens belastbarer Fakten aus Studien«, konterte Kollege K. Anders Ericsson von der University of Florida in Tallahassee trocken.

Ericsson, ein in den USA arbeitender Schwede, Jahrgang 1947, ist einer der Hauptvertreter der Nurture-These. Und er bezweifelt auch gar nicht, dass das menschliche Erbgut für die Entwicklung des Gehirns und sein tägliches Funktionieren unverzichtbar sind. Natürlich kann ein Pferd oder ein Hund nicht sprechen, auch wenn man das Tier noch so intensiv trainiert. Ihm fehlt schlichtweg die genetische Anlage, die es zum Sprechen befähigen würde. Ebenso fehlt Schimpansen die Begabung zu abstraktem Denken oder gar höherer Mathematik.

Doch es geht, so Ericsson, bei der Anlage-Umwelt-Auseinandersetzung nicht um die Unterschiede zwischen Menschen und Tieren, sondern um diejenigen zwischen verschiedenen Menschen. Und für diese sind nicht qualitativ unterschiedliche Erbanlagen verantwortlich zu machen, die eine Begabung verleihen. Wenn es sie geben sollte, so sind sie bislang nicht identifiziert. Entscheidend sind aus Ericssons Sicht vielmehr der Übungsfleiß und die innere Motivation, ein Ziel zu erreichen.

Das Patt der Anlage- und Umwelt-Parteien scheint unauflösbar. In einem Grundsatzartikel warf 1998 eine Gruppe um Genie-Forscher Howe aus Exeter die ketzerische Frage auf, ob angeborene Talente womöglich nichts weiter seien als ein populärer Mythos: ein Eindruck von Außergewöhnlichkeit zwar, den viele gewinnen, der aber nicht zutreffend sein müsse. Über Seiten hinweg listete das Trio alle möglichen Befunde auf. Die Berichte über frühreife Wunderkinder wogen sie genauso ab wie das Zustandekommen des absoluten Gehörs oder eines fotografischen Gedächtnisses. Diesen Ergebnissen stellten sie Nurture-Belege entgegen, wonach Menschen ohne erkennbares Talent Grandioses erreicht hatten, einfach indem sie Lerngelegenheiten nutzten. Am Ende ihrer Analyse kamen die drei Psychologen zu dem Schluss, dass sich für das Konzept von der angeborenen Begabung keine tragfähigen Anhaltspunkte finden ließen. Wenn es Derartiges auch geben möge, sie würden, beteuerten sie, dafür keine stichhaltigen Beweise erkennen.

Behauptungen statt verlässlicher Daten

Die Gegenrede der weltweit wichtigsten Forscher und Forscherteams, 30 an der Zahl, folgte auf dem Fuße. Wortreich breiteten sie ihre Argumente aus, und wenn die Herausgeber den zur Verfügung stehenden Platz nicht stark eingeschränkt hätten – worüber es immer wieder Klagen gab –, dann wäre aus der übersichtlichen Talentsichtung wohl eine undurchdringliche Wissenskakophonie geworden. Manche unterstützten die Haltung des Howe-Trios, andere widersprachen vehement.

Natürlich sei die Rolle des Lernens wichtig, wendeten sie ein, aber für ein Genie sei eben beides erforderlich, eine starke Anlage plus eine fördernde Umwelt. Noch nie hätte jemand Großes vollbracht, der oder die nicht auch mit den entsprechenden Genen ausgestattet gewesen sei. Eine solche Haltung dürfte der Meinung entsprechen, der sich die Mehrheit der Bevölkerung intuitiv anschließen würde. Mit spürbarer Entrüstung kritisierte der Londoner Psychologieprofessor Robert Plomin, das Trio hätte die Befunde über die Erblichkeit der Intelligenz zu Unrecht ausgespart. Dabei sei das kognitive Denkvermögen doch die wichtigste Voraussetzung für Begabungen aller Art und definitiv etwa zur Hälfte, sprich 50 Prozent, biologisch determiniert. Wir wollen den Spezialfall des Intelligenzquotienten (IQ) sowie dessen Erblichkeit im nächsten Kapitel genauer anschauen.

Die Anlage-Umwelt-Debatte sei doch längst tot, wollte ein Dritter festschreiben, es mache daher keinen Sinn, auf den krepierten Gaul weiter einzupeitschen, auf dass dieser den Wagen aus dem Dreck zöge – mit Letzterem war die zähe Debatte gemeint. Ein Nächster warf ein, es sei einfach nicht wegzudiskutieren, dass Eltern und Lehrer immer wieder die Beobachtung machten, wie manche Kinder aus sich selbst heraus einen besonderen Zugang zum Lesen oder Schreiben, zur Mathematik, zum Zeichnen, zur Musik, zum Handwerklichen oder zum Sport fänden. Buben greifen einfach zum Schraubenzieher, während Mädchen sich mehr mit Puppen beschäftigen. Mag sein, entgegneten die Kritiker störrisch, doch diese kindliche Neigungen übersetzten sich nicht zwangsläufig in eine innovative Leistung als Erwachsener. Außerdem gebe es schnelle Lerner und langsame Lerner, und wenn auch Erstere die Geduld der Betreuer weniger strapazierten und damit mehr Begeisterung auslösten, so sei am Ende nur wichtig, dass der Stoff durchdrungen worden sei. Im Leben würden sich keineswegs immer diejenigen durchsetzen, die schneller seien.

Ein anderer schlug eine radikale Maßnahme zur Lösung des gordischen Wissensknotens vor: Einfach 100 geistig Behinderte und 100 Personen mit einem hohen IQ auswählen, empfahl er, und sie unter kontrollierten Bedingungen zehn Jahre lang lernen lassen. Dann würde man schon sehen, wie entscheidend die richtigen Gene seien. Da Lernbehinderungen auf vielfältigste Art und Weise zustande kommen können und außerdem Menschen mit Inselbegabungen, wie im vorhergehenden Kapitel gesehen, die intuitiven Grenzen zwischen Gesund und Krank zumindest stark verwischen, ist anzunehmen, das diese Anregung wohl eher der Frustration entsprang – der gereizten Enttäuschung über die Uneinsichtigkeit der anderen Partei und den Mangel am wirklich überzeugenden eigenen Argument.

In diesem nicht sehr produktiven Stil ging es fort: zumeist Küchenpsychologie, wenig belastbare Fakten. Wer sich den Spaß machte, durchzuzählen, um im vielstimmigen Chor der Meinungen überhaupt eine Übersicht zu gewinnen, der erhielt folgendes virtuelles Abstimmungsergebnis: Dreizehn Forscher (43,3 Prozent) stimmten zu, Begabung habe keine angeborene Komponente. Zwölf (40 Prozent) widersprachen dem deutlich, und fünf (16,7 Prozent) wussten nicht so recht. Die Befragung einer beliebig herausgegriffenen Gruppe wenig informierter Laien hätte vermutlich ein ähnliches Resultat erbracht – nur dass sie sich nicht jahrelang und mit beträchtlichen finanziellen Fördermitteln mit der Frage beschäftigt hatte. Allerdings fällt auf, dass die schwache Mehrheit der Experten ein Begabungskonzept, wie es die oben erwähnten

Wortdefinitionen beschreiben, eher ablehnt. Dort werden Geistesgaben wie beschrieben tendenziell als etwas Angeborenes angesehen (siehe Kapitel »Wie Genies denken«).

Der Artikel des ketzerischen Trios erschien 1998 – vor mehr als zehn Jahren also. Bis heute hat sich an dessen Aktualität jedoch kaum etwas geändert. Im Jahr 2007 erschien nochmals eine umfassende Zusammenschau von Studienergebnissen zum Thema. Die Autoren, drei Forscher um Ericsson, konkretisierten manche Punkte, beschrieben verstärkt neuronale Mechanismen, die Veränderung des Gehirns bei der Entwicklung und beim Lernen. Sie begutachteten erste genetische Untersuchungen, beispielsweise zur Kreativität. Und sie stellten dar, wie weitere Studien aufgebaut sein müssten, um endlich ein Ergebnis zu liefern. Zum Kern der Fragestellung drangen sie allerdings nicht wirklich vor – doch auch darüber zeigte sich die Zunft uneins.

Inszenierung statt Wahrheit

Lassen wir die Polemik der Reaktionen auf die Provokation von 1998 beiseite, und betrachten wir in Auszügen die Argumente, so wird erneut vor allem eines deutlich: Die Ausprägungen des menschlichen Geistes besitzen eine geradezu unüberschaubare Formenfülle. Talentpsychologen scheinen Naturforschern aus dem 18. Jahrhundert vergleichbar: Sie wirken vollauf damit beschäftigt, die Vielfalt der in der Menschenwelt anzutreffenden Phänomene zu beschreiben, statt ihre Entstehung ursächlich zu verstehen.

Hinzu kommen methodische Schwierigkeiten. Angesichts der Faszination des Menschen von Geistesakrobaten jeglicher Art sind vermeintlich Begabte stets auch Objekt mehr oder weniger fantasievoller Erzählungen – dies gilt für Eltern wie für Forscher in gleichem Maße. Diese »Hast-du-schon-gehört?«- und »Mein-Kind-kann«-Geschichten haben jedoch einen gewichtigen Nachteil: Sie dienen eher der Inszenierung statt der Wahrheitsfindung.

Wenn Eltern berichten, ihr Kind habe schon so und so früh lesen gelernt, und zwar von selbst, ohne dass sie es ihm beigebracht hätten, ist dies wissenschaftlich nicht verwertbar – gerade dann, wenn dieselben Eltern die Fortschritte des Sprösslings penibel dokumentiert haben. Denn dies offenbart, dass die Eltern ein deutliches Interesse an dessen Genialität hatten und das Kind bereits auf diese Weise beeinflusst haben.

Wenn Arthur Rubinstein (1887–1982) von sich behauptet, er hätte schon im Alter von zwei Jahren das Piano beherrscht, so kann er das aus eigener Erinnerung nicht wissen – diese formiert sich erst ab dem Alter von drei. Er muss es also, auch wenn er das vielleicht vergessen hat, von anderen gehört haben. Und mit welcher Absicht wurde es ihm erzählt?

Dass Leonard Bernstein (1918–1990) nur gegen den Willen seiner Eltern ans Klavier durfte, wie er selbst unterstrich, besagt wenig, denn er hat es offenbar beständig und mit Erfolg weiter versucht.

Die Berichte von Kindern aus mittellosen Familien – Beispiele sind der indische Mathematiker Srinivasa Ramanujan (1887–1920), der erst im Alter von 15 auf ein Buch mit 6000 Theoremen stieß und sie allesamt bewies, oder der englische Mathematiker George Boole (1815–1864), der die mathematische Logik begründete –, sie sind allesamt mit Vorsicht zu genießen. Im Nachhinein ist aus der Quellenlage kaum mehr verlässlich zu trennen, was einst auf das Konto der Lernmotivation oder auf dasjenige des sogenannten »angeborenen mathematischen Argumentationsvermögens« ging – als solches wäre dieses genetisch fixierte Talent zu beschreiben.

Fähigkeiten wie das absolute Gehör oder ein fotografisches Gedächtnis scheinen tatsächlich wie von selbst, also bei dem Lotteriespiel im Zuge der Vereinigung von Samen und Eizelle zu entstehen. Doch der Einwand ist kaum von der Hand zu weisen, dass diese Talente nicht automatisch zu herausragenden Leistungen als Erwachsener führen. Ebenso problematisch ist es, Neugeborene daraufhin zu untersuchen, ob sie gleichsam als unbeschriebenes Blatt zur Welt kommen oder in den ersten Stunden bereits persönliche Talente besitzen. Studien, die dies untersuchen – wir werden sie uns im Kapitel »Zahlensinn und Sprachinstinkt« eingehend anschauen –, haften grundsätzliche Schwierigkeiten an: Wie soll man herausfinden, wozu Babys in der Lage sind, da sie nicht sprechen können? Ist ein Kleinkind talentiert, wenn es bestimmte Fähigkeiten früher erwirbt als sein Jahrgangsdurchschnitt? Gibt es Leistungsunterschiede zwischen Babys? Das alles ist kaum zu prüfen. Wissenschaftler sind gerade erst dabei, überhaupt zu erkennen, was Neugeborene beherrschen.

Und wenn die Kleinen nach wenigen Lebensjahren unterschiedliche Talente zu besitzen scheinen: Worauf sind sie dann zurückzuführen? Auf die Umwelt oder die Gene? Schließlich beschäftigen sich Menschen vom ersten Atemzug an vor allem mit einem: Sie lernen. Lernen ist aber Umwelt, Kultur – Nurture.

Selbst der forschende Blick auf indigene Gesellschaften hilft da kaum weiter. Ein Zeit lang standen zum Beispiel Kinder eines afrikanischen Stammes in dem Ruf, im Durchschnitt etwa einen Monat früher als westliche Babys das Sitzen und Gehen zu beherrschen. Wie sich jedoch zeigte, hat die Frühreife nicht zwingend genetische Ursachen, sondern ist auf die Fürsorge der Mütter zurückzuführen. Das Talent trat bei den Kindern derselben Abstammung nicht auf, wenn diese in einer Gemeinschaft aufwuchsen, die auf frühzeitiges Sitzen und Gehen keinen Wert legte.

Von methodischen Problemen sind auch Zwillingsstudien betroffen. Berühmte Geistesgrößen haben höchst selten ein eineiiges Geschwister, das ebenfalls brillieren würde – dies erschwert genetische Untersuchungen mit einer ausreichenden Fallzahl. Die Statistiker registrierten zwar einige Vater-Sohn-, Mutter-Tochter- oder Geschwisterpaare unter den Nobelpreisträgern, zum Beispiel Arthur Kornberg (1959) und seinen Sohn Roger (2006), ausgezeichnet für ihre Erkenntnisse in der Medizin und Biochemie. Sie sind aber so selten, dass niemand von einer Genealogie der Genies spräche, die sich möglicherweise auf Begabungsgene durchstöbern lassen würde.

Erfolg durch den richtigen Samen?

Selbst die in den USA geführte Spermienbank mit dem Erbgut von Nobelpreisträgern ist bislang nicht als tiefgefrorene Vorratskammer für Genies auffällig geworden. Der bekannteste Sprössling aus der Kälte heißt Doron Blake. Der Student besitzt zwar, wie sein unbekannter väterlicher Genspender einen IQ von 180, hat aber keinerlei Ambitionen, wie dieser die Weltzusammenhänge zu erforschen, sondern beschäftigt sich eher mit Fragen der Religion und des Glaubens – im Übrigen ist er vollauf damit ausgefüllt, seine surreale Herkunft emotional zu verarbeiten. »Ich glaube nicht, dass Gene darüber entscheiden, wer wir sind«, erläutert Doron seine Version der Geschichte. Und vor seinem Vater hat er ebenfalls keinen großen Respekt, der habe nur die Bausteine der Erbsubstanz Adenin, Guanin, Cytosin und Thymin geliefert. »Er hat meiner Mutter nur As, Cs, Ts and Gs gegeben. Das ist kein Mensch, kein Charakter, nur ein Haufen organischer Materie. Ich bin das Produkt vieler Dinge, von denen dies nur ein kleiner Teil ist. Und deshalb bedeutet er mir überhaupt nichts.«

Das Geschäftsmodell, mit Forschersamen Genies zu zeugen, scheint stark von dem fast religiösen Glauben mancher Menschen zu profitieren, Begabung sei nichts weiter als die Summe aus dem richtigen Spermium plus der richtigen Eizelle, mithin eine Frage der richtigen Genausstattung.

Überhaupt fanden die Talent-Forscher bisher keinerlei Prognosekriterien. Darunter verstehen sie frühe Hinweise, die es etwa erlauben würden, das Potenzial eines Kindes oder Jugendlichen auf einem Fachgebiet abzuschätzen. Ein talentiertes Kind kann als Heranwachsender nur noch mittelmäßig sein – und umgekehrt. Es gibt Spätstarter, wie etwa den Maler van Gogh oder den Krimiautor Raymond Chandler. Es gibt aber auch Genies, die als Kind als Versager galten, wie zum Beispiel Darwin. Nur wenige seriöse Arbeiten versuchen sich auf diesem schwierigen Gebiet, weil es methodisch schwer zu fassen ist. Entweder erfordern Untersuchungen zur Leistungsprognose einen großen Beobachtungszeitraum, oder sie erfolgen im Rückblick und sind damit weniger verlässlich. Denn Menschen tragen keine Festplatte im Kopf, ihre Erinnerung verändert sich mit der Zeit. Sie rekonstruieren ihre Lebensgeschichte nicht, wie sie wirklich war, sondern in einer Fassung, die durch ihre gegenwärtigen Erlebnisse, ihre augenblickliche Situation beeinflusst ist.

Eine Langzeitstudie – sie stammt aus der Abteilung des Karlsruher Sportwissenschaftlers Klaus Bös – fahndete bei jungen deutschen Tennistalenten nach Vorzeichen einer überragenden Karriere, mit dem Ziel, vielversprechende Sportler frühzeitig zu identifizieren. Die Talent-Scouts wurden jedoch nicht fündig. Mit dem gleichen negativen Ergebnis endeten Analysen von schachspielenden Kindern und Jugendlichen, Konzertpianisten, Schwimmern oder Mathematikern. Es scheint unmöglich vorherzusagen, wer es schaffen wird und wer nicht.

Der Grenzwerteffekt

Der menschlichen Entwicklung, so scheint es, stehen zahlreiche Pfade offen. Diese sind verschlungen, unübersichtlich und vor allem lang. Doch offenbar findet vor allem derjenige das Ziel, der unerschrocken und fest auf seinem Pfad schreitet, mag dieser auch noch so mühsam und steinig sein. Denn dasjenige Kriterium, das noch den besten Hinweis darauf lieferte, was aus einem Kind werden würde, war dessen Arbeitseifer. Zahlreiche Studien belegen: Wer viele Stunden des bedachten und konzentrierten Übens, Exerzierens, Knobelns und Lernens investierte, der konnte es nach Jahren zur Meisterschaft bringen.

Der Zusammenhang geht sogar so weit, dass der Umfang der aufgewendeten Zeit sehr eng mit dem späteren Erfolg in Zusammenhang zu bringen war. Ein Boris Becker, eine Steffi Graf, Michael Schumacher, Dirk Nowitzki, Roger Federer, Tiger Woods, Michael Phelps – sie triumphierten vor dem Publikum, weil sie von diesem unbemerkt Übungsweltmeister waren oder sind. Im Extremfall kann das zu einem recht einseitigen Leben führen bis hin zu einem Fachidiotentum, wie an der Selbstbeschreibung Phelps' abzulesen ist, der von sich sagt, er könne nichts anderes als schlafen, essen und schwimmen. Auf ihrem Spezialgebiet feiern solche Sportler Erfolge.

Voraussetzung dafür ist, wie Bös und seine Mitarbeiter für die Disziplin Tennis feststellten, dass es den Trainierenden gelingt, speziell die sportartspezifischen Fertigkeiten aufzubauen. Darunter verstehen sie zum Beispiel die millimetergenaue Ausrichtung des Skelettsystems, um den Schläger in Hochgeschwindigkeit exakt und kraftvoll führen zu können. Außerdem geht es darum, am Gegner die entsprechenden Körperhaltungen zu erkennen, um, lange bevor dessen Schlag erfolgt, die Flugbahn des Balles zu antizipieren und so einen winzigen Zeitvorsprung zu gewinnen, um den Rückschlag vorzubereiten. Dazu imstande zu sein, erfordert natürlich aktives und passives Bewegungstalent, aber nur als eine generelle Voraussetzung. Wichtiger ist, dass sich der Körper und der Wahrnehmungsapparat extrem auf eine Sportart einstellen – und das geht nur über Training.

Solche Erkenntnisse inspirierten den Psychologen Wolfgang Schneider von der Universität Würzburg, Mitarbeiter im Bösschen Forschungsteam, die sogenannte Grenzwert- oder Flaschenhalstheorie aufzustellen. Dies bedeutet: Erreicht eine Person das für eine Sportart erforderliche Mindestmaß an Eignung, bringt eine zusätzliche Begabung nichts mehr. Über dem Grenzwert entscheidet allein der Fleiß über den Erfolg. Ein gewisses – in hohem Grade vererbtes – Körpermaß ist etwa für Basketballspieler oder für Jockeys erforderlich, bestimmte Hebelverhältnisse des Skelettes oder das Kontraktionsvermögen der Muskeln fürs Turnen, Schwimmen, Tanzen oder die Leichtathletik. Wer sich als Langstreckenläufer auszeichnen will, sollte leicht und klein sein. Um ein hervorragender Wissenschaftler zu sein, ist ein Mindestmaß an kognitivem Leistungsvermögen erforderlich, unterschiedlich je nach Fach. Jeder, der darüber liegt, muss hart arbeiten, um sich vor den anderen auszuzeichnen, statt sich auf seine Begabung verlassen zu können.

Dieser Regel folgt auch die überragende Dominanz von Läufern aus Ostafrika beim Marathon. Es sind nicht primär die vermeintlich besseren Hebelverhältnisse an den Beinen oder die Stoffwechsel-Enzyme der Muskeln, sondern es ist intensives und hoch motiviertes Training von Kindesbeinen an, welches die Leistungskluft zu den Europäern so anwachsen lässt. »Bewegung oder gar ein den Bewegungsapparat frühzeitig stabilisierendes Barfußlaufen kommt im Gegensatz zu afrikanischen Kindern bei uns in der Jugend, vor allem bei Stadtkindern, immer weniger vor«, beklagt der frühere deutsche Weltklasseläufer Herbert Steffny. »Früher spielte man in der Freizeit auf der Straße: Verstecken, Räuber und Gendarm, Fuß- und Völkerball oder war auf dem Sportplatz, um dort zu springen, laufen oder werfen. Der Schulweg wurde zumeist wie in Afrika zu Fuß oder mit dem Rad zurückgelegt.«

Heute hingegen bewegten sich Kinder in Deutschland immer weniger, säßen entweder vor dem Computer oder ließen sich von den Eltern im Auto chauffieren. Hinzu komme die besondere Leistungsbereitschaft der Afrikaner. »Der Hauptgrund für ihre Dominanz ist die Aussicht auf einen ungeheuren gesellschaftlichen Aufstieg. 500 Euro beim Citylauf entsprechen in Ostafrika einem Jahresgehalt. Diese soziale Motivation ist viel wichtiger als kleine anatomische oder physiologische Besonderheiten am Fersenbein, der Muskelfasern oder Ähnliches, wie uns immer wieder Wissenschaftler weißmachen wollen. Die haben wohl noch nie die leistungshungrigen Afrikaner in ihrem sozialen Umfeld zuhause erlebt.«

Steffnys Beobachtung bestätigte in der Tendenz die Studie einer Forschergruppe um Alejandro Lucia von der Universidad Europea in Madrid. Die Physiologen untersuchten, inwiefern vielleicht ihre Anlagen 46 spanische Athleten zu Weltklasseleistungen bei internationalen Lauf-Wettbewerben oder bei der Tour de

France befähigt hatten. Zu den analysierten sieben Genen gehörten solche, die mutmaßlich für einen besseren Stoffwechsel oder eine größere Energie-Effizienz in der Muskulatur verantwortlich waren.

Das Ergebnis war nicht ganz eindeutig, vom Trend her jedoch eher negativ: Kein einziger der Spitzenathleten wies das optimale Genprofil auf, nur zwanzig der untersuchten Sportler erreichten wenigstens 75 Prozent dieses Niveaus – was sie allerdings mit 5,8 Millionen unbekannten und im Ausdauersport nie weiter auffällig gewordenen Spaniern gemeinsam haben. Fazit der Forscher um Lucia: »Ein gesunder, durchschnittlicher Spanier ist nicht durch sein genetisches Profil darin begrenzt, bei der Tour de France aufs Podium zu fahren.«

Überraschend ist, dass für die typischste aller Denkersportarten, nämlich Schach, der dafür erforderliche Mindest-IQ nicht besonders hoch zu liegen scheint. Studien konnten belegen, dass die kognitive Leistungsfähigkeit von Schachspielern stark variierte und von deren Spielstärke weitgehend unabhängig war. Nicht die analytische Intelligenz des Schachspielers erwies sich als ein guter Indikator für dessen Rangordnung, sondern die Zahl der absolvierten Partien.

Die Ursache liegt womöglich in der Komplexität des Spiels. Schach bietet zu viele Möglichkeiten, um immer wieder jede Stellung von Neuem analytisch zu durchdringen. Stattdessen verfahren die Spieler besser, wenn sie eine Fülle bereits gespielter Partien im Kopf behalten und so gleichsam nur die Züge nachvollziehen, die schon einmal zum Erfolg geführt haben. Das Gedächtnis hat also beim Schach eine weitaus größere Relevanz als logisches Denken und ist erwiesenermaßen massiv trainierbar, wie wir im Kapitel »Wenn Lady Di den T-Rex umarmt« noch sehen werden. Nur Spielern, die zahllose historische Varianten und Strategien für Angriff und Verteidigung im Kopf haben, gelingt es, an die Spitze vorzudringen. Sie müssen also primär Partien lernen und nicht ihre Züge analysieren. Diesem Zusammenhang und nicht dem Zufall ist es zuzuschreiben, dass der eingangs geschilderte Selbstversuch von László Polgár mit seinen drei Töchtern funktionierte.

Schachcomputer lösen das Problem übrigens mit rechnerischer Kraft. Deep Fritz kalkuliert in einer Sekunde zehn Millionen Stellungen durch, ohne jemals zu »wissen«, ob es dafür gelungene Vorbilder gab – und ist dabei besser als jeder humanoide Groß- oder Weltmeister. Maschinen sind deswegen aber nicht intelligenter als Menschen, es sei denn, man würde die Rechenfähigkeit von Deep Fritz mit Klugheit gleichsetzen.

Das erlernte Talent

Einer der Hauptvertreter der These vom gelernten Talent ist, wie bereits erwähnt, Anders Ericsson. Training ist aber nicht gleich Training, und so prägte der Psychologe den Begriff des zielgerichteten Übens, auf Englisch »deliberate practice«. Um zum Beispiel Fortschritte im Schach oder im Tischtennis zu erzielen, genügt es nicht, in geselliger Runde ein paar Partien zu schieben. Wer will, dass sein Üben sich auszahlt, der muss mit vollem Herzen, wachem Verstand und offenen, neugierigen Augen bei der Sache sein, so Ericsson.

Zehn Jahre oder zehntausend Stunden sind über den Daumen gepeilt erforderlich, um auf internationalem Parkett konkurrenzfähig zu sein – egal, ob auf dem Gebiet des Sports, der Kunst oder der Naturwissenschaft. Als Argument für seine Lehre vom gelernten Talent führt er nicht nur ins Feld, dass die Belege fehlten, die Begabungen auf genetische Ursachen zurückführten. Sondern auch die Überlegung, dass – sollte die reine Dauer des Übens eine solche gewichtige Rolle spielen – es jeweils ein charakteristisches Alter geben müsste, in dem Experten ihre Lernphase abgeschlossen haben und damit beginnen, eigenständige Beiträge zu liefern.

Die Analyse von Lebensläufen bedeutender Persönlichkeiten bestätigte diese Idee nicht nur, sie brachte auch die entsprechenden Fristen zutage. »Sportler sind in aller Regel Mitte bis Ende zwanzig, Wissenschaftler, Künstler, Schachspieler oder Musiker Mitte bis Ende dreißig, wenn sie ihr größtes Leistungsvermögen erreichen«, erklärt Ericsson.

Unter Komponisten produzierte kaum einer einen wesentlichen Beitrag zur Musik, wenn er zuvor nicht mindestens zehn Jahre mit intensivem Studium zugebracht hatte. Die wenigen Ausnahmen wie Dmitri Schostakowitsch (1906–1975), Niccolò Paganini (1782–1840) oder Erik Satie (1866–1925) waren unwesentlich schneller, nämlich nach neun Jahren, zur Meisterschaft gereift. Selbst ein Genie wie Mozart hatte, wie geschildert, zunächst auf sein Stundenkonto einzuzahlen. Weil der Vater mit seinem Einzelunterricht aber sehr früh begonnen hatte, war der Sohn schon im Alter von 21 Jahren fertig ausgebildet – und konnte auf der Basis seines musikalischen Könnens seine Kreativität voll zur Entfaltung bringen.

Der Pädagoge Andreas Lehmann von der Würzburger Hochschule für Musik vergleicht in einer Arbeit die unterschiedlichen Bedingungen, unter denen Mozart und einige seiner ebenfalls komponierenden Zeitgenossen aufwuchsen. Aus Lehmanns Sicht hob vor allem der massive Einfluss des Vaters den Salzburger Komponisten gegenüber seinen Kollegen hervor. Dazu tritt die Tatsache, dass er sehr früh auf Auslandsreisen ging und so nicht nur mit der internationalen Musikerelite verkehrte, sondern eine eigene, plastische Zielvorstellung seines späteren Lebens als Komponist entwickeln konnte. Das heißt: Ab einem gewissen Zeitpunkt führte er nicht mehr nur aus, was ihn sein Vater hieß, sondern entwickelte eine eigene Motivation. Vergleichbar gute Startbedingungen hatte in dieser Gruppe höchstens noch Jan Ladislav Dussek (1760–1812), dessen Vater ebenfalls Musiker und Komponist war. Doch im Gegensatz zu den Mozarts verreisten die Dusseks aus finanziellen Gründen nicht – und haben nie den Ruf erworben, genial zu sein. Auch aus diesem Grund blieben sie dem breiten Laienpublikum unbekannt.

Die Popularisierung von Spitzenleistungen

Für das Modell vom gelernten Talent spricht außerdem, so ihre Vertreter, dass einst überirdisch anmutende Leistungen heutzutage nicht mehr unbedingt Bewunderung erregen. Egal, ob man sich so verschiedene Fächer wie Musik oder Sport anschaut, überall hat eine ungeheure Popularisierung des Könnens eingesetzt. Was einst nur den Topakteuren vorbehalten war und eine entsprechende Begabung zu erfordern schien, ist heute für einen größeren Personenkreis erreichbar. Eine genetische Begabung kann dem nicht zugrunde liegen, denn am Erbgut der Bevölkerung hat sich in den wenigen Jahrzehnten nichts geändert.

Im Sport ist diese Entwicklung besonders deutlich abzulesen, weil sich Erfolg ganz einfach an der benötigten Zeit bemessen lässt. Wer beim Marathonlauf (42,195 Kilometer) unter drei Stunden bleibt, der wäre noch 1908 in die ewige Liste der Besten aufgenommen worden. Damals lief der Amerikaner John Hayes mit 2:55:18,4 Stunden in London den ersten offiziellen Weltrekord. Heute peilen ehrgeizige Freizeitläufer bei den Veranstaltungen in München, Berlin oder New York eine durchaus vergleichbare Zeit an, vier Stunden gelten schon fast als Standard. In den 1950er Jahren stellten Schwimmer nationale Rekorde auf, wenn sie auf 100 Meter Freistil unter der »Schallmauer« von einer Minute blieben. Heute liegt der Weltrekord bei 47 Sekunden, und die 60-Sekunden-Grenze unterbieten bereits gut trainierte jugendliche Vereinsschwimmer. Ursache für die Leistungssteigerungen ist sicher nicht primär der Einsatz unerlaubter Substanzen. Vielmehr wird heute viel härter trainiert. So sind die Strecken, die auch Amateure zur Vorbereitung schwimmen, in den letzten Jahren um ein Vielfaches gestiegen.

Während die Breite zunehmend Spitzenleistungen erbringt, geht aus den Statistiken auch hervor, dass die Weltspitze immer langsamer vorankommt, Zum Beispiel beim 100-Meter-Lauf. Im Jahr 1968 sprintete Jim Hines (USA) die Strecke in 9,95 Sekunden. Danach dauerte es 40 Jahre, um den Weltrekord um nur 26 Hundertstel zu drücken. Usain Bolt (Jamaika) erzielte bei den Olympischen Spielen in Peking 2008 die Fabelzeit von 9,69 Sekunden. Über vier Jahrzehnte gesehen steigerten die Sprinter ihre Bestleistung damit nur um 6,5 Tausendstel Sekunden pro Jahr. Die Tendenz charakterisiert auch die Entwicklung in anderen Disziplinen. Weil es immer schwerer wird, das olympische Motto vom »schneller, höher, weiter« zu erfüllen, bestehen Rekorde immer länger. Weibliche Bestmarken gelte heute im Durchschnitt 11, männliche gar 14 Jahre lang.

Diese Statistiken haben verschiedene Wissenschaftler auf die Idee gebracht, das menschliche Leistungsvermögen hätte gleichsam eine natürliche Grenze, welche durch das optimale Zusammenspiel von Gelenken, Muskeln, Sehnen, Herz und Kreislauf gegeben sei. Dieser Linie würden sich die Athleten nun in immer kleineren und mühsameren Schritten annähern. »Innerhalb der nächsten 20 Jahre sind bei der Hälfte aller olympischen Disziplinen keine bahnbrechenden Rekorde zu erwarten«, meint etwa Jean-François Toussaint. Zusammen mit einigen Kollegen analysierte der Leiter des Biomedizinischen Instituts Irmes in Paris 3263 olympische Weltrekorde zwischen den Jahren 1896 und 2007 und errechnete daraus einen möglichen Grenzwert für verschiedene Disziplinen. Ein Sprinter würde demnach 100 Meter niemals schneller als in 9,726 Sekunden rennen können, beim Marathon stünde die physiologische Mauer bei 2:03:08 Stunden.

Derartige Berechnungen sind jedoch alles andere als verlässlich. Das ist schon daran zu erkennen, dass der aktuelle Weltrekord im 100-Meter-Sprint von Usain Bolt unter der vermeintlichen theoretischen biologischen Grenze liegt. Außerdem kamen die niederländischen Mathematiker John Einmahl und Jan Magnus von der Universität Tilburg auf einen deutlich niedrigeren Grenzwert. Ihren Analysen auf Grundlage der Extremwerttheorie zufolge ist er beim 100-Meter-Sprint erst mit 9,29 Sekunden erreicht. Beim Marathon-Weltrekord der Männer dürfte dagegen kaum noch

Hamberger Grossmarkt GmbH
Friedenstr. 16
81671 München

* Super bfrei * Zapfpunkt : 01 *
* 40,77 Liter 61,07 EUR *
* 1,498 EUR pro Liter 1 *

GESAMT BRUTTO 61,07 EUR

19,00% USt1 aus 61,07 9,75 EUR
GESAMT NETTO 51,32 EUR
Bar erhalten 61,07 EUR

Bon:636770 05.01.2012 16:42
Es bediente Sie
Herr Ahmed Moawad

Daten aus geeichten Anlageteilen
sind zur besonderen Kennzeichnung
durch Sterne eingeschlossen

Vielen Dank und gute Fahrt
StrNr: 143/143/90130

etwas zu verbessern sein. Der theoretische Wert (2:03:37) liegt laut Einmahl und Magnus nur um 22 Sekunden unter der aktuellen Bestleistung von Haile Gebrselassie von 2:03:59 Stunden. Beim Marathon der Frauen dagegen sehen die Mathematiker noch einiges an Luft, um 8:50 Minuten sei die Marke noch nach unten zu drücken. Andere Forscher respektierten diese Berechnungen nicht und ermittelten für den Männer-Marathon einen Grenzwert von 1:57:48 Stunden.

Angesichts dieser Widersprüche verliert die These vom begrenzten menschlichen Leistungsvermögen sehr an Überzeugungskraft. Vermutlich kann nur die Zukunft zeigen, ob die Idee tatsächlich tragfähig ist – bis zum jeweils nächsten Weltrekord.

Kann jeder ein Wunderkind sein?

Immerhin haben die Tendenzen im Sport erstaunliche Parallelen zu denen in der Musik – und vermutlich auch in vielen anderen Disziplinen. Immer mehr Menschen sind zu Leistungen imstande, die zuvor nur den großen Begabungen vorbehalten schienen. Eine Frühreife am Instrument gilt heute bei Europäern vielleicht noch als außergewöhnlich. Bei Menschen aus Asien, die von einer regelrechten Mozart- und Beethoven-Euphorie erfasst sind, ist sie zwar noch nicht alltäglich, sensationell aber ist die frühe perfekte Beherrschung eines Instruments auf keinen Fall mehr. In China sollen Schätzungen zufolge 50 Millionen Menschen ernsthaft Klavier spielen, darunter sind Tausende, die wie ein Wunderkind in die Tasten greifen.

Einst gefürchtete, da im Ruf der Unspielbarkeit stehende Stücke oder Passagen meistern heute immer mehr Musiker. Ein Beispiel dafür ist die vierminütige Revolutionsetüde von Frédéric Chopin (1810–1849). Früher galt das Stück als das Grauen aller Klavierschüler. Es erfordert ein extremes Spreizvermögen der Finger der linken Hand über eine Dezime, zehn Stufen einer Tonleiter, hinweg, wobei die Tasten als Sechzehntel angeschlagen werden müssen.

Heute gehört die Revolutionsetüde zum Bühnenrepertoire des amerikanischen Show-Organisten Cameron Carpenter, der sie aus Jux sogar auf den Pedalen mit den Füßen spielt.

Die Popularisierung einstiger Spitzenleistungen ist vermutlich der zunehmenden Freizeit zuzuschreiben. Immer mehr Menschen haben heute die Möglichkeit, neben ihrer Brotkarriere ganz privat eine Neigungskarriere zu beginnen. Und weil sie in der Regel genug Zeit haben für das Hobby und außerdem reichlich Engagement mitbringen, gelingt es ihnen, genug Übungsstunden anzusammeln, um auch in der Nebentätigkeit zu einem Experten zu werden.

Die Medien spielen hierbei eine gewichtige Rolle, wie Musikpädagoge Lehmann feststellt. Denn Fernsehen und Internet beschleunigen den Wissenstransfer. »Spielt ein Eddie van Halen mit seiner Band ein neues Solo, so läuft das Video davon umgehend auf YouTube und dient den jungen Leuten als Vorbild.« Schnelle Läufe, artistische Griffe oder ungewöhnliche Riffs verbreiten sich so in Windeseile in der interessierten Laiengemeinschaft. Man setzt sich aufs Sofa und versucht nachzuahmen, was die Stars vorgemacht haben – und schraubt dabei ganz spielerisch das Niveau beständig in die Höhe.

Diese »Gitarreros«, wie Lehmann die Freizeitmusiker nennt, beherrschen auf ihren Instrumenten mitunter die schwierigsten Techniken. Auf die Idee, sie seien genial oder gar Wunderkinder, würde jedoch niemand verfallen. »Die machen das ganz einfach, weil es im Freundeskreis so üblich ist und halten nicht unbedingt große Stücke darauf.« Ganz anders in der klassischen Musik. Wer auf diesem Gebiet mit ähnlicher Detailversessenheit übt und schließlich virtuose Stücke bewältigt, wird sich selbst eher als Hochbegabten betrachten, versichert Lehmann.

In der Popkultur und in der sogenannten elitären Kultur herrschen mithin ganz unterschiedliche Begabungsbegriffe vor. Was hier mehr einem Straßensport gleicht, dessen Regeln eine soziale Gruppe von medialen Vorbildern kopiert oder in einem eigenständigen, kreativen Prozess selbst entwirft und bei Bedarf nach Belieben weiterentwickelt, ist dort ein gesellschaftlich anerkanntes und gefördertes, weitgehend konservierendes, ja museales Kunstschaffen in der Tradition von Altmeistern wie Mozart oder Beethoven. Während hier die kreative Lebenslust dominiert, geht es dort mehr um die künstlerische Annäherung an die unerreichbaren Vorbilder. Das eine ist erlernbar, ja wird einfach ausgeübt und gelebt. Für die in den Konzertsälen praktizierte Klassik hat man dagegen eher geboren, berufen, begabt zu sein, so die verbreitete Auffassung.

Dieses Verständnis von Begabung klingt bereits in ganz nebensächlichen Bemerkungen an, ohne je hinterfragt zu werden. Ein Beispiel: Bei klassischen Konzerten kommt es des Öfteren vor, dass im Publikum eine gewisse Unsicherheit vorhanden ist, wann denn nun Beifall geklatscht werden dürfe. Dies zumal dann, wenn die Musiker von der verbreiteten Notation abweichen, weil sie die Stücke selbst arrangiert haben oder auf weniger bekannte historische Arrangements zurückgreifen. Was erklären die klassischen Tonkünstler hernach, wenn in einer musikalischen Pause vereinzelte Klatscher zu hören waren? Dies zeuge von »Begabung«, denn, so die Erklärung in einem realen Fall, ursprünglich habe es sich um zwei getrennte Stücke gehandelt.

Auffällig ist daran, zum einen, wie stillschweigend ein Verständnis von der Herkunft einer Fähigkeit kommuniziert wird. Zum anderen, dass die Vorstellungen davon, siehe oben, von Fach zu Fach wechseln. Die jeweiligen Vertreter werden dazu tendieren, das für ihre Disziplin maßgebliche Konzept zu übernehmen. Über die Wirklichkeit ist damit gleichwohl nichts ausgesagt.

Die Kulturgeschichte der Begabung

Doch wie und warum bilden sich kulturelle Traditionen heraus, die die Auffassungen von Begabung beeinflussen? Woher kommt es, dass in der klassischen Musik – übrigens auch in der Literatur – das Genie vorherrscht, während in der Popkultur Drogensüchtige,

Selbstmörder, Weltverzweifler und Plattenmillionäre dominieren? Die Mathematik kennt das Dornröschentalent, die Mode und die Parfümerie den homosexuellen Außenseiter, die Philosophie den weltfremden Denker, die Physik den Gelehrten, der sich weder um Konventionen noch um Socken schert – Newton und Einstein lassen grüßen.

Medienikonen und Gründungsmythen spielen in diesem Zusammenhang eine Rolle, natürlich auch die Religion. Daneben ist die Auffassung von der Lern- und Bildungsfähigkeit des Menschen eng mit den gesellschaftlichen, wirtschaftlichen und politischen Rahmenbedingungen verbunden.

Bis zum Zeitalter der Renaissance – also bis zur Wende vom 15. zum 16. Jahrhundert – galt der normale Mensch als geistig zu schlicht gestrickt, um die weisen Ratschlüsse des Herrn im Himmel (und damit verbunden des monarchischen Herrschers auf Erden) begreifen zu können. Mit dem Aufkommen neuer Ideen und Erkenntnisse wurde ihm jedoch nicht nur ein größeres Lernvermögen zugestanden, sondern zugleich die Aufgabe zuteil, ein nützliches Mitglied der Gesellschaft zu werden. Bildung und ihre Voraussetzung, die Lernfähigkeit, wurden zusehends als Grundbedingung des Menschlichen angesehen, was unweigerlich die Frage nach der Rolle von Anlage oder Umwelt aufwarf. »Der Mensch wird nicht geboren, sondern erzogen«, proklamierte der Humanist Erasmus von Rotterdam (1465–1536) weit vor Galton. 250 Jahre später schließlich meinte Immanuel Kant (1724–1804), der Philosoph der Aufklärung, der Mensch sei nur dann mündig, wenn er den Mut habe, sich seines Verstandes zu bedienen. Es musste also zweifelsohne etwas existieren, auf das er zurückgreifen konnte.

Allgemeine Schulpflicht und Menschenbildung

Derartige Ideen bedeuteten zwangsläufig, dass das Volk erzogen werden musste – und zwar das gesamte. Der Reformator Martin Luther (1483–1546) regte die Einführung einer allgemeinen Schulpflicht an. Diese wurde im evangelischen Straßburg 1598 weltweit erstmals Realität, allerdings gab es in ländlichen Regionen massiven Widerstand dagegen. Die Kinder sollten nach Ansicht der Bauern besser auf den Feldern arbeiten, statt ihre Zeit in der Schule zu vertun – unter dem Gegensatz Rechnen oder Kartoffelernte hatten sie übrigens bis ins 20. Jahrhundert hinein zu leiden. Doch auch religiöse Unterschiede verzögerten die Umsetzung der Lutherschen Reformidee. Das katholische Bayern zum Beispiel führte die Schulpflicht erst 1802 ein – wobei von einem geordneten Unterricht mit Schulgebäude, Lehrer und Lehrplan in der Regel erst gegen Ende des 19. Jahrhunderts die Rede sein kann.

Die Werdung des Menschen, wie Erasmus sich ausgedrückt hatte, seine Bildung, siedelte der preußische Reformer Wilhelm von Humboldt (1767–1835), der Bruder des weitaus berühmteren Forschungsreisenden Alexander, an Gymnasien und Universitäten an. Der Name Wilhelms, der schon als Kind extrem fleißig gewesen sein soll und im Alter von 13 Jahren fließend Latein, Griechisch und Französisch sprach, ist aufs Engste mit Bildung verknüpft. Wenn von dem Humboldtschen Bildungsideal die Rede ist, so ist in der Regel der Aspekt der Menschenwürde, der Souveränität, der Eigenverantwortung gemeint. An dem Prozess sollten alle teilhaben können – und alle galten als grundsätzlich dazu befähigt.

Ihrem theoretischen Charakter nach war die Humboldtsche Universität demnach keine Eliteuniversität. In der Praxis wurde sie dennoch dazu, weil Bildung nur für jene erreichbar war, die sie sich wirtschaftlich leisten konnten. Denn Bildung unterscheidet sich von der Ausbildung gerade dadurch, dass sie einem Sinn und nicht einem Zweck unterworfen ist, also zum Beispiel dem, die Fähigkeiten zu erwerben, die für einen bestimmten Beruf unerlässlich sind. So wurde Bildung zu einem Luxusgut, das einer wohlhabenden Oberschicht vorbehalten blieb, deren Institutionen extrem selektiv waren, nur wenigen offenstanden und – im Vergleich zu heute – eine geringe Absolventenzahl hervorbrachten.

Elite statt Masse statt Elite

Die wirtschaftliche Entwicklung in der sogenannten Wirtschaftswunderzeit der fünfziger und sechziger Jahre des 20. Jahrhunderts bedeutete das vorläufige Ende der bildungsbürgerlichen Universität. Sie konnte die starke Nachfrage des Arbeitsmarktes nach akademisch qualifizierten Fachkräften nicht mehr befriedigen und geriet deshalb politisch unter Reformdruck. Von »Durchlässigkeit«, »sozialer Öffnung« und »Chancengleichheit« war nunmehr die Rede. Aus der Breite der Bevölkerung sollten »Qualifikationsreserven« erschlossen werden. Dass sie vorhanden waren, bezweifelte plötzlich niemand mehr. Doch recht bald, genauer gesagt mit der Sättigung des Arbeitsmarktes und der Rezession in den 1980er Jahren, schwang das Pendel wieder in die andere Richtung. Von unterschiedlichsten Seiten wurde kritisiert, dass sich an den Hochschulen zu viele »Leistungsschwache« befänden, die dort nichts verloren hätten und die »Leistungsstarken« an der Entfaltung ihrer Fähigkeiten nur hindern würden. »Humboldt ist in der Masse erstickt« war die griffige Formel, die der Präsident der Hochschulrektorenkonferenz Hans-Uwe Erichsen im Jahr 1992 prägte. Statt viele schlecht auszubilden, sollte die Universität nunmehr wieder wenige sehr gut fördern. Der Standort Deutschland fragte nach Eliten.

Interessant ist in unserem Zusammenhang vor allem eines: Immer wieder werden in solchen Diskussionen die biologische Vorstellung von Begabung und die Rahmenbedingungen für Bildung wahllos durcheinandergeworfen – ohne dass es dafür eine Begründung gäbe. Wenn die Nachfrage nach Fachleuten hoch ist, fordern Politiker eine Ausbildung für alle und setzen stillschweigend voraus, dass jeder besonders förderungsfähig ist. Bei wirtschaftlicher Flaute hingegen sollen nur die sogenannten Besten, sprich wenige, die auch weniger Kosten verursachen, eine gute Ausbildung genießen dürfen. Was von derlei Wendigkeit zu halten ist, fasst Torsten Bultmann, Geschäftsführer des Bundes demokratischer Wissenschaftlerinnen und Wissenschaftler in Marburg prägnant zusammen. »Merke: Wenn das Gleichgewicht zwischen wachsendem gesellschaftlichen Bildungsniveau und Begrenztheit privilegierter Arbeitsplätze erheblich gestört ist und wenn dadurch möglicherweise noch ein zusätzlicher Demokratisierungs- und Legitimationsdruck im Hinblick auf gehobene soziale Positionen entsteht, ändert sich im Regelfall die politische Gefechtslage: Das Chancengleichheitsmotiv wird als bildungspolitischer Impuls abgewertet, stattdessen heißt es nun ›Mut zur Erziehung!‹, ›Mehr Elitenförderung!‹, ›Mehr Wettbewerb!‹«

Gegenwärtig befinden sich die Universitäten in einer Elite-Phase, deren Ende bereits absehbar ist. Was im Bereich des Ingenieurwesens und der Ärzte heute schon akut schmerzt, wird sich in wenigen Jahren auf fast alle Branchen ausweiten: Wie viele Indikatoren belegen, droht Deutschland ein eklatanter Mangel an Fachkräften. Womöglich haben sich die Universitäten also bald der Aufgabe zu stellen, die Breite zur Elite auszubilden.

Dabei handelt es sich keinesfalls um einen Widerspruch. Denn auch wenn die Vorstellung, die sich die Gesellschaft von der Begabung macht, sehr stark von der vorherrschenden Bildungskultur abhängt, so ist doch zweifelsfrei festzustellen: Diese Auffassungen entspringen dem politischen, wirtschaftlichen oder ideologischen Wunschdenken und haben mit der ursächlichen Wirklichkeit zunächst nicht viel gemein. Wie wir schon gesehen haben, ist Begabung ein recht schwammiger Begriff. Sie ist außerdem womöglich weniger den günstigen Genen zuzuschreiben als vielmehr dem eigenen Fleiß – zumindest haben Wissenschaftler bisher nichts anderes entdeckt. Wenn also von einer »Elite«-Förderung die Rede ist, so stellt sich die Frage, welche Elite damit gemeint ist: diejenige vor oder diejenige nach der Ausbildung?

Problematisch werden die Bildungskultur und der damit einhergehende Begabungsbegriff für den Einzelnen deswegen, weil beides in einem normierenden Zusammenhang steht: Menschen verhalten sich so, wie es die Gesellschaft von ihnen erwartet. Der politische Bildungs- und Begabungsbegriff entscheidet zu einem großen Teil mit darüber, in welchem Ausmaß Menschen sich zutrauen, ihre vorhandenen Talente zu entfalten.

Frauen und Mathematik

Dies mag auf den ersten Blick überraschend sein und schwer zu verstehen. Daher zwei einfache Beispiele zur Illustration: Wenn in einer Gesellschaft das Vorurteil herrscht, Mädchen seien schlechter in Mathematik als Jungen, sind sie es auch. Wenn Beobachter der Überzeugung sind, Schwarze seien Weißen beim analytischen Denken unterlegen, dann fügen sie sich darin und verhalten sich entsprechend.

Wissenschaftliche Untersuchungen konnten den ungeheuren Einfluss solcher gesellschaftlicher Urteile auf das Selbstkonzept und damit auf die Leistung eindrucksvoll belegen. So teilten kanadische Psychologen in zwei Studien zusammen 225 Frauen in vier Gruppen auf und ließen sie jeweils zwei schwierige mathematische Aufgaben lösen. Zwischen den beiden Berechnungen bekamen die Probandinnen je einen Essay vorgelegt, in dem die Ursache der mathematischen Begabung vermeintlich wissenschaftlich erörtert wurde. Im einen Text hieß es, die Gene seien dafür verantwortlich, dass Männer besser im Rechnen seien. Ein anderer betonte Unterschiede zwischen den Geschlechtern, ohne konkret Bezug auf die Mathematik zu nehmen. Im dritten wurde die Erziehung für den männlichen Vorsprung verantwortlich gemacht. Im vierten schließlich hieß es, Männer und Frauen seien mathematisch gleichermaßen begabt. Wie sich zeigte, beeinflussten die »sachlichen« Texte die Probandinnen ganz enorm bei der Lösung ihrer Testaufgaben. Die Gruppen, welche die beiden Aufsätze über die genetischen Unterschiede hatten lesen müssen, schnitten deutlich und statistisch signifikant schlechter ab als diejenigen, die von einer Gleichheit zwischen den Geschlechtern oder einem großen Einfluss der Erziehung erfahren hatten.

Wie ist es zu erklären, dass Meinungen über die Herkunft eines

Talentes und seine vermeintliche Natürlichkeit Testleistungen objektiv messbar beeinflussten? Studienautor Steven Heine von der University of British Columbia in Vancouver, der die Studien konzipierte, meint hier den Einfluss von Vorurteilen zu erkennen. Die Texte lieferten den Probandinnen ein Verhaltensmuster, dem sie angesichts der Schwere der Aufgaben schließlich entsprachen. »Das Stereotyp der unterschiedlichen kognitiven Fähigkeiten der Geschlechter erschien ihnen mit einem Mal glaubwürdig«, erklärt Heine – ganz so, wie es die französische Schriftstellerin Simone de Beauvoir (1908–1986) in ihrem Buch *Das andere Geschlecht* beschrieben hatte. Das äußerte sich darin, dass die Frauen das Vorurteil in ihr Selbstbild oder Selbstkonzept integrierten und es mit einer logisch erscheinenden Argumentation rechtfertigten. Diese kleine Geschichte, die sie sich selbst erzählten, lautete etwa folgendermaßen: »Aufgrund meiner Gene bin ich schlechter in Mathematik; das erklärt, warum ich mich so plagen muss«, schildert Heine seine Beobachtungen. Mühsam waren die Aufgaben für alle gewesen. Diejenigen Probandinnen, denen suggeriert wurde, sie seien definitiv weniger begabt, strengten sich anschließend weniger an.

Was die inhaltliche Berechtigung des Stereotyps angeht, so lässt sich übrigens feststellen: Es entbehrt jeder Grundlage. Wie eine aktuelle und sehr große Untersuchung in den USA mit mehr als sieben Millionen Kindern in den Klassen 2 bis 11 zutage förderte, sind Mädchen und Jungen in Mathematik ungefähr gleich gut. Die Leistungen von Schulkindern in skandinavischen Ländern bestätigen diese Ergebnisse in vollem Umfang. In Island, wo Jungen hauptsächlich in der Fischindustrie ihr Auskommen finden – und daher vertiefte Kenntnisse in Mathematik nicht benötigen, um eine Familie zu ernähren –, schneiden diese sogar schlechter ab als Mädchen.

Vor dem Einfluss von Vorurteilen ist niemand gefeit. So zeigte eine andere Studie, dass asiatische Frauen dann bei Matheaufgaben besser waren, wenn sie sich selbst nicht primär als Frauen, sondern als Asiaten betrachteten – Letztere stehen bekanntlich in dem Ruf, von Natur aus mit besonderen scharfsinnigen logisch-rationalen Fähigkeiten ausgestattet zu sein, besonders im Vergleich mit Europäern. Afroamerikaner schnitten bei Intelligenztests schlechter ab, wenn sie zuvor an ihre Rassenzugehörigkeit erinnert worden waren. Golfspieler weißer Hautfarbe benötigten dann weniger Schläge, wenn sie in dem Glauben bestätigt wurden, sie würden eher nach ihrer »sportlich-strategischen Intelligenz« als nach ihrer »natürlichen athletischen Begabung« beurteilt. Strategische Fähigkeiten gelten bekanntlich als Hochburg von Weißen, athletische Talente dagegen als Stärke von Schwarzen. Aber das soll nun nicht heißen, dass dem wirklich so ist.

Golf-Profis spielen nachweislich um einige Schläge schlechter, wenn der Superstar Tiger Woods an einem Turnier teilnimmt. Der exakte Wert liegt bei 0,8 Schlägen je Runde. Die Konkurrenz ist weniger motiviert, weil sie – bewusst oder unbewusst – davon ausgeht, beim Kampf um den ersten Platz ohnehin keine Chance zu haben, dass die Mühe also nicht lohne.

Der große Bildungsroman des Ich

In der kurzen Kulturgeschichte der Begabung sind wir nun beim Individuum angelangt. Dabei ist klar geworden, dass beides in einem engen Zusammenhang steht. Wie die Gesellschaft über die Natur von Veranlagungen denkt, beeinflusst in starkem Maße die entsprechende Auffassung des Einzelnen. Dies wiederum wirkt sich auf das gezeigte Talent aus. Aber natürlich gibt es noch weitaus mehr Faktoren, die darüber bestimmen, wie Menschen zu einer Auffassung über ihre eigenen Talente gelangen. Aber welche sind das? Wie gewinnt jemand eine Gewissheit darüber, etwas erreichen zu können oder zu scheitern? Wie reift die Überzeugung, schlecht in Mathematik, aber ein guter Mittelstürmer beim Fußball zu sein? Wer oder was bestimmt, dass ein Mensch zwei linke Hände hat, frei von Talent ist, seine Stärken auf einem anderen Gebiet hat, unmusikalisch ist, sich nicht orientieren, nicht Autofahren, nicht zeichnen, nicht rechnen, nicht mit Menschen umgehen kann – oder durch und durch intellektuell brillant ist? Wie gelangt, anders formuliert, das Ich zu dem Selbstkonzept seiner eigenen Begabung? Die Frage ist wissenschaftlich alles andere als klar beantwortet. Doch zweifelsfrei lässt sich feststellen, dass die Eltern, die Lehrer, die Schulzeugnisse, die Clique oder wichtige Bezugspersonen bei der Konstruktion der Vorstellung des eigenen Talents eine Rolle spielen. Ebenso das Niveau in und der Vergleich mit einer Gruppe. Wer in einer Sache gut ist, ist das relativ. Er ist besser oder schlechter, wenn er über oder unter dem Durchschnitt einer Gruppe liegt, was jedoch beträchtlich variieren kann, je nachdem wie begabt oder unfähig die Gruppe ist. Es hängt zudem von seiner Persönlichkeit ab, wie sich ein Individuum in einer bestimmten Umwelt verhält, wie es reagiert – was die Lage für die Talentforschung und -prognosen besonders schwer macht.

Das Ich kann akzeptieren, was andere ihm deutlich oder kaum wahrnehmbar signalisieren. Es kann aber auch aufbegehren. Es kann als dritte von vielen Möglichkeiten sich in aller Stille auf seine eigenen, noch vagen Beobachtungen verlassen, andere Vorbilder suchen und so tastend zu eigenen Schlüssen gelangen. Diese persönlich gefärbten Wahrnehmungen werden sich mit Anschauungen vermengen, welche die Allgemeinheit vertritt, die aber nicht wahr sein müssen. Vorstellungen über den Ursprung der Begabung. Über das Tor-Gen, das Mathe-Gen, das Börsen- oder Weinkenner-Gen, das einer vermeintlich haben muss, um gut zu sein. Oder dass Männer gute Handwerker, aber unfähige Zuhörer sind, Frauen dagegen schlechte Autofahrer und sich räumlich nur miserabel orientieren können.

Alle diese Erfahrungen, Zuschreibungen und Erlebnisse werden sich im Gedächtnis und im Laufe des Lebens zu einem Selbstkonzept des eigenen Talents verdichten. So entsteht etwas, das man in Anlehnung an die Literaturwissenschaft als den Bildungsroman des Ich bezeichnen könnte: eine Geschichte, die darüber Auskunft erteilt, was das Ich kann. Die Erinnerung wird es vor sich selbst und anderen immer wieder abrufen. Nicht komplett, meist nur in Auszügen. Etwa so: »Im Kopfrechnen war ich noch nie gut.« Oder: »Ich kann ganz gut mit kleinen Kindern umgehen.«

Menschen sind besessen von Bildungsgeschichten, Erzählungen ihres eigenen und der anderen Könnens oder Versagens. Als Gesprächsthema rangiert es in seiner Häufigkeit vermutlich gleich hinter dem Wetter. Sie berichten stolz, welche Talente der Ehepartner besitzt, wie die Kinder in der Schule abschneiden. Sie freuen sich darüber, was der Hund oder die Katze vollbringt. Sie erklären ihr eigenes Verhalten mit dem Vorbild der Eltern oder den von ihnen geerbten Anlagen. Sie tuscheln darüber, wer intelligent ist oder kompetent, dumm oder vergesslich oder bei einer Prüfung durchfiel. Jemandem eine Begabung zuzusprechen oder zu verweigern ist ein Mittel, soziale Grenzen zu ziehen, Zugehörigkeit oder Ablehnung zu signalisieren.

Es wäre lehrreich, im Detail zu untersuchen, aus welchen großen Themen sich Bildungsgeschichten speisen – um mit Bertrand Russell zu sprechen: die Fliegen zu beschreiben, die jedermann folgen, als eine Wolke tröstlicher Überzeugungen. Mal wird ein Talent mehr in den Genen vermutet, ein anderes Mal mehr dem Ehrgeiz und der eifrigen Beschäftigung mit einem Thema zugeschrieben. Entsprechend wird ein Mensch sich an manche Aufgaben heranwagen oder sich von Rückschlägen abbringen lassen. Bildungskonzepte beeinflussen Bildungsentscheidungen. Eines aber wird der Bildungsroman jedes Einzelnen nicht unbedingt sein: objektiv im Sinne von »die Wahrheit wiedergebend«. Diese Eigenschaft teilt die Auffassung des Individuums übrigens mit den gesellschaftlichen Konzepten zu Bildung und Begabung. Daraus ergibt sich eine wichtige Konsequenz: Wie immer das Ich auch zu der Erkenntnis seiner Stärken und Schwächen gelangt sein mag, dass es damit richtig liegt, ist alles andere als gewiss.

Jedoch, um in Anlehnung an Thomas Mann, den großen Erzähler von Bildungsgeschichten, zu sprechen: Wenn das Ich irrt, so tut es dies, weil der richtige Weg nicht so einfach zu finden ist.

Kapitel 4

Schneller, besser, reicher – IQ

Seine amerikanischen Landsleute haben einen sehr bildhaften Ausdruck für Robert Plomins Lieblingsbeschäftigung. Sie nennen, was er betreibt, »gene hunting«, Genjagd.

Wie ein Jäger wirkt er nicht, der Verhaltenspsychologe am Institute for Psychiatry der University of London, eher wie ein Spurensucher. Plomin, Jahrgang 1948, ist groß, ein Riese fast, und trägt einen Bart, der seine vollen Lippen betont. Seine Bewegungen sind sanft, seine Augen wach. Geduldig, fast zärtlich redet er, wenn der Laie die komplizierte Pirsch nicht versteht. Seine Sprache ist dabei einfach und klar. Und stets ist darin diese typische Lässigkeit, diese Lagerfeuerlockerheit, die sich nur leisten darf, wer ein erfahrener Waldläufer ist und auch als solcher gilt. Gen-Umwelt-Interaktionen sind bei ihm »faszinierendes Zeug« und »yeah«, wie Plomin gerne sagt, »yeah, ich meine, das ist eben so: IQ-Gene haben nur sehr kleine Effekte«.

Plomin jagt den Erbanlangen für kognitive Begabungen hinterher. Diese Abschnitte verstecken sich irgendwo in der DNS der menschlichen Zellen und entfalten in den Neuronen ihre Wirkung. Dass es sie geben muss, die biologischen Faktoren, die ein Gehirn so konstruieren können, damit es logische Probleme besser oder schlechter lösen, sich räumlich orientieren, sich Fakten merken, Gemeinsamkeiten analysieren, die Zukunft vorhersehen oder etwa mathematisch argumentieren kann, dieser Schluss ist spätestens seit dem Jahr 1990 unausweichlich. Damals veröffentlichte Plomins mittlerweile pensionierter Kollege Thomas Bouchard die sogenannte Minnesota-Studie über den Intelligenzquotienten (IQ) von eineiigen Zwillingen oder Drillingen.

Mehr als eine Dekade lang hatten der Psychologe und seine Mitarbeiter über 100 Geschwisterpaarungen untersucht und jeweils eine Woche lang intensiven Tests unterzogen. Das Besondere der Probanden war, dass sie nach der Geburt getrennt und in verschiedenen Familien aufgewachsen waren. Die Langzeitstudie stellte heraus, dass die Zwillinge oder Drillinge, die als eineiige Mehrlinge über identische Erbanlagen verfügten, sich auch in ihrem IQ extrem ähnelten – und zwar relativ gleichgültig, bei wem sie aufgewachsen waren. Bis zu 70 Prozent der Ergebnisse der Intelligenztests gingen den Bouchard-Statistiken zufolge auf das Konto der Gene. Nur mager war der Einfluss der Eltern auf die kognitive Entwicklung ihrer Adoptivkinder, ebenso wie der Anteil der Schule, der Freunde oder Freundinnen, der Universität, der Berufsausbilder oder der Ehepartner. Es gelte in Zukunft zu akzeptieren, schlossen die Autoren daraus, dass Menschen mit unterschiedlichen Startvoraussetzungen ins Leben gehen würden. Die genetische Variationsbreite sei das »bestimmende Merkmal der menschlichen Existenz«.

Steckt der Lebenslauf im Erbgut?

Um das Schicksalhafte der Erbanlagen zu illustrieren, waren in den Medien sogleich die passenden Bilder zu sehen. Zwillinge, die getrennt aufgewachsen waren, aber ein verblüffend ähnliches Leben führten. Geschwister, die über Jahre keinen Kontakt gehabt hatten, von der Existenz des anderen nicht einmal wussten, aber die gleichen Hobbys und Vorlieben pflegten, eine ähnlich eingerichtete Wohnung besaßen, ähnliche Berufe ergriffen hatten und sich ähnlich kleideten. Berichte von Menschen, welche mit denselben Falten, derselben krummen Nase, demselben Haaransatz und -ausfall geschlagen waren, die vergleichbar sportlich oder unsportlich waren, Hunde liebten oder Katzen. Die zum ähnlichen Zeitpunkt geheiratet hatten und zwar, um dem Ganzen mit dem kitschigen Extremfall die Krone aufzusetzen, einen Ehepartner mit dem identischen Namen. Dazu die Karikatur: Ein eineiiges Zwillingspaar, dass sich nach Jahren zufällig im Wartezimmer des Patentamtes wiedertrifft und sich argwöhnisch beäugt – die beiden sehen nicht nur gleich aus, sondern tragen auch die gleiche Erfindung auf dem Schoß.

Die Psychometriker, so nennen sich die Psychologen, welche die Persönlichkeitseigenschaften und den Verstand des Menschen erfassen, untersuchten unterdessen, was am Gehirn zu messen ist. Und allerorten entdecken sie hohe Erblichkeiten. So hängt die Größe des Gehirns mit dem IQ zusammen – wie die frühen Hirnforscher einst gemutmaßt hatten, aber nicht nachweisen konnten, weil ihnen die Instrumente der Statistik fehlten. Rund 80 Prozent dieser Korrelation sei genetischen Ursprungs. Ähnliches gelte für die Geschwindigkeit, mit der die Nerven Signale weiterleiten oder die Reaktionszeiten auf dargebotene Reize. Je kürzer sie ausfallen, desto höher ist in der Regel auch der IQ. Der Zusammenhang sei, den Studien zufolge, zu etwa 70 bis 100 Prozent auf den Einfluss der Gene zurückzuführen. Auch die Wahrnehmung erfordernden Inspektionszeiten – dazu ist es erforderlich, ein einfaches Objekt korrekt zu erkennen, also etwa einen Kreis von einem Quadrat zu unterschieden – sind umso kürzer, je höher der IQ liegt. Die Beziehung sei zu 100 Prozent genetisch determiniert. Eine Person komme damit also gleichsam auf die Welt – meinen die Genetiker.

Kürzlich hat eine umfassende Auswertung der Zwillingsstudien mit mittlerweile Tausenden von Teilnehmern den genauen Nature-Anteil am IQ ermitteln können. Im groben Durchschnitt liegt er nicht, wie Bouchard zunächst errechnet hatte, bei 70 Prozent, sondern etwa bei der Hälfte der beobachteten Variation, um genau zu sein, bei 48 Prozent. Das bedeutet konkret: Hat Person A einen IQ von 90 Punkten und Person B den von 110, so ist rund die

Hälfte des Unterschieds, 10 Punkte, genetischen Ursprungs. Mit den anderen 10 Prozentpunkten schlagen sich alle Umwelteinflüsse zusammen im Testergebnis nieder.

Das Vier-Promille-Gen

Auch Verhaltenspsychologe Plomin und seine Arbeitsgruppe haben inzwischen ins Ziel getroffen – nach jahrelanger vergeblicher Suche und frustrierenden Misserfolgen. 7000 Kinder rekrutierten die Wissenschaftler zuletzt für ihre erfolgreiche Genjagd, alle sieben Jahre alt. Sie ließen die Kleinen kognitive Aufgaben absolvieren und nahmen zusätzlich DNS-Proben von ihnen. Mithilfe eines Analysechips, der 500000 genetische Lesezeichen erfasst, vermochten sie anschließend die Regionen zu identifizieren, die bei den Kindern mit hoher Testleistung besonders häufig auftraten. Hunderte von Markierungen erwiesen sich auf diese Weise als auffällig, was möglichen Genen entspricht. Daraus filterte das Team mithilfe statistischer Verfahren sechs besonders verdächtige Genkandidaten heraus. Zusammen übten sie einen Effekt von einem Prozent auf den IQ aus. Das Einzel-Gen mit der größten Auswirkung war für 0,4 Prozent der Variationen bei den Testergebnissen verantwortlich.

Plomins Ergebnisse stellen einen Durchbruch dar. Auch wenn er bisher nur die Markierungen ermitteln konnte, in deren Nähe die relevanten Gene auf der Doppelhelix liegen müssen – fast 150 Jahre nach Galton ist damit eingekreist, was biologisch mit Denkfähigkeit und Erbanlagen zu tun haben könnte. In der Öffentlichkeit fand die Arbeit gleichwohl kaum Beachtung, denn um »das Intelligenz-Gen«, wie es sich das Publikum noch in den 1990er Jahren erwartet hatte, handelt es sich nicht. Die eine Erbanlage, die eine dicke Portion Klugheit und Scharfsinn vermitteln würde – sie existiert nicht. Die Effekte einzelner Gene sind geradezu enttäuschend gering und reichen mit einem Maß von 0,4 Prozent der Bezeichnung nicht einmal das Wasser. Mathematisch genau ausgedrückt, handelt es sich um ein »Vier-Promille-Intelligenz-Gen« oder, quasi genauso korrekt, um ein »Fast-kein-Intelligenz-Gen«. Die anderen mit kognitiven Fähigkeiten in Zusammenhang stehenden Erbfaktoren führen zu kleineren und immer noch kleineren Ausschlägen auf dem IQ-Tachometer. Dafür sind es ihrer jedoch sehr viele.

Intelligenz ist eine Eigenschaft, die sich auf Scharen von Genen verteilt, ein polygenes Phänomen, wie es im Fachbegriff heißt. Warum das so ist, machen ein paar einfache Überlegungen deutlich. Wenn das Denkvermögen grundsätzlich davon abhängt, wie das Gehirn arbeitet, so ist anzunehmen, dass alle Erbanlagen, die irgendwie dazu beitragen, das Organ im Kopf hervorzubringen und ordnungsgemäß in Betrieb zu erhalten, mit Intelligenz in Zusammenhang stehen. Nach Schätzungen sind das Tausende von Abschnitten, womöglich gar die Hälfte der rund 25 000 Einheiten umfassenden menschlichen Gene, zwischen 10 000 und 15 000 Stück. Wie viele davon Kandidaten sind, die mit dem IQ in einem irgendwie messbaren, engeren Zusammenhang stehen, weiß im Moment niemand. Sicher ist gleichwohl, dass Plomins fragliche Abschnitte tatsächlich diejenigen mit den größten Effekten sind – zumindest nach seinem Dafürhalten.

Damit scheint, was Galton einst scharf auf den Punkt brachte, für den Teilbereich des IQ auf den ersten Blick beschrieben: Die eine Hälfte ist Anlage, die andere Umwelt. Die Vielfalt der dafür verantwortlichen genetischen Faktoren verwässert das Konzept aber so kräftig, dass es für den Laien uninteressant geworden ist. Für die Fachwelt tun sich dagegen weitere Fragen auf: Wo liegen genau die informationentragenden Abschnitte? Wie viele verschiedene Versionen davon existieren? Wie werden die Gene reguliert? Worin liegt ihre Funktion, welche Rolle also spielen die Genprodukte beim Betrieb des Gehirns? Treten sie in bestimmten Lebensaltern vielleicht gehäuft in Erscheinung, um in anderen völlig zu verschwinden? Die Verhaltensgenetiker werden sich bemühen, diese Aspekte zusammen mit den Molekularbiologen aufzudecken. Denkbar ist jedoch, dass Plomin und seine Kollegen unter Rechtfertigungsdruck geraten. Ob es nach den Ergebnissen überhaupt noch sinnvoll ist, weiteren IQ-Gen-Kandidaten hinterherzujagen, darüber wird sicherlich vermehrt diskutiert werden.

Nach dem jetzigen Wissensstand sind indes jene Befürchtungen und Hoffnungen entkräftet, die sich mit der Möglichkeit einer Gentherapie verbanden. Eltern werden die Klugheit ihrer Kinder kaum befördern können, indem sie den ungeborenen Embryo genetisch untersuchen und ihm im Zweifel die günstigeren Anlagen aus dem Katalog des Molekularbiologen per Injektion verabreichen lassen. Bei derartig geringen Effekten dürfte es sich nicht einmal lohnen, entsprechende Forschungen zur Anwendung zu betreiben. Ließe sich selbst mit den sechs wichtigsten Genen später nur ein IQ-Punkt gewinnen, so würde dies weder Nebenwirkungen noch Kosten rechtfertigen, vermutet Plomin. »Über Designer-Babys und ähnliche Dinge mache ich mir jetzt keine großen Sorgen mehr. Obwohl man sich nie wirklich sicher sein kann – Eltern sind verrückt danach, alles in ihrer Macht stehende für die Karriere ihrer Kinder zu tun.«

IQ ist nicht gleich PS

Ist die Gretchenfrage nach dem Ursprung der kognitiven Begabung damit entschieden? Kommt der Mensch mit einer Anlage zur Welt, die ihm zur Hälfte seine intellektuellen Grenzen steckt und die er durch das Glück, in eine fürsorgliche Umgebung geboren worden zu sein, und mit disziplinierter Arbeit bestenfalls erreichen, nie aber erweitern kann? Wird, wer mehr will, als die Lotterie der Natur für ihn vorsah, immer wieder gegen das Gitter rennen, welches der Doppelstrang der DNS symbolisch darstellt?

Der IQ ist nicht alles, das weiß auch Plomin nur zu gut. Um im Leben Erfolg zu haben, sind weitere Persönlichkeitseigenschaften erforderlich. Dazu zählt der Psychologe eine hohe Motivation zur Leistung ebenso wie etwa soziale Kompetenzen. Auch wer »gute

Gene« besitzt, muss folglich die Schultern seiner Vorgänger erklimmen, indem er sich selbst bemüht.

Diese Anschauung untermauern viele Untersuchungen. Erfolgreiche Künstler, Schachspieler, Wissenschaftler oder Musiker haben zwar gewöhnlich einen IQ über dem Durchschnitt, nämlich im Bereich zwischen 115 und 130. Das ist aber nichts Außergewöhnliches, denn 14 Prozent der Bevölkerung liegen im gleichen Bereich. Umgekehrt zeigt sich, dass Genies nicht unbedingt mit einem hohen IQ gesegnet sind beziehungsweise waren.

Das Hunter-College in New York – etwa der Oberstufe deutscher Gymnasien vergleichbar – ist so elitär, dass es als Aufnahmekriterium einen IQ von mindestens 130 vorschreibt. Schneiden Schüler bei Intelligenztests so gut oder besser ab, gelten sie als hochbegabt, denn kaum 2 Prozent der Bevölkerung verfügen über vergleichbare analytische Fähigkeiten. Der durchschnittliche IQ der Hunter-Schüler lag bei einer Erhebung gar bei 157 – nur einer von 5000 Menschen schafft es in diese intellektuelle Höhenluft, in der, möchte man meinen, Genies gerade anfangen, sich wohlzufühlen.

Wie sich jedoch in einer Studie herausstellte, ist das ein Trugschluss. Die herausragende Anlage der Gymnasiasten setzte sich nicht unbedingt in eine herausragende Lebensleistung um. Den Probanden ging es allesamt nicht schlecht, und sie waren zufrieden, wie sie in Interviews darlegten. Außergewöhnliches hatte indes keiner von ihnen zustande gebracht. »Keine Superstars, keine Pulitzer-Preisträger – nur zwei Namen, die halbwegs bekannt waren«, bilanzierte die Studienautorin Rena Subotnik ernüchtert.

Umgekehrt erhöht ein hoher IQ, vielmehr: das Wissen darüber, einen aufzuweisen, das Risiko des Scheiterns. Das offenbarte eine Zusammenschau der Stanford-Psychologin Carol Dweck. Sie berichtet, dass viele ihrer extrem begabten Studienteilnehmer sich beklagten, wie negativ sich die ständigen Schmeicheleien der Leute ausgewirkt hätten. Stets hätte ihnen jemand weißzumachen versucht, wie klug sie wären und dass sie es im Leben bestimmt weit bringen würden. Derartig umschwärmt verließen sie sich ganz auf ihre vermeintliche Denkkraft und versäumten es, mit Ausdauer und Ehrgeiz an einem Ziel zu arbeiten. Die Folge war, wie Dweck feststellte, dass viele nicht einmal einen College-Abschluss erwarben und nie eine ernsthafte berufliche Karriere verfolgt hatten.

»Leute, die mit ihrem IQ prahlen, sind Verlierer«, urteilte der Physiker Stephen Hawking einmal zu Recht. Die Gleichung »Hoher IQ führt zu Erfolg« mag heute nicht mehr so populär sein wie noch vor einigen Jahren. Sie belegt aber erneut die Bedeutung dessen, was uns schon im letzten Kapitel unter dem Stichwort »Selbstkonzept des Talents« begegnet ist. Die Auffassung darüber, worin die eigenen Fähigkeiten bestehen und wie sie zustande kommen, ist entscheidend für die Motivation, die Lernbereitschaft – und letztendlich den Erfolg. Wir werden auf diesen eminent wichtigen Zusammenhang noch einmal im Kapitel »Das eigene Talent wagen« zurückkommen.

Wie gezeigt, ist es ein fataler Irrtum zu glauben, dass eine hohe Punktzahl bei einem Intelligenztest einem Gefährt mit vielen PS vergleichbar ist, das den Besitzer automatisch auf die Überholspur bringt. Selbst mit einem zur Hälfte genetisch determinierten IQ bleibt viel Raum, bei Herausforderungen zu versagen oder umgekehrt das eigene Schicksal mutig entschlossen in die Hand zu nehmen. Das ist der eine ganz entscheidende Aspekt.

Der andere liegt darin, dass die ewige Streitfrage nach der Rolle von Anlage oder Umwelt keineswegs so klar zu beantworten ist, wie es die Zahlenwerte suggerieren.

Die Forschung steht hier vor einer skurrilen Situation: Zwar wurden Erbanlagen für eine Eigenschaft gesucht und entdeckt – doch noch immer kann die Eigenschaft selbst nicht befriedigend beschrieben werden. Denn wie eine Definition der menschlichen Intelligenz lauten könnte, das ist weiterhin umstritten.

Ist es klug, wenn ein Mensch eine hohe Aufmerksamkeit besitzt sowie logische, sprachliche oder geometrische Probleme besonders gut lösen kann? Diesen Teilbereich beschreibt der IQ, der deswegen das Wort Quotient im Namen trägt, weil am Ende aus den Leistungen in den Einzelgebieten der Durchschnittswert ermittelt wird.

Oder ist es gescheit, wenn eine Person besonders gut an ihre Umgebung angepasst ist und erfolgreich Karriere macht? Zeugt es womöglich von Geschick, wenn jemand engagiert zu Werke geht, um die Bedürfnisse seiner Mitmenschen zu erkennen oder ihr Leid zu lindern?

Die Ideen des Psychologen Howard Gardner von der Harvard University, der beispielsweise von der spirituellen über die kreative bis zur körperlichen Intelligenz »multiple« Talente des Menschen identifiziert haben will, sind nur ein Ausdruck der Tatsache, dass es die eine Begabung nicht gibt. Bekannt sind außerdem die pragmatische, die mechanische, die inter- und intrapersonale, die funktionale, die manipulative, die kreative Intelligenz – und viele begründete oder eher den Moden der Ratgeberliteratur entspringenden Formen mehr. Der Psychologe Joy Guilford – er ist uns eingangs bereits begegnet – brachte es gar fertig, die menschlichen Talente in unglaubliche 120 Spielarten zu separieren – und zwar nicht aus Übermut. Er war von der Beobachtung ausgegangen, dass die Ergebnisse verschiedenartiger Eignungstests nicht immer etwas miteinander zu tun hatten, der Mensch ergo viele unterschiedliche Intelligenzen besitzt.

Den Psychometrikern sind diese Sektierer aus zwei Gründen ein Gräuel. Wie soll sich messen lassen, was als politische oder soziale Intelligenz durchaus einleuchtet? Anhand der Wahlergebnisse oder der Zufriedenheit der Umsorgten? Wie sollen sie die Intelligenz in den Griff bekommen, wenn es das Phänomen so womöglich gar nicht gibt, weil sie in zahlreiche Einzelintelligenzen zerfällt, die wer weiß wie viel miteinander zu tun haben?

Noch immer gilt deshalb das hilflos-trotzige Diktum des Harvard-Psychologen Edwin Boring in der Zunft als kleinster gemeinsamer Nenner. Er hatte 1923 erklärt: »Intelligenz ist das, was Intelligenztests testen.«

Natürlich bringt einen ein solcher Zirkelschluss nicht weiter. Eines bewirkt diese Art der Festlegung aber doch: Sie stellt die Testleistung in den Mittelpunkt des Begabungskonzeptes, hängt das Forschungsgebäude mithin an diesem seidenen Faden auf. Doch ob die Tests die gesamte Bandbreite der Intelligenz messen, ist, wie geschildert, nicht vorauszusetzen – und sprachlich für den Laien oft eine Quelle der Verwirrung.

Ist beispielsweise von der Erblichkeit die Rede, wäre es unangemessen, sie mit »Intelligenz-Genen« zu umschreiben. Der Begriff der »IQ-Gene« träfe die Sache schon etwas besser, denn die Untersuchungen zur Erblichkeit sagen nur etwas über den Teilbereich der analytischen Intelligenz aus. Dies umschreiben die Psychologen mit einem Faktor, der das Kürzel »g« trägt. Der Buchstabe ist eine Abkürzung für »General Intelligence«, allgemeine Intelligenz. Darunter verstehen sie aber nicht alle Facetten der Gescheitheit, wie der Unbedarfte vermuten könnte, sondern diejenige grundlegende Denkleistung, die allen kognitiven Fähigkeiten gemeinsam sein soll. Mit kognitiv sind ausschließlich strategisch-analytische Talente gemeint und nicht emotionale, athletische, politische oder soziale. Am besten ist g als eine grundlegende Analysefähigkeit beschrieben, mit deren Hilfe jemand lernt zu rechnen, sich räumlich zu orientieren, sich sprachlich auszudrücken oder beispielsweise aus bestimmten Erkenntnissen eine allgemeine Regel abzuleiten. Dabei handelt es sich dann um das problemlösende Denken.

Um es noch einmal mit anderen Worten zu beschreiben: Die Psychometriker haben nicht herausgefunden, dass die Intelligenz eine hohe Erblichkeit besitzt, sie sprechen immer nur von einem Teilbereich, nämlich dem g-Faktor. Dieser stellt in ihren Augen die von den Genen aufgebaute und in Betrieb gehaltene Kapazität der Nervenbahnen und -knoten dar, um Informationen zu verarbeiten. Das g hat Genjäger Plomin auf dem Erbgut eingekreist – wenn die Verhältnisse so sind, wie er sie sich vorstellt. Im ungünstigen Fall, das sei eingewendet, hat Plomin nichts weiter als die Gene entdeckt, die mit dem Abschneiden der Probanden auf seine Testfragen in Zusammenhang stehen.

Intelligente Notwendigkeiten

Plomin und seine Kollegen führen viele Belege an, die ihre Auffassung unterstützen. Es gibt etliche Studien, die eine Existenz der allgemeinen Intelligenz g statistisch herleiten und absichern. Damit ist – um es noch einmal in Worte zu fassen – der Umstand gemeint, dass zum Beispiel die sprachliche Intelligenz oder die mathematische eine gemeinsame Grundlage haben. Doch es gibt immer wieder begründete Kritik an dem Konzept.

Stephen Jay Gould (1941–2002) formuliert sie in seinem Buch *Der falsch vermessene Mensch*. Der Evolutionsbiologe vertritt darin sehr fundiert die Meinung, dass sich Intelligenz nicht quantifizieren, also mit einer Zahl belegen lasse. Zudem sei das Phänomen zu vielgestaltig, um es wie die Körpergröße gleichsam auf ein eindimensionales Maß zu reduzieren – eine Kritik, die immer wieder geäußert wird und die darauf abzielt, dass es diesen einen Faktor g womöglich nicht gibt.

Ein weiterer wichtiger Einwand besteht darin, dass die Tests das Erfassen der analytischen Intelligenz in den Mittelpunkt stellen. Dies sei möglicherweise jedoch eine Besonderheit des westlichen Denkens, wie die Psychologen Joachim Funke und Bianca Vaterrodt-Plünnecke zu bedenken geben: »Mit welchem Recht wird diese Art von abstraktem Schlussfolgerungsprozess zum zentralen Bestimmungsstück intelligenten Handelns gemacht? Kommt hier nicht implizit eine Bewertung darüber zum Vorschein, was ›intelligent‹ sein soll und was nicht? Ist es für den Eskimo wirklich wichtig, grafische Symbolreihen zu komplettieren? Können wir daran seine Intelligenz ablesen?«

Ähnliche Einwände bewegen Robert Sternberg von der amerikanischen Tufts University in Medford. Der Psychologe wurde für sein Konzept der »Erfolgsintelligenz« bekannt. Er kritisiert, dass der herkömmliche IQ den analytischen Aspekt der menschlichen Talente überbetonen würde, die kreativen und praktischen Bereiche dagegen vernachlässigen. Beide Begabungen seien weitgehend unabhängig voneinander. Ja, für Durchsetzungsfähigkeit oder politischen Instinkt ist ein Übermaß an Vernunft und gedanklicher Wahrhaftigkeit vielleicht sogar hinderlich – wofür nicht nur der letzte US-Präsident George W. Bush ein leuchtendes Beispiel abgab.

Was für den Erfolg innerhalb einer Gemeinschaft gilt, lässt sich auf den Vergleich zwischen verschiedenen Gesellschaften oder Kulturen ausdehnen. Die Umwelt, in der ein Mensch lebt, stellt in der Regel ganz unterschiedliche Aufgaben, die nicht unbedingt analytisch zu lösen sind. Ein Indio aus dem Amazonasgebiet wird Tausende von Tieren und Pflanzen zu unterscheiden wissen und ihre Nützlichkeit kennen; ein Seefahrer aus Polynesien das Kräuseln an der Wasseroberfläche so zu deuten vermögen, dass er tiefe Meeresströmungen erfassen kann. Europäer oder Amerikaner würden bei derartigen Aufgaben versagen und demnach rasch in den Ruf kommen, nicht besonders hellsichtig zu sein. »Die Blamage wäre eklatant«, amüsiert sich der Schriftsteller und Essayist Hans Magnus Enzensberger in seinem Buch *Im Irrgarten der Intelligenz. Ein Idiotenführer.*

Die Buschmänner aus Botswana, die Pygmäen in Zentralafrika oder die australischen Ureinwohner werden es nicht als sinnvoll erachten und daher auch nicht darin geübt sein, die Zahlenreihe 0, 3, 8 mit der nächstfolgenden 15 zu ergänzen. Dagegen ist das Pfeilgift der San hochwirksam und so einzigartig, dass bislang kein Gegenmittel entdeckt werden konnte. Dennoch oder vielmehr gerade deswegen belegen diese Volksgruppen seit jeher die letzten Plätze bei weltweiten IQ-Vergleichsstudien. Angeführt wird die Rangliste übrigens von den Japanern mit einem durchschnittlichen IQ von 105.

Mehr Intelligenz dank Training

Die Kritik am IQ oder dem Faktor g erschöpft sich damit freilich nicht. Erst kürzlich hat eine Gruppe von Psychologen aus Bern Hinweise vorgelegt, dass die sogenannte fluide Intelligenz trainierbar ist. Bestätigt sich der Befund, würde dies das Konzept von IQ und g insgesamt infrage stellen. Denn bei der fluiden Intelligenz handelt es sich der Festlegung nach um diejenige Komponente, die von der Umwelt und der Lernhistorie einer Person unabhängig ist. Unter fluid, also flüssig, verstehen die Psychologen die Fähigkeit zum Problemlösen, also den angeborenen Ablauf der physiologischen Prozesse im Gehirn, etwa die Nervenleitungsgeschwindigkeit oder die Effizienz der Denkprozesse – sie hängt eng mit dem oben beschriebenen Faktor g zusammen.

Der fluiden gegenüber steht die kristalline Intelligenz. Dabei handelt es sich um die erlernten Komponenten. Dies umfasst faktisches Wissen genauso wie etwa die Fähigkeit, Fahrrad zu fahren, die kulturelle Prägung oder die Erziehung einer Person. Alle Umwelteinflüsse sind mithin kristallin. Der Definition zufolge steigt der IQ einer Person, wenn ihr Wissen sich vermehrt. Dies ist seit langem bekannt. Wie die Schweizer Psychologen Susanne Jäggi, Martin Buschkuehl und Walter Perrig zeigen konnten, lässt sich offenbar jedoch auch die bisher als unveränderbar gedachte fluide Intelligenz trainieren, also zum Beispiel die Fähigkeit, bislang unbekannte Probleme zu lösen.

In der Berner Studie absolvierten die 70 Versuchspersonen zunächst einen Test. Dieser erfasste den Ist-Zustand ihrer fluiden Intelligenz. Anschließend bearbeiteten sie am Computer acht, zwölf, siebzehn oder neunzehn Tage lang täglich je 20 Minuten Aufgaben, die das Arbeitsgedächtnis – mehr dazu im nächsten Abschnitt – schulten. Dabei beobachteten sie auf dem Bildschirm ein schwarzes Quadrat, das nach wenigen Sekunden verschwand, um sich anschließend an einer neuen Stelle zu zeigen und so fort. Die Probanden hatten eine Taste zu drücken, wenn sich die Position des Quadrates erstmals wiederholte. Sie mussten also seine verschiedenen vergangenen Stellungen im Gedächtnis behalten und mit der aktuellen vergleichen. Zu dieser visuellen Aufgabe galt es parallel eine akustische zu lösen. Eine Stimme nannte einen Buchstaben, und sobald sich dieser wiederholte, war wiederum eine Taste zu betätigen. Das Programm variierte den Schwierigkeitsgrad, indem es den Abstand zwischen der ersten Wiederholung immer weiter verlängerte. Die besten Teilnehmer schafften es, Positionen oder Buchstaben zu memorieren, die neun Bilder zurücklagen.

Nach Abschluss des Trainings wurden die Probanden erneut auf ihre fluide Intelligenz geprüft, und zwar auf der Basis eines ganz anderen Aufgabentypus. Die Prüflinge mussten nunmehr erkennen, wie sich Figuren in einer Reihe logisch verändern und die fehlende Form jeweils sinnvoll ergänzen. Solche Matrizenaufgaben gelten als anerkanntes Standardverfahren, um die Fähigkeit des Problemlösens zu prüfen. Dabei schnitten die Teilnehmer zur Überraschung von Jäggi und Perrig besser ab als eine ungeübte Kontrollgruppe, und zwar in der Größenordnung von 5 bis 6 Prozent pro Übungswoche. An eine Grenze schienen sie dabei nicht zu stoßen. Das heißt, sie wurden umso besser, je länger sie trainiert hatten. Ob weiteres Training die fluide Intelligenz in einem Umfang steigern könnte, wie es noch heute kaum für möglich gehalten wird, werden erst kommende Versuche zeigen.

Wie immer diese ausgehen mögen, schon jetzt lässt sich festhalten, dass die Fähigkeit, unbekannte logische Probleme zu lösen, durch Übung zu steigern ist. Die Folgen sind weitreichend, etwa für die Aussagekraft von Aufnahmetests oder für das Bildungssystem insgesamt, wie Intelligenzforscher Robert Sternberg bekräftigt: »Die Testergebnisse sind offenbar dynamisch statt statisch, modifizierbar statt fixiert.« Sie erfassen nicht etwa das Potenzial oder die Lernfähigkeit eines Bewerbers, sondern nur das, was er bisher gelernt hat oder – zumindest zu einem Teil – den augenblicklichen Trainingszustand seines Gehirns.

Das Arbeitsgedächtnis als Hebel

Die neuen Befunde vertragen sich nicht gut mit der Vorstellung, die fluide Intelligenz sei angeboren. Oder in Form der bekannten Frage formuliert: Wie viel davon ist angeboren? Eine verlässliche Antwort darauf scheint heute schwieriger denn je.

Denn offenbar können Übungen in der einen Denkdisziplin auch die Leistung in anderen verbessern. Das ist ebenfalls ein wichtiges Ergebnis der Studien von Jäggi und Perrig, denn bis dato glaubten Forscher wie Therapeuten, wer beispielsweise Sudoku- oder Kreuzworträtsel löst, damit zwar seine Fähigkeit schule, dieses Quiz zu meistern, nicht jedoch sein grundsätzlich Zahlen- oder Wortverständnis.

Diese starre Haltung ist nunmehr aufgeweicht. »Wir gehen davon aus, dass ein Transfer von den im Arbeitsgedächtnis trainierten Prozessen auf die Intelligenz stattfindet – dass also unser Übungsprogramm Prozesse im Gehirn verbessert, welche für die Aufgabenlösung in vielen anderen Bereichen relevant sind«, erklärte Perrig nach der Veröffentlichung der Daten.

Das oben beschriebene Programm der Berner Forscher – es heißt »Braintwister« – setzt speziell auf eine Schulung des Arbeitsgedächtnisses. Dabei handelt es sich um einen Kurzzeit- oder Fließspeicher, der es dem Menschen ermöglicht, vorübergehend möglichst viele Daten bewusst und auf diese Weise verfügbar zu halten sowie störende oder unwichtige Sinneseinflüsse auszublenden. Dies äußert sich in einem Gefühl von »Wachheit, Präsenz und Aufmerksamkeit«, wie Teilnehmer an der Berner Studie berichteten.

Daneben ist das Arbeitsgedächtnis für viele Aufgaben im beruflichen oder privaten Alltag von Belang. Kinder hüten, eine Einkaufsliste im Kopf behalten, sich in einer Stadt orientieren, eine Präsentation vortragen – all dies geht leichter von der Hand, wenn das Arbeitsgedächtnis gut geschult ist. Wer möglichst viele verschiedene Fakten gleichzeitig im Kopf behalten kann, dem gelingt es leichter, die möglicherweise zugrunde liegenden Ursachen zu erschließen. Umgekehrt offenbaren Schüler mit einem schlechten Arbeitsgedächtnis häufig Mühe beim Lesen und Schreiben. Bis sie an das Ende eines Satzes gelangen, kann ihnen dessen Anfang bereits entfallen sein.

Unglaubliche Steigerungsraten

Mit dem Arbeitsgedächtnis sind die Forscher nun offenbar nach Jahren der Suche auf einen entscheidenden Hebel gestoßen. Es strahlt positiv oder negativ auf zahlreiche kognitive Fähigkeiten aus, seine Kapazität ist relevant für intelligentes Verhalten und das Abschneiden bei IQ-Tests. »Das Arbeitsgedächtnis ist eine Grundfähigkeit, die anderen Bereichen zuliefert«, bestätigt Perrig. »Sein Training erlaubt einen uneingeschränkten Transfer in den Verhaltensbereich.« Viele Arbeiten auch anderer Forschergruppen scheinen dies zu bestätigen.

Wie stark das Arbeitsgedächtnis steigerbar ist, weiß – wie schon gesagt – im Augenblick niemand so recht. Doch vom Faktengedächtnis allgemein ist bekannt, dass es sich massiv trainieren lässt. Menschen, die ihr Gedächtnis beruflich benötigen, ist eine bessere Merkfähigkeit zu eigen. Ein guter Kellner etwa kann sich den Inhalt der Speisekarten und die Bestellungen der einzelnen Tische mühelos einprägen – und wenn sein Arbeitstag zu Ende ist, weiß er nichts mehr davon. Im Rahmen eines Experiments berichtete Talentforscher Ericsson – wir sind ihm im vorigen Kapitel schon einmal begegnet – zusammen mit einem Kollegen erstmals im Jahr 1980 von der Ausbaufähigkeit des Gedächtnisses.

Die beiden arbeiteten damals mit einem willkürlich ausgewählten College-Studenten, sein Name lautete abgekürzt S. F., um an ihm die Wirkung von Gedächtnistraining zu demonstrieren. Vor Beginn der Übungen konnte sich er kurzfristig etwa sieben Ziffern einprägen – ein normaler Wert für jeden Menschen. Im Verlauf des Experiments übte er über Wochen hinweg, insgesamt mehrere Hundert Stunden lang, und konnte schließlich 80 Ziffern in seinem Kurzzeitgedächtnis speichern. Über den Daumen gepeilt eine Verbesserung um den Faktor 10 oder sage und schreibe 1000 Prozent.

Dies ist längst nicht das Ende der Fahnenstange, wie ein Blick auf die Rekorde bei Gedächtnismeisterschaften zeigt. Die Besten können sich in fünf Minuten fast 400 Ziffern einprägen, in 30 Minuten gar mehr als 1100. Das bedeutet gegenüber dem Durchschnittsniveau eine Steigerung etwa um den Faktor 50 beziehungsweise 140. In Prozent ausgedrückt wirkt die Erhöhung geradezu ungeheuerlich: 14000. Vorstellbar ist, dass es sich bei den Rekordhaltern um besonders begabte Individuen handelt. Wer sich jedoch den Tagesablauf der Merkkünstler anschaut, die Menge an Fleiß, die sie investieren, und wie systematisch sie ausgetüftelte Systeme von Merktechniken einsetzen, der wird dahinter nicht mehr unbedingt eine besondere genetische Begabung erwarten. Etwas genauer wollen wir uns damit im Kapitel »Wenn Lady Di den T-Rex umarmt« beschäftigen.

Das IQ-Paradox

Es gibt demzufolge nicht wenige und außerdem durchaus überzeugende Argumente dafür, dass der IQ weitaus stärker beeinflussbar ist, als es die Studien zur genetischen Erblichkeit der Intelligenz in Zahlen nahelegen. In eine ähnliche Richtung verweisen auch Erkenntnisse des Australiers James Flynn und seines amerikanischen Kollegen William Dickens.

Die beiden Psychologen sind einem rätselhaften Effekt nachgegangen, welcher die Intelligenzforscher schon seit Jahren beschäftigt. Offenbar scheinen die Generationen immer klüger zu werden. Wie Vergleiche belegen, nehmen die Ergebnisse bei IQ-Tests seit Jahren zu. Die heutige Generation übertrifft die vorhergehende bereits um 20 Punkte. Aus diesem nach seinem Entdecker benannten Flynn-Effekt ergäbe sich umgekehrt die kuriose Schlussfolgerung, dass die in der Vergangenheit lebende Bevölkerung weniger scharfsinnig gewesen ist als die heutige, womöglich gar an der Grenze zum Schwachsinn lag, denn das Phänomen reicht bis ins Jahr 1872 zurück, also in die Zeit der industriellen Revolution. Der IQ-Unterschied ist derartig groß, dass Umwelteffekte wie eine bessere Schulbildung oder eine gesicherte und gute Ernährung dafür nicht allein die Ursache sein können – sie sollten sich, immer vorausgesetzt, man setzt auf die Erblichkeitstheorie, nicht so stark auf die Gesamtleistung auswirken. Da sich andererseits die genetische Anlage der Bevölkerung in wenigen Jahren nicht wesentlich verändern konnte, bleibt eine Erklärungslücke: Was verursachte den beobachteten Anstieg?

Flynn und Dickens lösen den unter dem Begriff IQ-Paradox bekannten Widerspruch, indem sie ein genauso raffiniertes wie überraschendes Modell vorschlagen. Dieses sieht, vereinfacht gesprochen, vor, dass Umwelt und Anlage in einer wechselseitigen Beziehung stehen und dies systematische Messfehler der Forscher verursache. Gene besitzen nämlich die Eigenart, sich eine Umwelt zu »suchen«, die ihnen entspricht, die sie mithin voll zur Geltung bringt. Deswegen wird ihrem Einfluss zugeschlagen, was eigentlich auf das Konto der Umwelt zu gehen hätte.

Am Beispiel des Basketballs, der beliebtesten Sportart in den USA, wird deutlich, was Flynn und Dickens meinen – aber für Fußball, Handball oder Tennis gelten ihre Vorstellungen natürlich ganz ähnlich. Gesetzt den Fall, ein Kind kommt mit einer ganz bestimmten genetischen Ausstattung zur Welt. Es ist vielleicht ein klein wenig größer als seine Altersgenossen und ein klein wenig wendiger. Beginnt es mit Sport, wird der Sprössling beim Basketball ein bisschen besser sein als die anderen und daran besonderen Spaß finden. Das Kind wird mehr spielen, in der Garageneinfahrt, in der Schule, vielleicht im Verein, einfach weil es Bestätigung in seinen Erfolgen findet. Dies wiederum wird die Chancen erhöhen, sich einer Mannschaft anzuschließen, regelmäßig zu trainieren und einen erfahrenen Betreuer zu finden.

In einigen Jahren wäre aus einem Anfänger ein begabter Basketballspieler geworden. Die Erbanlagen hätten dabei durchaus eine Rolle gespielt, aber nur eine relativ geringe. Das entscheidende Moment der Gene läge demnach nicht etwa in einer Art Talentspeicher, sondern vielmehr darin, ihren Träger durch Erfolgserlebnisse in eine Umgebung hineinzuführen, in der dieser seine Fähigkeiten überhaupt erst entwickeln kann. Das meinen Flynn und Dickens, wenn sie sagen, dass sich Gene die ihnen entsprechende Umwelt suchen – ein bewusster Prozess ist darunter freilich nicht zu verstehen.

Ein Messfehler und seine Folgen

Würde ein Forscher eine Zwillingsstudie zum Thema Basketball und Erbanlagen durchführen, fände er Folgendes heraus: Die Wahrscheinlichkeit, dass ein Paar eineiiger Zwillinge, das mit der gleichen Körpergröße und Sprungkraft ausgestattet ist, eine vergleichbare Basketballlaufbahn hinlegt, ist deutlich höher, als dass dies einem zweieiigen Zwillingspaar gelingt. Wären beide Basketballcracks, so würde der Forscher die Ursachen zu großen Teilen den Genen zuschreiben – obwohl deren Rolle nur darin bestand, einen anfänglichen Impuls und danach immer wieder kleinere Anstöße zu geben. »Genetische Einflüsse sind sehr hartnäckig«, erklärt Flynn, der heute emeritiert ist, »sie wirken ein ganzes Leben lang.«

Womöglich unterliegt das Abschneiden bei IQ-Tests derselben Wechselwirkungsdynamik, vermuten Flynn und Dickens. Das eine Kind lernt etwas leichter, liest gerne, erfährt Lob für seine Schulnoten und wird dadurch – je nach Persönlichkeit – ein bisschen lieber lesen und lernen. Das andere ist motorisch versierter, spielt vielleicht lieber Fußball oder bastelt, als still über seinen Hausaufgaben zu sitzen. Jener wird vielleicht Wissenschaftler, dieser womöglich Handwerker.

Geringe genetische Ungleichheiten multiplizieren sich im Laufe der Jahre, sie führen nach langem Wirken große Unterschiede im

Lebenslauf herbei. Und wieder würden wissenschaftliche Studien das meiste daran dem Einfluss der Gene zuschreiben. Mehr noch, mit dem Alter der Versuchspersonen würde die gemessene Wirkung des Erbguts stetig ansteigen – und genau diese Ergebnisse erbringen Zwillingsstudien zum IQ tatsächlich: Bei Kindern liegt die Erblichkeit noch bei 30 Prozent, um im Erwachsenenalter auf 50 und in späten Jahren sogar darüber hinaus zu steigen.

Was die seit Jahren steigenden Resultate bei IQ-Tests betrifft, so schafft das Modell vor allem Platz – Platz für die Wirkung der Umwelt. Der Aufwärtstrend des IQ setzt mit der industriellen Revolution ein und ist darauf zurückzuführen, dass sich die Qualität der Schulbildung, der Ernährung sowie der medizinischen Versorgung seitdem kontinuierlich verbessert hat. Ab den 1950er Jahren lässt sich der Anstieg, den Daten aus den USA und Großbritannien zufolge, sogar auf bestimmte Einzeldisziplinen zurückführen. Demnach blieben die Verbesserungen in den klassischen schulischen Fächern wie Arithmetik oder Sprachbeherrschung durchaus im normalen Rahmen. Dagegen fiel der Fortschritt dort enorm aus, wo es um das Lösen von Problemen ging, wenn also abstrakte Begriffe gefunden, Figuren passend ergänzt werden mussten oder Bilder so zu arrangieren waren, dass sie eine Geschichte erzählen.

Warum alle gescheiter werden

Flynn und Dickens führen dies darauf zurück, dass sich die intellektuellen Ansprüche der Gesellschaft im Lauf der Jahre veränderten. Im Beruf wurde es wachsend notwendig, flexibel zu bleiben, dazuzulernen und selbst Verantwortung zu übernehmen. Eltern nehmen heute nicht nur die nach dem Warum fragende Neugier ihrer Kinder viel ernster, sondern kümmern sich intensiv um die Förderung ihres Nachwuchses. Die Fremdsprache im Kindergarten, Reitstunden, Chorproben, Einzelunterricht auf einem Musikinstrument, Yoga, Tanzen oder Vorlesestunden am Nachmittag – heute genießen mehr Kinder als je zuvor eine Förderung, die noch vor zwei

Jahrzehnten den Sprösslingen einer kleinen finanziellen Elite vorbehalten war. In der reichlich verfügbaren Freizeit werden immer vertracktere Video- und Strategiespiele sowie das Surfen im Internet zum Breitensport. Dies verändert die kognitiven Fähigkeiten ganzer Bevölkerungsschichten – durchaus zum Besseren, wie Psychologen und Hirnforscher in ihren Studien immer wieder feststellen.

Die veränderten Lebensgewohnheiten tun ihr Übriges. Man kauft die Waschmaschine nicht mehr beim Elektrohändler in der Nachbarschaft, sondern recherchiert selbstständig den billigsten Preis im Web. Sogar der vermehrte Rückzug des Staates aus der sozialen Versorgung dürfte intellektuelle Folgen haben. Denn die Menschen werden zunehmend selbst für ihr Leben Verantwortung übernehmen und entsprechend hellwach bleiben müssen.

Die größte Förderung entsteht indes dadurch, dass die Menschen sich gegenseitig anspornen. Wer in einer Gemeinschaft erzählt, wie er das Leben organisiert, welche Kurse die eigenen Kinder belegen oder wie sehr das Internet manche Alltagsdinge erleichtert, der wird wiederum andere anregen, sich ebenfalls mit diesen Entwicklungen auseinanderzusetzen. So wird sich das durchschnittliche intellektuelle Niveau stetig ändern. Manche, eher komplexe, organisatorische Fertigkeiten werden im Durchschnitt eher zunehmen, andere, wie etwa das Kopfrechnen oder sprachliche Fertigkeiten, werden dagegen kaum davon profitieren, wenn nicht gar darben. Sehr vieles deutet darauf hin, dass die Intelligenz weitaus stärker durch die Umwelt befördert wird, als bislang angenommen. Man kann das Training nennen, wie es der Schweizer Psychologe Perrig tut, man kann das aber auch als kulturellen Einfluss bezeichnen.

Soziale Multiplikatoren

Die Medien spielen bei diesem Prozess eine gewichtige Rolle. Auch deswegen, weil es ihnen im Fernsehen immer wieder vorexerziert wird, wissen heute schon Junioren, was im Fußball eine Viererkette ist, kette ist, dass ein guter Spieler den Ball mit beiden Füßen stoppen und schießen kann, dass Stürmer ebenfalls verteidigen müssen und selbst der Torwart mit dem Ball umgehen muss. Den Übersteiger, mit dem der deutsche Starstürmer Rudi Völler im Finale der Weltmeisterschaft 1990 in Rom noch seine argentinischen Gegner narrte, beherrscht heute schon fast jeder kleine Knirps im Verein. Wer sich von den anderen abheben will, der schaut sich heute die neuesten Tricks eines Lionel Messi, Franck Ribéry oder Bastian Schweinsteiger ab. Bald werden ihre Finten zum Allgemeingut geworden sein, und wer dann besser sein will als die anderen, muss sich wieder neue Vorbilder suchen. Mit diesem »sozialen Multiplikator«, wie Flynn und Dickens den Effekt nennen, sei ein Anstieg um 20 IQ-Punkte in einer Generation durchaus erreichbar.

Der Charme ihres Modells liegt darin, einige ungelöste Fragen der Intelligenzforschung klären zu können sowie gleichzeitig die Trennung in ein Anlage- und ein Umwelt-Lager zu überwinden. Trifft ihr Konzept zu, kommt der Umwelt eine weitaus gewichtigere Rolle zu, als die Erblichkeiten der Psychometriker bislang vorspiegeln. Ihr genauer Anteil wäre nur schwer ermittelbar. Doch was die Gene leisteten, bestünde weniger darin, Begabung für bestimmte Inhalte bereitzustellen, sondern über Erfolgserlebnisse einer Person gleichsam von Geburt an die Motivation und das Interesse zu vermitteln, ein bestimmtes Gebiet beherrschen zu wollen. Gene stehen folglich mehr für Appetit als für Befähigung.

Das bislang Zusammengetragene weist ganz eindeutig darauf hin, dass, wer den unbändigen Willen mitbringt, seine Intelligenz – und seine Talente ganz allgemein – massiv schulen kann. Hinzu kommt ein nicht zu vernachlässigendes statistisches Argument: Die Befunde zur Erblichkeit des IQ von etwa 50 Prozent sagen nichts über den Einzelnen aus, sondern liefern Mittelwerte aus großen Mengen. Sie beschreiben eine Entwicklung, wie sie bei den vielen untersuchten Menschen stattgefunden hat, und nicht, wie sie hätte stattfinden können. Das ist ein ganz entscheidender Unterschied.

Gene sind nicht gleich Begabung

Erbanlagen geben ihre Impulse, ohne dass ihr Träger etwas dazu beiträgt. Außerdem tun sie dies kontinuierlich, während des gesamten Lebens. So erleichtern sie uns, Rückschläge wegzustecken. Mit dem grundsätzlichen Vertrauen in die eigene Leistungsfähigkeit wird ein Mensch eher bei der Stange bleiben, dauerhaft lernen und so die Energie entwickeln, auch größte Schwierigkeiten zu überwinden, weil er ja zumindest ahnt, dass er es kann. Wem diese Impulse fehlen, der muss, um es genauso weit zu bringen, eine Bereitschaft zum Dazulernen aus sich selbst heraus aufbauen, und zwar langfristig. Womöglich ist also der eigene Antrieb, die eigene Motivation weitaus entscheidender dafür, selbstgesetzte Ziele zu erreichen, als der Talent-Rucksack, den die Natur uns mitgegeben hat.

Begabung verstünde sich in diesem Sinn primär als etwas, das jemand dauerhaft haben will, und nicht als eine Eigenschaft, die jemand einfach besitzt. Ein solches Begabungsverständnis hätte den zusätzlichen Vorteil, dass es keine Erfolgsgarantie durch angeborene Eigenschaften böte. Denn der Gedanke, dass Motivation statt Gabe zum Ziel führt, verleitet weniger dazu, sich auf die eigenen Anlagen zu verlassen und vorhandenes Talente zu vergeigen.

Um es klar zu sagen: Es gibt in den Befunden der Intelligenzforschung viel zu viele weiße Flecken und Unbekannte, als dass man diese Schlussfolgerungen als gesichert bezeichnen könnte – sie besitzen bestenfalls eine gewisse Plausibilität. Noch sind viele Fragen offen, schlichtweg deswegen, weil noch immer keine eindeutigen Ergebnisse zu finden sind. Mehr als deutlich ist indes geworden, dass nicht einmal die härteste Währung der Begabungsforschung, der Faktor g oder der IQ, gleichsam schicksalhaft im Erbgut verankert ist, wie es die Zahlenwerte nahelegen wollen.

Der Besitz bestimmter DNA-Abschnitte verleiht keine besondere gedankliche Schärfe – eine derartige Wirkung entfalten Gene nicht. Die realen Zusammenhänge sind komplexer und – wie neue

Ergebnisse der Molekularbiologie nahelegen – sogar weitaus verschachtelter, als dies die Forscher bislang auch nur ahnen konnten. Wir werden darauf teilweise im Kapitel »Im Universum der Möglichkeiten« näher eingehen. All dies sollte im Auge behalten, wer in einer Diskussion pauschal auf die Studien der Zwillingsforschung verweist und eine Erblichkeit des IQ von rund 50 Prozent reklamiert. Mit der Bedeutung der Zahl ist es nicht so weit her, wie ihre bloße Existenz vortäuscht.

Was die menschliche Intelligenz in ihrer gesamten Bandbreite betrifft, so tappt die Wissenschaft ohnehin weitgehend im Dunkeln. Und die Ära der Psychometriker, so scheint es, sie ist vorüber. Dies offen zuzugeben, braucht es wohl einen Schriftsteller. »Wir sind nicht intelligent genug, um zu wissen, was Intelligenz ist«, schließt Hans Magnus Enzensberger seine Analysen zum Thema. Dies ist nicht so weit entfernt vom Diktum Kants, der einige Jahrhunderte zuvor meinte, der Mensch sei aus so krummem Holz gemacht, dass daraus nichts ganz Gerades gezimmert werden könne. Und dies gilt für das Körperteil zwischen den Ohren ganz besonders.

Der Mensch ist nicht vernünftig

Vermehrt stellen sich Wissenschaftler zudem die Frage, ob seine analytische Intelligenz das herausragende Merkmal des Homo sapiens sei. Er hat sich zwar selbst den Beinamen des Weisen verliehen, während er seine biologischen Vorgänger wechselweise schlicht als »aufrecht«, »robust« oder aus dem Neandertal stammend bezeichnet. Aber diese Wahl entspringt mehr einem Wunsch als der offenen, oder nennen wir es doch so: vernünftigen Selbstschau.

In Wirklichkeit ist der Mensch weder weise noch rational, wie es die Aufklärung postulierte. Viele seiner Entscheidungen fallen intuitiv und ohne dass die logische Analyse dabei die wichtigste Rolle spielen würde. Stattdessen bilden Emotionen die wichtigste Grundlage, denn ohne sie werden noch die einfachsten Entschlüsse unmöglich. Dies legen neben einigen überzeugenden Studien Beobachtungen an Patienten nahe, die einen neurologischen Schaden in den gefühlverarbeitenden Regionen des Gehirns haben.

Damit nicht genug an Krummholz. Das Gedächtnis des Menschen ist, ganz vereinfacht formuliert, lückenhaft, sodass er sich nicht einmal auf die vernünftige Datenbasis der eigenen Geschichte stützen kann. Dass er sich dennoch ganz gut durchs Leben schlägt, hat mit logischem Denken nur am Rande zu tun.

Und was das Messen der Intelligenz betrifft, so ist seine Weisheit wohl eher von der opportunistischen Sorte. Denn immerhin ist der Mensch klug genug ist, sich so zu verhalten, wie es andere, der Tester eingeschlossen, von ihm erwarten. Diese soziale Komponente der Intelligenz zeigt sich zum Beispiel daran, dass Frauen, die fest daran glauben, dass Frauen in Mathematik generell schlecht sind, in Rechentests entsprechend miserabel abschneiden – wie ausführlicher im vorhergehenden Kapitel geschildert. Ähnliches gilt überall im Leben, zum Beispiel auch beim Einparken: Man kann, was man sich zutraut, und versagt, wenn man sich erst gar nicht heranwagt. Mit dem eigentlichen Talent, der Befähigung oder der Intelligenz hat das nicht zwingend etwas zu tun.

Hüten wir uns also vor Vorurteilen. Und zwar besonders vor jenen, die wir selbst nur allzu gerne zu erfüllen bereit sind.

Kapitel 5

Im Universum der Möglichkeiten

Das Salk Institute ist kein Nutzbau wie so viele dieser neuen, gesichtslosen Forschungsgebäude aus Stahl, Beton und Glas. Seine Architektur dient der Erkenntnis, symbolisch wie funktionell. Wer es betritt, durchquert einen Hain aus 50 Zitronenbäumen, säuberlich in Reihen gepflanzt. Dahinter öffnet sich ein symmetrischer Platz, ausgeschlagen mit hellem Travertin. Man braucht nicht viel Fantasie, um sich an einen Opernsaal erinnert zu fühlen. Die schimmernd aufragenden Galerien links und rechts beherbergen die Arbeitsräume der Wissenschaftler. Das Parkett durchzieht ein Band aus Wasser, das nach Westen fließt, dem Meer zu. Allein eine Bühne scheint diesem Theater zu fehlen. Die Galerien, vielleicht 80 Meter lang und 20 Meter breit, rahmen leeren Raum ein. Bis der Besucher versteht: Die Bühne, das ist der Pazifische Ozean unter der Kulisse des Himmels, der hier in La Jolla, an der kalifornischen Küste im Norden von San Diego, gar nicht so selten dunstverhangen ist statt blau.

Keine Hindernisse verstellen den Blick in diese Weite von Himmel und Meer – weder vom gepflasterten Parkett aus, wo die Mitarbeiter ein Sandwich kauend die Mittagspause verbringen, noch von den Galerien, wo Fred Gage, Professor für Genetik, eine Loge besitzt. Gage, den Freunde seiner früher gefärbten Haare wegen Rusty rufen, nach dem Johnny-Cash-Song »Rusty Cage«, nennt seine Hofloge »The Wonderful«, die Großartige. Es handelt sich dabei um ein Apartment, das ausreichend ausgestattet ist, um dort Tage, ja Wochen ungestört zu verbringen: Wohn- und Schlafzimmer, Küche und Bad. Doch es ist der Blick auf die Bühne, der diesen Platz so auszeichnet. Wenn Rusty Gage eine Jalousie hochzieht und sich auf den einfachen Holzstuhl an der Fensterwand niederlässt, endet seinen Blick im Universum – und das ist hier am kühlen rauen Pazifik das Universum der Möglichkeiten.

Etwas dick aufgetragen? Wer von vornherein klein denkt, ist selbst schuld – das ist nicht nur im ehrgeizigen, visionären Kalifornien die Devise, sondern geradezu der Grundgedanke dieses Gebäudes, das der Architekt Louis I. Kahn entworfen hat und das im Jahr 1966 mit Mitteln von Jonas Salk, dem Entwickler eines Impfstoffs gegen Kinderlähmung, gebaut wurde. Die Tafel am Eingang führt auch zwei Personen mit Namen »Mr and Mrs Gunther Sachs« unter den geldgebenden »Benefactors«.

Dass im Salk Wollen und Können eng beieinander liegen, haben die hier arbeitenden Wissenschaftler oft genug bewiesen. Ihnen gelangen mehrere sensationelle Durchbrüche zur Arbeitsweise und Entwicklung des menschlichen Gehirns. Zum Beispiel war es eine Arbeitsgruppe um Fred Gage, die im Jahr 1998 in einer Art Geniestreich den Nachweis führen konnte, dass im Gehirn Erwachsener Nervenzellen fortlaufend neu entstehen. Die Befunde widerlegten die Auffassung, ein Baby werde mit einer fixen Zahl von Neuronen geboren, diese verdrahteten sich bis zum Ende der Pubertät, und der Mensch habe schließlich mit diesem Geflecht bis ins Greisenalter auszukommen. Auch dass Nervenzellen bei Gesunden notgedrungen absterben, erwies sich als Irrtum, den viele noch in der Schule gehört haben und der kaum auszurotten scheint. Die Wahrheit ist: Hirnzellen werden fortwährend neu geboren, sie erlangen volle Funktionstüchtigkeit, und sie integrieren sich in das bestehende Netzwerk des Gehirns. Und das Schönste daran: Jeder Mensch hat es zumindest in Teilen selbst in der Hand, diese natürlichen Abläufe zu befördern. Gewöhnlicher Sport lässt mehr Neuronen sprießen, geistige Aktivität – zum Beispiel Vokabeln lernen, Zeitung lesen, Diskussionen führen – bewirkt parallel dazu, dass mehr der neuen Nervenzellen überleben. Am besten gehen also körperliche und geistige Bewegung Hand in Hand.

Wer einst den Unsinn von dem wie in Stein gemeißelten Neuronengerüst in die Welt setzte, ist heute kaum mehr eindeutig festzumachen. Der deutsche Neuroanatom Walther Spielmeyer hatte 1922 in seiner *Histopathologie des Nervensystems* geschrieben, Hirnzellen scheinen ihm nicht in der Lage zu sein, sich zu teilen. Vielleicht verfestigten sich diese und andere Aussagen nur deswegen, weil kein Forscher je etwas anderes hatte beobachten können. Es entstand das »Keine-neuen-Neuronen«-Dogma«, und bald riskierte seinen wissenschaftlichen Ruf, wer die Gültigkeit des Satzes anzweifelte oder gar widerlegen wollte – und zwar bis in das Ende der 1990er Jahre hinein.

Wie Ideen Dogmen brechen

Immerhin schien der Forscherglaube an den steten Niedergang des Hirns recht gut zum alltäglichen Erleben zu passen – die Intuition ist ja der stille Begleiter aller Erkenntnis, ob sie mit ihren Schlüssen nun richtig liegt oder nicht. Die Geisteskräfte schwinden nach einem Höhepunkt im frühen Erwachsenenalter des dritten Lebensjahrzehnts. Zunächst wird der Mensch einfallsloser, fixierter, sogar starrsinniger, sein Gedächtnis lässt nach, seine Sinne verlieren an Schärfe, und schließlich büßt er zusehends die Kontrolle über seinen Körper ein. Heute fragen sich Wissenschaftler weltweit: Was ist daran natürlich oder nur normal? Inwiefern der Vorgang einem unabänderlichen Programm folgt, zu verlangsamen oder gar zu stoppen ist, wird intensiv erforscht, sowohl was den geistigen Verfall bei Gesunden anbelangt, wie denjenigen, der mit Erkrankungen wie Demenz, Parkinson oder Alzheimer einhergeht.

Erste Hinweise, dass nicht der starre Bestand an Nervenzellen oder gar deren Absterben für den häufig beobachteten Verfall verantwortlich waren, tauchten im Jahr 1965 auf. Zwei US-Forscher hatten von Neurogenese, so nennt sich das Phänomen der Entstehung von Nervenzellen im Fachbegriff, im Gehirn von Ratten berichtet. Ihre Nachweismethoden wurden jedoch nicht akzeptiert, und so gerieten die Arbeiten in Vergessenheit. Mitte der achtziger Jahre gingen Biologen der Frage nach, warum das Gesangsrepertoire von Kanarienvögeln saisonal massiv schwankt. Im Frühjahr betören die Männchen ihre Weibchen mit einem Strauß an Melodien, scheinen ihre Lieder in den folgenden Jahreszeiten indes zu vergessen, um erst im folgenden Frühjahr wieder in Form zu kommen.

Die Ursache der wechselnden Gesangstalente fand Fernando Nottebohm von der Rockefeller University in New York im Gehirn der Vögel. Radioaktiv markierte DNS-Bausteine zeigten, dass im Frühjahr in den für das Gedächtnis verantwortlichen Bereichen jede Menge neue Zellen heranwachsen. Auch bei Meisen stieß Nottebohm auf dieses Phänomen. Die Neuronen sprossen just zu der Jahreszeit, in der die Tiere sich die Lage vieler unterschiedlicher Nahrungsquellen merken mussten. Die Befunde des Wissenschaftlers waren, gelinde gesagt, kühn. In einem Interview erklärte Nottebohm: »Die Ansicht, dass Neuronen im Gehirn eines ausgewachsenen Wesens kommen und gehen, galt als die Meinung eines Spinners.« Was die Vögel anging, so war daran aber nicht zu rütteln und so kam Schwung in das Gebiet.

Neue Neuronen – allein der Gedanke daran elektrisierte. Die Neurogenese entdeckten die Hirnforscher anschließend bei Mäusen, Ratten sowie Marmosetten, einer Affenart – Letzteres leistete eine Gruppe um Eberhard Fuchs vom Primatenzentrum in Göttingen. Bei Menschenaffen verlief die Fahndung gleichwohl weitgehend erfolglos. So galt auch für deren nächsten Verwandten das Dogma weiter. Zudem mutete es undenkbar an, den Menschen jemals direkt zu untersuchen.

Die sensationelle Wende brachte eine Idee. Peter S. Eriksson von der Sahlgrenska-Universität in Göteborg verfiel darauf, kurz nachdem er einen Forschungsaufenthalt am Salk Institute verbracht hatte. In einem Gespräch mit einem Kollegen erfuhr er beiläufig, dass todkranken Patienten mit Zungen- und Rachenkrebs im Rahmen einer Studie eine gesundheitsschädliche Chemikalie verabreicht wurde. Die Substanz lagert sich bei der Neubildung von Erbsubstanz in die Doppelhelix ein und lässt sich anschließend färben – auf diese Weise wollten die behandelnden Ärzte die Teilungsaktivität des Tumors und die Wirkung ihrer Therapie überwachen. Was bei Krebszellen funktioniert, sollte auch mit Nervenzellen klappen, dachte sich Eriksson. Er bat die Patienten um Zustimmung, nach ihrem Tod ihre Gehirne histologisch untersuchen zu dürfen.

Fünf Personen, sie waren bei ihrem Ableben zwischen 57 und 72 Jahre alt, willigten ein. Bei allen fand Eriksson in einem Bereich des Hippocampus – das ist ein für die Gedächtnisbildung verantwortliches Hirngebiet – leuchtende Tupfer frischen Grüns. Hier waren neue Nervenzellen im Begriff, aus Stammzellen zu entstehen. Wohlgemerkt bei älteren bis alten Leuten, die sich obendrein in keinem guten Gesundheitszustand befunden hatten.

Ein neues Fachgebiet entsteht

Gerd Kempermann, heute Professor am Dresdner Zentrum für Regenerative Therapien, befand zu dieser Zeit in Gages Gruppe. Er erinnert sich noch genau, wie die Mitarbeiter im Labor zusammenströmten, um allesamt in das Spezialmikroskop zu blinzeln und einen Blick auf die kleinen Leuchtpunkte zu erhaschen. Das »Keine-neuen-Neuronen«-Dogma war gebrochen, die Freude riesig. Die Wissenschaftler ahnten, dass diese Sternstunde der Erkenntnis vieles verändern würde. Ihnen war gleichwohl bewusst, dass allein eine Teilungsaktivität von Nervenzellen im Gehirn noch nichts besagte. Wer wusste schon, was darin vorging? Wachsen die Baby-Neuronen zu vollständigen Zellen heran? Erlangen sie ihre Funktion? Integrieren sie sich schließlich in das bestehende

Netzwerk des Gehirns? Vermögen sie es zum Positiven zu verändern, ohne dabei Schaden anzurichten? Schließlich ist das Gehirn ein delikates Gebilde, das zuvor auch ohne die Neuankömmlinge funktioniert hatte – und zwar sehr gut. Welchem Zweck diente also die Neuproduktion von Neuronen? Und warum leuchtete nur ein kleiner Bereich der Gedächtnispforte Hippocampus, während alle anderen Areale dunkel geblieben waren?

Der Verdacht, dass die Neurogenese mit dem Lernvermögen zusammenhängt, war von Anfang an vorhanden. Er verfestigte sich, als ein Jahr später, 1999, eine Arbeit erschien, in der britische Neurowissenschaftler von ihren Versuchen mit Londoner Taxifahrern berichteten. Aufnahmen mit dem Magnetresonanztomografen (MRT) zeigten, dass bei dieser Berufsgruppe der Hippocampus vergrößert war– offenbar eine Folge der in der Stadt erforderlichen Navigationsleistung. Die Fahrer müssen sich täglich durch ein Gewirr von Straßen kämpfen und bei allfälligen Staus in der Metropole ständig Ausweichrouten im Kopf parat halten. Je mehr Berufsjahre die Fahrer zusammenbrachten, umso stärker war deren Hippocampus vergrößert. Doch auch hier blieben Fragen: Das Gehirn verändert sich durch Umwelteindrücke, wie etwa intensives Lernen, indem es an Größe zulegt. Aber was ging da drinnen wirklich vor?

Immerhin stand nun die Tür für grundlegende Entdeckungen ganz weit offen. Gage und seine Mitarbeiter konzentrierten sich darauf, ein molekularbiologisch bekanntes, leicht zu züchtendes und genetisch zu manipulierendes Säugetier zu untersuchen: die Maus. Dadurch erarbeiteten sie immer mehr Details der adulten Neurogenese. So – eine kurze Begriffsklärung – bezeichnen Forscher die Neubildung von Nervenzellen bei Erwachsenen. Die eigene Begrifflichkeit ist notwendig, weil im Gehirn von Kindern umfangreiche Umbauarbeiten stattfinden, bei welchen neue Nervenzellen entstehen. Zum Beispiel bilden sich die Zellen des Kleinhirns fast vollständig erst zwischen der Geburt und dem 12. Lebensjahr. Hierbei handelt es sich folgerichtig um jugendliche Neurogenese.

Nager, die regelmäßig ins Laufrad durften – sie rennen für gewöhnlich bis zu 5 Kilometer pro Nacht –, produzierten deutlich mehr neue Nervenzellen als Artgenossen ohne die Möglichkeit zur körperlichen Ertüchtigung. Zudem hatte der Tiersport deutliche Auswirkungen auf das Lernvermögen. Die Laufmäuse konnten sich die Lage einer Plattform zum Ausruhen in einem Wasserbecken weitaus schneller merken als Vergleichstiere. Ganz ähnliche Befunde ergaben Versuche mit einer sogenannten »bereicherten Umwelt«. Dabei wird eine Gruppe von Mäusen in Käfigen mit vielen geometrischen Figuren, also Spielzeug, und mit Artgenossen gehalten. Die Vergleichstiere bleiben allein und in kargen Behausungen. Diese Versuchsanordnung machte deutlich, dass eine anregende Umgebung mehr Nervenzellen wachsen ließ und das Lernvermögen deutlich verbesserte.

Bereits diese einfachen Experimente zeigten zweierlei: Das Gehirn ist extrem wandelbar und verändert sich aufgrund von Erfahrungen physisch-materiell. Darüber hinaus sind die Umwelteinflüsse und ihre Auswirkungen auf das Denkorgan miteinander positiv rückgekoppelt. Mit anderen Worten: Sie verstärken sich gegenseitig. »Das finde ich besonders faszinierend«, erklärt Gage. »Während des ganzen Lebens verändert das Verhalten die Struktur des Gehirns, und diese Veränderungen wandeln wiederum ihrerseits die Art und Weise, wie wir uns in der Umwelt verhalten – und so fort.«

Die Kreißsäle im Kopf

Den Forschern am Salk Institute gelang es nicht nur, Stammzellen aus dem Gehirn der Mäuse zu isolieren, aus denen sich Nervenzellen in Gewebekultur züchten lassen. Zusammen mit zahlreichen anderen Arbeitsgruppen weltweit ermittelten sie darüber hinaus ein etwas klareres Bild der adulten Neurogenese. So besitzt der Mensch im Hippocampus und im Riechkolben, dem Gewebe für die Verarbeitung von Geruchssignalen, winzige Geburtsstätten für neue Zellen, nicht jedoch – von bisher nur vereinzelten Hinweisen abgesehen – in anderen Hirngebieten. Die neuronalen Kreißsäle liefern in einem natürlichen Prozess aus einem unerschöpflichen Reservoir von Stammzellen fortlaufend Nachschub. Im Hippocampus gehen zwischen 20 und 30 Prozent der Neuproduktion kurz nach ihrer Entstehung wieder zugrunde, sie sterben ab. Sport und Lernen allerdings erhöhen das natürliche Niveau der Überlebensrate, und zwar auf zweierlei Art: Körperliche Aktivität steigert die Erzeugung neuer Neuronen, geistige Aktivität fördert deren anschließendes Überleben. In der Summe beider Faktoren können sich statt 30 nunmehr bis zu 80 Prozent in das bestehende Netzwerk integrieren.

Wenn Lehrer also heute ihren Schülern erzählen, Bewegung würde die Durchblutung des Gehirns und damit dessen Sauerstoffversorgung und das Denkvermögen verbessern, so ist das sicherlich nicht ganz falsch. Aber es handelt sich dabei nur um die halbe Wahrheit, und nicht einmal um den entscheidenden Teil. Eine verbesserte Durchblutung stellt die kurzfristige Auswirkung dar, die ein angekurbeltes Herz-Kreislauf-System auf den Kopf hat. Längerfristig besteht die Konsequenz des Sports auf das Hirn darin, dass mehr neue Zellen entstehen – und das ist entscheidend.

Versuche ergaben, dass es etwa vier Wochen dauert, bis die Neuronen herangewachsen sind und aktiv werden. Das heißt, sie feuern Aktionspotenziale und haben synaptische Verbindungen mit ihrer Umgebung geknüpft. Allein daraus ist zu ersehen, dass Lernen seine Zeit benötigt. In absoluten Zahlen – sie sind bisher nur bei Versuchstieren ermittelbar – sind es nur sehr wenige Zellen, die neu geboren werden. Das gleichsam natürliche Niveau liefert bei jungen Mäusen rund 3000 Stück täglich, was etwa 1 Prozent der in dieser Region vorhandenen Zellen ausmacht. Bliebe diese Rate konstant, wäre der Hippocampus der Tiere an ihrem Lebensende extrem aufgebläht. Doch die Zellproduktion sinkt bei Erwachsenen relativ rasch, um im Alter auf einem Niveau von einigen wenigen Zellen täglich zu verbleiben.

Ganz hört die Neurogenese jedoch niemals auf. Und es scheint, als wären die Steigerungsmöglichkeiten im hohen Alter um ein Vielfaches höher als in der Jugend. Das bedeutet, dass ältere und sehr alte Menschen die Neurogenese durch regelmäßige Bewegung und geistige Regsamkeit auf jugendliches Niveau zurückführen können.

Gleichwohl sind noch viele Aspekte ungeklärt. Dass die Zellen im Hippocampus wachsen, scheint insofern sinnvoll zu sein, als hier der Flaschenhals für die Aufnahme neuer Informationen liegt. Wenn Lernen eine Gehirnstruktur erfordert, dann diese sogenannte Gedächtnispforte. Dieses Gewebe passieren Informationen sämtlicher Erlebnisse und Fakten, um eingeschrieben und anschließend wieder ausgelesen zu werden. Aber warum wachsen nicht auch anderswo neue Hirnzellen? Womöglich, weil sie die Forscher bislang nicht gefunden haben, meint Gerd Kempermann. Man solle die Suche nicht aufgeben, »das erwachsene Gehirn war bisher für viele Überraschungen gut«, bekräftigt der ehemalige Salk-Forscher.

Ein Rätsel bleibt den Stammzellforschern indes, warum das Gehirn nur eine relativ geringe Zahl an Nachwuchsneuronen hervorbringt. Einige Hundert täglich, das ist geradezu verschwindend wenig gegenüber den im Gehirn existierenden 100 Milliarden Zellen. Kempermann geht darum davon aus, dass bei dem Prozess nicht die absolute Menge von Bedeutung ist, sondern die Existenz einer Neuproduktion als solcher. Er spricht von einem qualitativ statt einem quantitativ relevanten Vorgang und vermutet, dass die stetig nachschiebenden Nervenzellen, indem sie sich verknüpfen, auf subtile, aber entscheidende Art die Struktur der Informationsverarbeitung im bestehenden Netzwerk des Gehirns verändern. Haben sie sich einmal etabliert, verweilen sie, erfüllen ihre Aufgabe und sterben erst mit dem Tod des Individuums wieder ab. Das heißt: Der Prozess der Neurogenese ist kumulativ, immer mehr Hirnzellen gesellen sich zu den bereits existierenden hinzu und tragen, wenn man so sagen will, ihren Beitrag zum Großen und Ganzen bei. Auf diese Weise verschiebt sich der Leistungsschwerpunkt des Gehirns immer mehr in Richtung der besonderen Fähigkeiten der Neuankömmlinge, ohne jedoch das Gefüge zu zerstören, das zuvor bestand.

Eine »Neuro-Rente«?

Das Gehirn wächst also ein Leben lang weiter und verändert sich in kleinen und immer kleiner werdenden Schritten täglich. Bedeutet das nun, dass man sich klug laufen und lernen kann? Ist das Stammzellreservoir eine kleine Geniemaschine im Kopf? Und lässt sich mit seiner Hilfe vielleicht sogar ein Polster produzieren? Das heißt, wenn ich mich ein Leben lang ausreichend bewege und parallel dazu büffle, schaffe ich mir dann eine Reserve, eine Art »Neuro-Rente«, von der ich im Alter, wenn Körper und Geist nicht mehr so recht wollen, zehren kann?

Zweifellos haben die Erkenntnisse der neuronalen Stammzellforscher massive Konsequenzen für das Lernen. Kinder benötigen die Bewegung nicht nur zur Ertüchtigung ihres Körpers, sondern auch ihres Gehirns. Deshalb ist es nicht ratsam, in der Schule die traditionellen Lernfächer auf Kosten des Sports immer weiter auszudehnen – nur weil die Kultusministerien den politischen Willen nicht aufbringen, den Lehrplan zu entrümpeln.

Ähnliches gilt für das Erwerbsleben von Erwachsenen. Sport ist viel mehr als ein modischer Lebensstil mit vermeintlich angeschlossenem Lustgewinn. Er ist unabdingbar, um den Leib und den Geist beweglich und fit zu halten. Bewegung zu ermöglichen dürfen Arbeitgeber nunmehr durchaus als ihre Aufgabe ansehen, der sie sich in weitaus stärkerem Maße widmen müssen als bisher – und zwar zu ihrem eigenen Vorteil. Eine auf ihren Bürostühlen vor sich hin rostende Belegschaft wird kaum lernbereit sein und neue Ideen samt neuen Märkten entwickeln. Und schließlich können besonders Senioren von regelmäßiger Bewegung und sozialer Aktivität extrem profitieren und dem geistigen Verfall im Alter entgegenwirken.

Der einzige Beleg dafür sollen fünf ans Krankenbett gefesselte, alte Schweden sein? Richtig ist, dass so gut wie alle Erkenntnisse der Grundlagenforschung zum Zusammenhang von Neurogenese, Sport und Lernen auf Arbeiten mit Tieren beruhen – sie haben indes für das Säugetier Homo sapiens ganz analog zu gelten. Der formale Brückenschlag zwischen Mensch und Maus gelang einer Gruppe um Gage und Scott Small von der Columbia University in New York Ende März 2007. Die Forscher hatten zwei Männer und neun Frauen im Alter zwischen 21 und 45 Jahren drei Monate lang zu einem Ausdauertraining geschickt. Anschließend durchleuchteten sie die Probanden im MRT und unterwarfen sie einem Audio-Lerntest. Im Hirnscan trat zutage, dass im Hippocampus winzig kleine Blutgefäße ausgetrieben waren – die Versorgungskanäle gelten als das Äquivalent für die bei diesem Verfahren unsichtbar bleibenden neuen Nervenzellen. Der Lernerfolg verbesserte sich parallel mit der maximalen Sauerstoffaufnahme der Versuchsteilnehmer. Letzteres ist das verlässlichste Maß für die aerobe Ausdauerleistung. Das war das erste Mal, dass die Effekte von Sport direkt im menschlichen Gehirn gemessen worden waren.

Die Neurobiologie der Leibesübung

Je trainierter, desto klüger? Die Variablen werden sich kaum auf diese einfache Gleichung reduzieren lassen. Zumal Gages und Smalls Befunde mit größeren Probandengruppen wiederholt werden müssen. Doch das »Feld explodiert« nunmehr, versicherte Small nach seiner Publikation voller Enthusiasmus. Es gehe jetzt darum, die Formel differenzierter beschreiben zu können. Welcher Sport hilft, wie viel sollte es sein und wie profitieren die verschiedenen Altersgruppen?

Noch ist das Fachgebiet jung, und so klären sich die Ungewissheiten erst nach und nach. Bei Schülern der 3. und 4. Klasse fanden US-Forscher zum Beispiel ganz eklatante Zusammenhänge zwischen ihrem Bewegungsverhalten und ihren Zensuren. Unter

259 Studienteilnehmern erhielten im statistischen Mittel diejenigen schlechtere Noten, die einen höheren Körpermassenindex (auch Body-Mass-Index oder BMI) aufwiesen. Umgekehrt war in der Schule besser, wer eine größere körperliche Fitness besaß, gemessen als aerobe Kapazität. Dick zu sein stellt folglich nicht nur ein Risiko dar, an Diabetes oder Haltungsschäden zu erkranken, es ist eine denkbar schlechte Ausgangsbasis für erfolgreiches Lernen.

Vor allem die Ausdauersportarten scheinen für das Denkorgan gut zu sein. »Was das Herz stärkt, nützt auch dem Gehirn«, fasst Kirk Erickson von der University of Illinois in Urbana seine Erkenntnisse zusammen. Zusammen mit Art Kramer, einem der führenden Experten auf dem Gebiet von Hirnforschung und Sport, führt der Neurowissenschaftler eines der umfangreichsten Forschungsprogramme zum Thema Gehirn und Kognition durch. Aus den Ergebnissen können die beiden ablesen, dass Schwimmen, Radfahren, Joggen, Skating, Wandern oder Tanzen, Fußball-, Handball-, Volleyball- oder Tennisspielen die geistigen Leistungen ganz generell verbessern. Besonders deutlich aber stärkte der Ausdauersport die sogenannten exekutiven Funktionen, also das Setzen von Zielen, das Planungsvermögen, das Arbeitsgedächtnis oder die Konzentrationsfähigkeit. Das ist umso wichtiger, als es sich dabei, wie wir im letzten Kapitel gesehen haben, um eine kognitive Schlüsselfunktion handelt.

Nicht alle Betätigungen, die das Etikett »Sport« tragen, üben indes auf das Gehirn einen nährenden Effekt aus. Das Dehnen, isotonische Übungen und Krafttraining zeigten in Studien keinen Effekt auf die kognitiven Leistungen. Immerhin konnten Forscher der Jacobs Universität in Bremen mittlerweile nachweisen, dass nicht nur Ausdauersport, sondern auch Koordinationstraining sowie Gleichgewichtsübungen das Gehirn älterer Menschen leistungsfähig erhalten. Die Neurowissenschaftler Claudia Völcker-Rehage und Ben Godde untersuchten 89 Senioren im Alter von 61 bis 79 Jahren auf insgesamt zwölf verschiedene motorische Fähigkeiten. Dabei ergab sich, dass zwar nicht die Muskelkraft, jedoch das Reaktions-, Koordinations- und Balanciervermögen mit geistiger Frische einhergeht. Als körperliche Aktivität gerade für Ältere empfehlen die beiden das sogenannte Schattenboxen, Tai Chi.

Wie es aussieht, muss niemand Rekorde anpeilen, um dem Abbau um Kopf vorzubeugen. Es geht vor allem darum, nicht auf dem Sofa zu versauern. »Selbst wenig Bewegung mit langen Pausen ist besser, als gar nichts zu tun«, ermuntert Erickson. Seine 60- bis 80-jährigen Probanden profitierten bereits, wenn sie dreimal die Woche 45 Minuten lang spazieren gingen. Es ist aber nicht so, dass in den Altersangaben eine Ausrede liegen würde: Alles, was für die Gruppe der Betagten schon vergleichsweise differenziert erforscht ist, gilt im Grundsatz für Menschen in jeder Lebensphase.

Am besten ist es, wenn dem Gewebe im Kopf täglich frische Luft zugeführt wird. Dies hilft ihm, leistungsfähig zu bleiben und seine Frische zu erhalten. Bewegung scheint dem Denkorgan eine Art jugendliche Situation zu signalisieren, dass dessen Träger weiterhin aktiv durch die Welt streift und Erinnerungsvermögen benötigt.

Neue Erlebnisse stehen für viele lebensfähige Nervenzellen und diese wiederum für Offenheit und Aufmerksamkeit. Gerade diese Fähigkeit zur Verjüngung scheint eine der wichtigsten Eigenschaften der frischen Neuronen zu sein. Umgekehrt besteht das sogenannte natürliche Altern des Gehirns, so lautet Kempermanns Hypothese, womöglich gerade darin, dass mit der Zeit immer weniger Nervenzellen gebildet werden. Gelänge es, diesen Verlust auszugleichen, ließen sich eventuell auch die mit dem Altern einhergehenden Leistungsverluste kompensieren. Einiges spricht dafür, dass der Dresdner Stammzellforscher mit dieser Auffassung nicht falsch liegt.

Geisteskrankheiten vorbeugen

Schon bisher priesen Mediziner körperliches Training als wahres Wundermedikament, das obendrein kaum eine schädliche Nebenwirkung besitzt. Sport, das ist schon länger bekannt, beugt so unterschiedlichen und schweren Krankheiten wie Diabetes, Schlaganfall, Herzinfarkt, Osteoporose, Arteriosklerose, Darmkrebs und der depressiven Verstimmung vor. Nun müssen die Ärzte auch den geistigen Verfall in die Liste dieser Gebrechen mit aufnehmen – und zwar selbst denjenigen, der mit den schlimmsten Flüchen der neurodegenerativen Erkrankungen einhergeht. Bewegung vermag den Ausbruch von Alzheimer, Parkinson oder der Demenz wenn nicht zu verhindern, so doch zu verzögern. Mit dem Training zu beginnen lohnt sich offenbar zu jedem Zeitpunkt. Erste Studien sind äußerst vielversprechend und in den Details aufschlussreich. Hier nur ein paar wenige Beispiele:

In einer Untersuchung begleiteten Ärzte um Eric Larson von der University of Washington in Seattle 1740 über 65 Jahre alte Erwachsene sechs Jahre lang. Die Forscher protokollierten beispielsweise, wie oft die Probanden welchen Sport trieben, etwa Spazierengehen, Wandern, Radfahren oder Schwimmen. Sie stoppten die Zeit, die ihre Senioren zum Zurücklegen einer bestimmten Strecke benötigten und zum fünfmaligen Aufstehen aus einer sitzenden Position. Außerdem führten die Ärzte Balanceübungen durch oder erfassten die Druckkraft der Hände.

Während des Bobachtungszeitraums hatten 158 Personen Symptome von Alzheimer oder einer Demenz entwickelt. Letzteres ist eine allgemeine Sammelbezeichnung verschiedener Leiden und bringt mehr oder minder schwere Beeinträchtigungen des Kurzzeitgedächtnisses, des Denkvermögens, der Sprache, der Motorik und der exekutiven Funktionen, also etwa des Planungsvermögens, mit sich. Wie sich zeigte, war das Risiko daran zu erkranken bei denjenigen Personen um 34 Prozent geringer, die sich mindestens dreimal die Woche körperlich betätigt hatten. Noch deutlicher profitierten die Teilnehmer, die beim anfänglichen Fitnesstest eher schlecht abgeschnitten hatten, sich daraufhin aber entschlossen, regelmäßig zu trainieren. Larsons Ergebnisse stimmen sehr gut mit den Resultaten anderer Untersuchungen überein. Tierversuche, zum Beispiel mit Mäusen, die so manipuliert sind, dass sie an Alzheimer erkranken, bestätigen dieses Bild ebenfalls.

Weitere Forschungsarbeiten befassten sich speziell mit dem Zusammenhang von Spaziergängen und Demenz. Das ist deswegen relevant, weil Gehen eine sportliche Aktivität ist, die Menschen jeden Alters ausüben können. Dabei zeigte sich, dass unter 2257 Teilnehmern nach knapp fünf Jahren diejenigen seltener an Demenz erkrankt waren, die schneller gegangen waren und längere Distanzen zurückgelegt hatten. Eine kontrollierte Studie mit 349 über 55-Jährigen brachte heraus, dass – wichtig: im statistischen Mittel – diejenigen bei kognitiven Tests besser abschnitten, die unter Belastung bessere Pulswerte aufgewiesen hatten. Zumal in den Fähigkeiten Handlungskontrolle, Aufmerksamkeit, verbales Gedächtnis und Sprechflüssigkeit waren die Trainierten den träge Herumsitzenden signifikant überlegen.

Diese Ergebnisse sind für sich schon beispiellos. Sie zeigen, was durch körperliche Bewegung in der Therapie von neurodegenerativen Krankheiten zu erreichen ist. Allein, wenn es gelänge, mehr ältere Mitbürger möglichst lange so fit zu halten, dass sie ihren Alltag selbstständig bestreiten können, würde sich dies enorm positiv auf die Lebensqualität der Betroffenen auswirken und zudem die Kassen entlasten. Dass es sich bei den neurodegenerativen Erkrankungen um ein Problem der Volksgesundheit handelt, zeigt ein kurzer Blick auf die Statistik: An fortschreitender Demenz – der Begriff leitet sich von dem lateinischen Wort Dementia, ohne Geist, ab – leiden in Deutschland 1,2 Millionen Menschen. Gut jeder zehnte in der Altergruppe der über 65-Jährigen ist betroffen. Fast alle Erkrankten befinden sich im mittelschweren bis schweren Stadium, was bedeutet, dass sie nicht mehr selbstständig leben können und mehr oder weniger intensive Hilfe benötigen. Bei den 70- bis 80-Jährigen steigt der Anteil der Patienten auf etwa 6 Prozent, bei den 80- bis 90-Jährigen auf nahezu 20 Prozent. Unter den 90- bis 95-Jährigen leidet bereits jeder Dritte an einer Demenz.

Eine Trainingspille als Stein der Weisen

Was den Sport angeht, so ist es wichtig, frühzeitig, also noch bevor sich Symptome zeigen, damit zu beginnen. Ist das Gehirn bereits verrostet, erschwert dies eine an langfristigen Zielen orientierte Lebensführung. Haben sich das Koordinationsvermögen und die Balance verschlechtert, birgt Bewegung zudem das Risiko von Unfällen. So erstaunt es kaum, dass sich die Forscher bereits für Möglichkeiten interessieren, ohne den Umweg über das körperliche Training die neuronalen Stammzellen im Gehirn zu beeinflussen. Gelänge es, den Jungbrunnen im Kopf auf molekularem Weg zum Sprudeln zu bringen, sodass er ein ganzes Leben lang auf hohem Niveau Neuronen produziert, ließe sich, so das Kalkül, womöglich das Altern des Denkorgans und die damit einhergehenden Beeinträchtigungen verzögern, vielleicht sogar aufhalten. Schon heute ist bekannt, dass Medikamente gegen Depression die Neurogenese anregen. Wie das im Detail geschieht, liegt allerdings noch im Dunkeln. Erst langsam fangen die Biologen und Ärzte an, das molekulare Räderwerk zwischen Körper und Gehirn zu verstehen, das die Produktion der Neuronen aus dem Reservoir der Stammzellen reguliert.

Einer der wichtigsten Botenstoffe dafür scheint das Molekül IGF-1 zu sein. Der »Insulin-like Growth Factor«, auf Deutsch: insulinähnliche Wachstumsfaktor, wird von den arbeitenden Muskeln des Körpers produziert, gelangt mit dem Blutstrom ins Gehirn und regt in den Kernen der Nervenzellen die Produktion einer ganzen Batterie von Stoffen an. Einer darunter trägt den Namen BDNF, das Kürzel steht für Brain-derived Neurotrophic Factor: aus dem Gehirn gewonnener Nervenwachstumsfaktor – in der Molekularbiologie sind englische Bezeichnungen und Abkürzungen üblich. Wie der Name schon beschreibt, handelt sich um ein Protein, dass das Überleben der Neuronen in Zellkulturen befördert sowie sie zur Bildung von Kontaktstellen, den Synapsen, anregt. Unter Stress und dem Einfluss des Stresshormons Kortikosteron geht bei Versuchstieren die BDNF-Produktion zurück, was langfristig mit einem Schrumpfen des Hippocampus verbunden ist. Das sich verkleinernde Hirngewebe beobachten Ärzte übrigens auch bei Patienten mit Depression.

Körperliche Bewegung führt hingegen dazu, dass sich die Konzentration von BDNF im Hippocampus, im Kleinhirn und im Stirnhirn erhöht. Wie sich Sport dabei auswirkt, zeigten US-Forscher. Sie ließen Ratten im Laufrad rennen, verabreichten einer Hälfte der Tiere daraufhin einen BDNF-Blocker und unterzogen anschließend alle miteinander Tests, um das Ortsgedächtnis zu prüfen. Das Ergebnis: Nur bei den Tieren ohne den hemmenden Wirkstoff verbesserten sich die kognitiven Leistungen.

Aus derlei wechselseitigen Zusammenhängen ist relativ verlässlich abzuleiten, dass Bewegung die Produktion des Nervenwachstumsfaktors steigert. An dieser Stelle eine dringende Warnung: Wer nun denkt, er könne einfach BDNF schlucken, um sein Gehirn jugendlich zu erhalten, der gefährdet seine Gesundheit, die Nebenwirkungen sind unabsehbar. Wer befürchtet, dass sein Denkorgan nicht genug BDNF produziert, dem bleibt außer Sport die – generell gesundheitsfördernde – Methode, mehr auf seine Ernährung zu achten. Kalorienreiches Essen mit vielen gesättigten, also tierischen, Fetten bremst nämlich die Produktion von Nervenwachstumsfaktoren, wie etwa dem BDNF. Soziale Aktivitäten hingegen befördern die Produktion des Proteins. Auf beide Faktoren wollen wir später noch einmal genauer eingehen.

Ein weiteres interessantes, vom Muskel-IGF-1 angeregtes Protein ist VEGF. Der Vascular Endothelial Growth Factor ist ein Signalmolekül, das unabdinglich ist für die Bildung neuer Blutgefäße. Biologisch ist das insofern sinnvoll, als es nicht genügt, nur neue Nervenzellen entstehen zu lassen. Sie müssen auch mit Sauerstoff und Nährstoffen versorgt werden. Experimentell ist der Zusammenhang gut belegt: Blockierten Wissenschaftler VEGF, kam die durch Training angeregte Neurogenese bei Versuchstieren zum Stillstand.

Wenn die alten Griechen und Römer also intuitiv vom »mens sana in corpore sano« sprachen, dem gesunden Körper in einem gesunden Geist, so wissen die Heutigen nicht nur: Sie hatten Recht. Die moderne Wissenschaft besitzt schon um ein gutes Stück genauere Kenntnisse darüber, durch welche feinen molekularen Gespinste Körper und Geist miteinander verbunden sind. Bewegung, Lernen und Ernährung – all dies hängt aufs Engste zusammen. Wer in seinem Kopf etwas zum Positiven verändern will, der muss sich bewegen – und das geht nicht ohne Schweißvergießen. Rinnender Schweiß ist ein Sinnbild für flutendes IGF-1, sprudelndes BDNF und knospende junge Neuronen.

Bleibt die Frage, warum so manche Sportskanone, man denke an den einen oder anderen Fußball-, Eishockey- oder Tennisstar, nicht gleichzeitig zu den klugen Denkern gehört? Nun, zum einen hat Bewegungsintelligenz nicht unbedingt etwas mit den kognitiven Fähigkeiten zu tun; es handelt sich um getrennte Disziplinen. Zum anderen: Wer weiß schon, wo diese Menschen ohne ihr Training stünden?

Geheimnisvolle Genflöhe

Sport, das bedeutet am Salk Institute vor allem Flug- und Wassersport. Vorbei an gepflegten Rasenflächen und riesigen Eukalyptusbäumen führt ein Weg zum Torrey Pine State Reserve. Dort liegt ein Startplatz für Drachenflieger. Einhundert, zweihundert Meter fällt die Küste von hier steil ab. Nur an einigen Stellen haben Wind und Regen Erosionshügel in den mit grau-grüner Macchia bewachsenen, umbrafarbenen Boden gewaschen. Schilder warnen vor der Gefahr, auf dem bröseligen Staub in die Tiefe abzurutschen. Unten, in der Brandung des Pazifiks, sitzen Surfer auf ihren Brettern, sie wirken aus der Entfernung wie Entlein im Teich, und warten auf die Welle.

Wer von hier zurückblickt auf das Institutsgebäude, der sieht 30, 40 Fenster, die aufs Meer hinaus schauen. Jedes steht für eine

Loge, ein »The Wonderful«, dieses prachtvollen Theaters der Wissenschaft. Offenbar ebenfalls von dem Ort beeindruckt, schrieb ein Besucher über Rusty Gage, er würde sein Labor in der Art und Weise orchestrieren, in der ein »Impresario sein Opernhaus« leitete. Kunstvoll gelänge es ihm, die Ambitionen seiner gut 30 Mitarbeiter auf die Themen zu lenken, die ihren Begabungen entsprächen. Bis Gage allerdings jemanden fand, der das lose Ende eines Seils sich anzupacken traute, das Experimente offengelegt hatten, dauerte es seine Zeit.

Die Geschichte hatte ganz unscheinbar begonnen. Gage und eine Mitarbeiterin hatten bei ihren Versuchstieren ein Gen blockiert, über dessen Funktion sie mehr erfahren wollten. Den veränderten Mäusen war auf den ersten Blick nichts anzumerken gewesen. Doch eine nähere Prüfung erbrachte, dass einige der Kreaturen kognitiv zurückgeblieben waren. Manche hatten nur noch ein lückenhaftes Ortsgedächtnis, andere lernten im Vergleich zu ihrem unveränderten Artgenossen plötzlich äußerst schlecht.

In der Zellkultur zeigte sich, dass der einzige Unterschied zwischen den beiden Mäusetypen darin bestand, ob ein springendes Gen aktiv war oder nicht. Bei diesen speziellen Erbgut-Abschnitten handelt es sich um Sequenzen, die ihren Ort im Genom beliebig verändern können. Das heißt, sie hüpfen, blinden Passagieren oder Flöhen vergleichbar, zwischen verschiedenen Fähren umher – mit dem einzigen Unterschied, dass sie nie ankommen. Sie scheinen kein Ziel außer der eigenen Vermehrung zu verfolgen. Wiewohl sinnlos wirkend, hatte die Aktivität der Genflöhe aber doch Auswirkungen auf das Verhalten der Tiere. Eine Blockade verschlechterte deren Lernvermögen. Was hatten die genetischen Flöhe mit der Kognition zu schaffen?

»Zu diesem Zeitpunkt wussten wir überhaupt nicht, was wir damit anfangen sollten«, berichtet Gage. Man verbrachte einige Zeit in »The Wonderful«. »Wir führten lange Diskussionen, aber ich konnte niemanden dazu bringen, an dem Rätsel zu arbeiten.«

Zu groß schien den Kollegen die Gefahr des Scheiterns. Sackgassen zu verfolgen ist nicht nur im Leben, sondern auch in der Wissenschaft kostspielig. Keine Ergebnisse bedeuten keine Veröffentlichungen, bedeuten keine oder nicht die gewünschten Forschungsgelder.

Immerhin war das geheimnisvolle springende Gen, das eigentlich gar kein Gen ist, sondern nur eine Art Vorstufe, klar zu identifizieren. Es handelte sich um ein archaisches Stück und stand jenen Genflöhen nahe, die bei manchen Maissorten Kolben mit Körnern ganz unterschiedlicher Farben hervorbringen. Ein anderer Verwandter verursachte bei Hunden wie Doggen, Border Collies, Bassets und anderen deren typisches schwarz-braun geflecktes Fellmuster.

Die Molekularbiologen sehen die Ursachen für solche Phänomene in den chaotischen Bewegungen der springenden Gene entlang der DNS. Wenn sie bei ihren Ausflügen außerhalb funktionell wichtiger Abschnitte stranden, bleibt das ohne spürbare Konsequenzen. Doch dann und wann landen sie mitten drin und verändern so die Funktion der betroffenen Gene, etwa jener für die Fell- oder Körnerfarbe. Manche dieser Gene zerstören sie vorübergehend, weil sie den korrekten Informationsgehalt durcheinanderbringen. Andere Gene legen sie still, weil sie in deren Kontrolleinheit aufschlagen und diese damit unleserlich wird.

Verschwinden die Genflöhe wieder, kehrt sich der Prozess um. Die zuvor unkenntliche Information wird sinnvoll, das betroffene Gen kann seine Arbeit wieder aufnehmen. Die Flöhe im Erbgut bewirken also vor allem eines: Chaos oder positiv gewendet: Vielfalt.

Darwins Problem

Bei dem springenden Gen im Gehirn von Gages Labormäusen handelte es sich um eine Sequenz mit dem Namen Line – ein Akronym aus der englischen Bezeichnung Long Interspersed Nuclear Element, frei übersetzt: langes eingestreutes Kernelement, oder einfach L. L-Flöhe kommen in allen Säugetieren vor, auch im Menschen, und zwar in gigantischen Mengen: 850 000 der L-Kopien tummeln sich im Genom des Homo sapiens – so oft hatte sich dieser uralte Wiedergänger in den vergangenen 600 Millionen Jahren seiner Wanderschaft vervielfältigt. Die Sequenzen machen damit aufgrund der schieren Zahl bis zu einem Fünftel der DNS einer Zelle aus. Sie befinden sich zumeist in Bereichen, die im Ruf stehen, eine Art von Abfallhalde zu bilden. Hier, so vermuten die Genetiker, finden sich die Spuren von fehlgeschlagenen Experimenten der Evolution, die Überbleibsel besiegter Krankheitserreger, einverleibter Parasiten oder Bruchstücke der Attacken von Viren.

Das Genom von Mäusen beherbergt 3 000 verschiedene Line-Elemente, das von Ratten 500. Beim Menschen entdeckten Genetiker gut 100 Typen der L-Familie. Es scheint so, als würde die Zahl der L-Flöhe abnehmen, je entwickelter ein Organismus ist. Die Ursachen dafür kennt bisher niemand. Doch Gage verfolgte eine Idee: Sollten die archaischen Flöhe dafür verantwortlich sein, dass im Gehirn ein Mosaik aus extrem vielen verschiedenen Nervenzellen entstehen kann? Sollte, anders formuliert, die Ursache der menschlichen Individualität bei den springenden L-Sequenzen zu finden sein?

Mit dem Problem, dass kein Mensch dem anderen gleicht, hatte sich schon Charles Darwin herumgeschlagen. Wie die Evolution es geschafft hatte, ein so kompliziertes Organ wie das menschliche Gehirn allein durch die Mechanismen der Mutation und Selektion hervorzubringen, schien unerklärlich. Seitdem Genetiker das Genom des Homo sapiens weitgehend analysiert haben, ist eine Antwort darauf nur noch schleierhafter geworden. Der Mensch besitzt nicht wie früher vermutet 100 000 Gene – dies war ein gewaltiger Irrtum –, sondern vermutlich nur 25 000. Knapp über die Hälfte entfalteten ihre Aktivität im Nervensystem.

Das schürt die brennende Frage: Wie kann in den vergleichsweise wenigen 12 500 Erbinformationen die gesamte während der Evolution angesammelte Erfahrung gespeichert sein? Wie kommt es, dass eine durchaus überschaubare Anzahl von Genen den Aufbau von Nervenzellen und deren Verschaltung zu einem Netzwerk dirigieren kann, das nicht nur die unterschiedlichsten menschlichen Talente und Persönlichkeiten erzeugt, sondern seine Träger daneben perfekt in ihr jeweiliges wirtschaftliches, kulturelles und intellektuelles Umfeld einbindet – egal ob es sich nun um Europäer, Asiaten, Eskimos, Buschmänner, Börsenmakler, Entertainer, Taxifahrer oder Diktatoren handelt. Es sieht beinahe so aus, als steckten in den Genen bereits alle Antworten auf sämtliche denkbaren Anforderungen, welche die Natur und die Kultur dem Menschen nur stellen könnten – wenn er denn ein bisschen Zeit zum Anpassen und Lernen mitbringt.

Sollten die springenden Gene die Antwort liefern? »Eine wilde Idee«, gestand Gage, für die er keine öffentlichen Fördermittel bekam. Doch zusammen mit einem Mitarbeiter, dem aus Brasilien stammenden Krebsforscher Alysson Muotri, wollte er herausfinden, ob die L-Flöhe in heranwachsenden Nervenzellen tatsächlich aktiv sind. Ob sie sich bewegen, springen und hüpfen und das Genom gehörig in Unordnung bringen, wie es ihr Ruf erwarten ließ.

Die neue Individualität

Für einen ersten Nachweis waren umfangreiche Vorarbeiten notwendig. Muotri musste Mäuse so manipulieren, dass ihr Genom das menschliche L-Element zusammen mit einem fluoreszierenden Protein enthielt. Wann immer also der Genfloh im Begriff war, eine neu entstandene Zelle zu befallen – er würde sich durch das angehängte Lämpchen verraten. Der Krebsforscher vermehrte die Nager, kreuzte sie mit Wildstämmen. Am Ende hatte er 20 Tiere mit der L-Sequenz plus Leuchte.

Daraufhin tötete Muotri einige der Mäuse, entnahm ihnen sämtliche Organe und schnitt diese in ultrafeine Scheiben, die er auf gläserne Objektträger aufzog, um sie im Mikroskop zu betrachten. Nun ging es daran, Tausende von Proben unter schwarzem UV-Licht möglichst rasch zu untersuchen. Denn je länger die Protein-Lämpchen dem Licht ausgesetzt sind, umso schwächer strahlen sie. Also half ihm seine Frau Marchetto – und sie war es auch, die zuerst ein Glimmen in den Nervenzellen entdeckte. Sie erinnert sich, wie sie ihren Mann stolz ans Mikroskop rief: »Bitte, hier hast du dein leuchtendes Neuron.«

Wie sich zeigte, war unter 100 Zellen im Gehirn der Mäuse eine mit dem Genfloh befallen. Überall schienen die springenden Sequenzen ihre leuchtenden Pfade hinterlassen zu haben: im für Gedächtnis und Lernen zuständigen Hippocampus, in den motorischen Arealen und in jenen, welche die Sinneseindrücke verarbeiten. Menschliche Nervenzellen in der Kulturschale waren mit einer Rate von 80 Prozent mit dem L-Gen infiziert. »Eine jede weist ein anderes genetisches Profil auf«, erklärt Muotri, »obwohl doch alle das gleiche Genom besitzen.«

Um das zu verstehen, muss man sich vor Augen führen, was springende Gene im Endeffekt tun: Sie legen manche Gene still und aktivieren andere. Ihre Aktivität kann aus dem identischen genetischen Material einen Flickenteppich an unterschiedlichen Neuronen erzeugen. Je nachdem, wie sich beim Entstehen einer Nervenzelle das springende Gen bewegt, werden darin dauerhaft unterschiedliche Gene aktiviert und andere inaktiv. Im schlimmsten Fall, wenn das Neuron seine Funktion nicht erfüllen kann, wird das zum Tod der Zelle führen. Am anderen Ende der Skala wird womöglich ein vorteilhaftes Gen aktiviert und dem Neuron zum Überleben verhelfen. Dazwischen sind alle möglichen Szenarien denkbar, die wie im Fall von Maiskorn und Hundefell vor allem Vielfalt zur Folge haben. Individualität in einer bislang völlig ungeahnten Variante.

Selbst eineiige Zwillinge könnten sich auf diese Weise in ihrem Persönlichkeitsprofil und in ihren Talenten unterscheiden. Was das Lernvermögen und kognitive Fähigkeiten angeht, so genügt es ganz offensichtlich nicht, bestimmte Gene im Genom zu tragen.

Diese Erbanlagen sollten tunlichst aktiv sein und von den L-Sequenzen nicht an der Entfaltung ihrer segensreichen Wirkungen gehindert werden.

Wie anatomische Untersuchungen gezeigt haben, ist Nervenzelle nicht gleich Nervenzelle. Auch ist es nicht so, dass nur einige wenige Typen von Neuronen existieren würden, etwa ein paar besondere für den Kortex, weitere für das Mittelhirn und andere, um lange Strecken zu überbrücken, die Informationen der Sinne zu analysieren oder die Befehle zur Kontraktion an die Muskeln zu übermitteln. Forscher fanden im menschlichen Gehirn bis zu 10 000 verschiedene Zelltypen – die Zahl variiert je nach Definition. Und wie es aussieht, ist bei deren Erzeugung ein springendes Gen im Spiel.

Die Gretchenfragen lauten nun: Ist die Aktivität der Genflöhe wirklich so chaotisch, wie es bisher den Anschein hat? Oder beeinflussen vielmehr Faktoren der Umwelt, wo sie sich niederlassen und welche Gene sie freigeben beziehungsweise blockieren? Stellen die springenden L-Sequenzen – und möglicherweise noch nicht untersuchte weitere – einen Mechanismus dar, der die genetische Aktivität reguliert, die für kognitive Fähigkeiten und Lernen relevant sein könnte? Sind deren Bewegungen eine Reaktion auf die Erfahrungen, die Umwelt eines Lebewesens? Liegt in der noch undurchschaubaren Genregulation der Ursprung für die unüberschaubare Vielfalt menschlicher Talente?

Keiner weiß bisher, wie die Antworten lauten. Die Läden von »The Wonderful« werden sich noch häufig öffnen müssen.

Kapitel 6

Wenn Lady Di den T-Rex umarmt

Wer zum Spaß versucht, in fünf Minuten eine beliebige Abfolge möglichst vieler Spielkarten zu memorieren, wird rasch an eine Grenze stoßen. Die ersten zwei, drei Bilder lassen sich noch ganz gut wiedergeben. Dann geraten die Eindrücke ein wenig durcheinander. Kam nach dem Kreuz-Ass die Herz-Sieben oder doch die Herz-Zehn? Wer nicht regelmäßig mit Freunden Poker, Skat oder Doppelkopf spielt und so eine gewisse Vertrautheit mit den Bildern und Symbolen mitbringt, der wird in der vorgegebenen Zeit vielleicht acht Karten schaffen. Mehr zu speichern ist das Gedächtnis zunächst kaum in der Lage. Doch das ist kein Schicksal.

Übung kann die Merkfähigkeit ganz massiv anheben. Gunther Karsten zum Beispiel gelang es, sich in den vorgegebenen fünf Minuten die Abfolge von 42 Karten einzuprägen. Mit dieser Bestmarke, die eine Steigerung um den Faktor fünf gegenüber dem durchschnittlichen Laien ausmacht, gewann der Erfurter im Jahr 1999 die Gedächtnisweltmeisterschaften.

Diese Veranstaltung ist eine Art Denksportwettbewerb. Teilnehmer aus aller Welt kommen zusammen, um, statt im Laufen oder im Weitsprung gegeneinander anzutreten, sich in ihrer Gedächtnisleistung miteinander zu messen. Wenn sie von Marathon sprechen, dann meinen sie zum Beispiel das Einprägen einer Abfolge von Binärziffern aus Nullen und Einsen. Oder sie versuchen sich im sogenannten Zahlensprint. Das bedeutet, dass sie sich in fünf Minuten möglichst viele Ziffern merken. Wer am meisten memorieren kann, gewinnt eine Einzeldisziplin. Und wer am Ende die höchste Punktzahl aus dem Zehnkampf verschiedener Disziplinen basierend auf Zahlen, Bildern oder Namen aufweist, der wird zum Deutschen Meister oder gar Weltmeister gekürt.

Auf Außenstehende mag ein Zahlenmarathon oder Kartensprint sinnlos anmuten. Doch für die Teilnehmer handelt es sich um eine sehr ernsthafte Sache – genauso, wie dies bei konventionellen sportlichen Wettkämpfen der Fall ist. Und wie die physischen Athleten bereiten sich auch die Mentalsportler intensiv auf eine Meisterschaft vor. Am Tag der Entscheidung sitzen sie dann hoch konzentriert an ihren Tischen und versuchen, sich für die Mammutaufgaben zu sammeln. Vor sich eine Stoppuhr, ein Päckchen Studentenfutter, einen Schokoriegel oder eine Banane, dazu eine Flasche Wasser und vielleicht ein mutmachendes Maskottchen von zu Hause. Mancher trägt eine Art Scheuklappe, eine abgedunkelte Spezialbrille, die nur in der Mitte ein kleines Guckloch frei lässt, um sich ganz auf die Aufgabe fokussieren zu können und unerwünschte Ablenkungen auszublenden. Andere haben schalldämpfende Kopfhörer aufgesetzt oder stecken sich Stöpsel ins Ohr – jeder, wie es ihm gefällt.

Immer schneller, höher, weiter

Seit Beginn der Denksportwettbewerbe Mitte der 1990er Jahre haben die erzielten Leistungen stetig zugenommen. Merkten sich die Pioniere in einer halben Stunde eine Abfolge von 390 Nullen und Einsen, so schafften ihre Nachfolger gut ein Jahrzehnt später bereits zehnmal so viel, nämlich 3900 Binärziffern – und alles wohlgemerkt nicht im Wohnzimmer, sondern unter hoch offiziellen und kontrollierten Bedingungen, mit Schiedsrichtern, Aufsehern und genauester Zeitnahme. Auch Karstens einst weltmeisterliche Leistung im Kartensprint würde heute nicht einmal mehr für einen Platz auf dem Siegertreppchen der ersten drei reichen. 42 Karten in fünf Minuten – das wäre völlig unbedeutend.

Doch Karsten hat in den vergangenen Jahren geübt. Er hat sogar sehr intensiv geübt und sein Gedächtnis so weit optimiert, dass er sich die Abfolge eines ganzen Blattes mit 52 Karten merken kann. Und er benötigt dafür nicht mehr wie einst die vollen fünf Minuten, sondern ist schon nach 47 Sekunden fertig. Eine solche Zeit ist nicht nur um ein Vielfaches besser als vor Jahren. Sie ist sensationell und für jeden normalen Menschen geradezu unvorstellbar. Für den aktuellen Weltrekord sind allerdings sogar 47 Sekunden nicht mehr gut genug. Nach den Maßstäben der Gedächtnisakrobaten klaffen gar Welten dazwischen. Der Weltrekord liegt nämlich 16 Sekunden oder umgerechnet 30 Prozent darunter und wird von Ben Pridmore gehalten. Der Brite benötigt handgestoppte 26 Sekunden für einen ganzen Stapel. Das bedeutet: Genau eine halbe Sekunde genügt ihm, um sich die Position einer Karte zu merken – und sie anschließend fehlerfrei wiederzugeben.

Genial? Durchaus, aber dennoch nicht unerreichbar. Von der Leistung des Laien zu der des einstigen Weltrekordlers, von acht Karten in fünf Minuten zu 52 in knapp einer halben Minute, führt weder ein Geheimrezept noch eine Gentherapie, weder Zaubertrank noch Pille, sondern nur eines: wiederholtes Training. Wem das unbegreiflich erscheint, der muss sich nur die Geschichte des Gunther Karsten anhören. Sie berichtet nicht von der angeborenen Begabung eines Geistesgiganten, sondern in erster Linie von Willen und Disziplin. Von sehr viel und sehr harter Denksportarbeit.

Begonnen hatte es in spielerischer Selbstentdeckung. Der im Jahr 1961 geborene Karsten weiß noch gut, wie er schon als Jugendlicher mit seinen Freunden Gedächtniswetten einging – und nie verlor. Wie er bei Partys Aufmerksamkeit erregte, weil er die Sterbe- und Geburtsdaten von Prominenten lückenlos aufsagen konnte. Dass er sich Schachpositionen hervorragend einprägte und beim Memory-Spiel nie verlor – wenigstens glaubt er, sich an eine Niederlage nicht erinnern zu können.

Irgendwann begann der heute in Erfurt lebende Patentübersetzer damit, sein Gedächtnis gezielt zu trainieren. Bei den Deutschen Meisterschaften 1997 durfte er noch nicht antreten, er hatte den Anmeldeschluss um einen Tag verpasst. Daraufhin besuchte er die Veranstaltung als Zuschauer und war hellauf begeistert, wie er erzählt. Legte er seine Trainingsleistungen zugrunde, hätte er alle Teilnehmer geschlagen. Ein Jahr später, mit 36 vergleichsweise schon im Seniorenalter für Denkathleten, war er zum ersten Mal offiziell mit von der Partie. Er gewann mit großem Vorsprung.

Als »Superhirn« bezeichnen ihn Journalisten seither in ihren Artikeln, gerade so, als wäre Karsten ein Außerirdischer. Doch er hilft gehörig mit, das Image des Großmeisters zu kultivieren. Auf Bildern ist er in der Rodinschen Denkerpose zu sehen, Oberkörper nach vorne geneigt, die rechte Hand elegant ans Kinn gelegt, die Augenbrauen leicht hochgezogen, eine hohe Denkerstirn besitzt er ohnehin. Achtmal wurde er Deutscher Gedächtnismeister. Er ist mehrfacher Gedächtnisweltrekordhalter und führte mehr als ein Jahr lang die Weltrangliste der Gehirnakrobaten mit einer Gesamtpunktezahl von 7631 an. Vor ihm hat das noch nie ein Mensch erreicht. Das alles ist auf seiner Homepage nachzulesen, aber genauso gerne erzählt er davon.

Nicht mehr – nur anders

Die Leistungen sind wahrlich imponierend. Aber niemand muss ein Superhirn haben, um enorm viele Zahlen oder die Reihenfolge von Karten im Kopf behalten zu können. »In ein paar Wochen kann jeder die dazu nötige Technik erlernen«, versichert Karsten selbst, »auch wenn es vielleicht nicht jeder bis ganz an die Spitze schafft«, schränkt er ein. Doch wer weiß das schon? Fürs Fernsehen trainierte er einmal Verona Pooth, ehemals Feldbusch. Während einer 90-Minuten-Sendung verhalf er der gewieften Selbstdarstellerin, die sich gern als Dummerchen inszeniert, dazu, ihre

Merkleistung zu verdoppeln: Sie verbesserte sich von 9 auf 17 willkürlich ausgewählte Begriffe.

Auch Hirnforscher bestätigen, dass im Kopf der Gedächtnisakrobaten nicht unbedingt rare Fähigkeiten zum Genie schlummern. Eine Studie aus dem Jahr 2002 konnte keine Hinweise auf eine grundlegende Begabung der Merkkünstler finden. Eleanor Maguire von der Universität London untersuchte zehn der Denksportler. Doch anders als etwa bei ihrer Analyse der Londoner Taxifahrer, die sich im Straßengewirr der Metropole zurechtfinden mussten, war bei ihren neuen Probanden der Hippocampus, die Gedächtnispforte des Gehirns, nicht etwa vergrößert. Auch andere anatomische Auffälligkeiten konnte die Psychologin unter ihren Versuchsteilnehmern, darunter auch der von der nächtlichen Abschlussparty der Weltmeisterschaft übermüdete Karsten, nicht registrieren.

Der Blick mit dem Magnetresonanztomografen (MRT) in das Oberstübchen offenbarte den Forschern, dass die Denksportler über ein ganz normales Gehirn verfügen, dieses aber auf eine ungewöhnliche Art nutzten. Im Vergleich zu einer Kontrollgruppe aktivierten sie vor allem einen Teil des Hippocampus, der mit bildlicher Vorstellungskraft und der Orientierung im Raum in Zusammenhang steht. Dabei erwiesen sie sich außerdem als recht spezialisiert. Mussten sich Karsten und seine Mitstreiter statt in ihrer geübten Disziplin aus Zahlen oder Karten die Formen vergrößerter Schneeflocken einprägen, zeigte ihr Gehirn eine Aktivierung, die sich im Durchschnitt nicht von derjenigen unterschied, die ungeübte Kontrollpersonen bei der gleichen Aufgabe aufwiesen. Sie fielen also auf das Niveau eines Normalbürgers zurück.

Die Ergebnisse der Hirnforscher passen erstaunlich gut damit zusammen, was die Denksportler über sich selbst und ihr Training berichten. Es scheint nicht der schiere Speicherplatz zu sein, der diese enormen Leistungen ermöglicht. Stattdessen ist wohl die Kombination eines trainierten Gedächtnisses gepaart mit den richtigen Techniken für die ständig weitersteigenden Bestmarken verantwortlich. Beim Denksport ist es nämlich so wie bei der Leibeskultur: Eine Ausscheidung gewinnt nur derjenige, der sich gründlich vorbereitet und weiß, was er in welcher Situation zu tun hat.

Das Trainingslager des Weltmeisters

Rund zwei Monate vor einem anstehenden Wettkampf beginnt Karsten, der ursprünglich ein Chemiestudium absolvierte, mit dem intensiven Training. Eine halbe bis zwei Stunden übt er täglich. Aber er exerziert nicht einfach nur das Merken, indem er sich stumpf immer wieder und immer längere Zahlenkolonnen oder höhere Kartenstapel einprägen würde. Stattdessen büffelt Karsten Merksysteme, »das Fundament« oder »die Grundlagen«, wie er sie nennt.

Viele Menschen benutzen solche Techniken intuitiv. Wer sich Telefonnummern merkt, ordnet die Ziffern zu Zweier- oder Dreiergruppen an und summt sie rhythmisierend vor sich her, als gälte es, ein Gedicht aufzusagen. Andere verwenden Passwörter, die mit dem eigenen Geburtstag, demjenigen eines Freundes oder Kindes zu tun haben. Manche integrieren ihre Schuhgröße oder den Hochzeitstag in ihr Merksystem. Und manchmal kann man gar nicht anders, als physische Besonderheiten eines Gegenübers mit dessen Namen zu kombinieren. Begegnet man einem Geschäftspartner, der Hacker mit Nachnamen heißt und eine hakenförmige Nase oder eine zackige Linie in der Ohrmuschel oder am Haaransatz aufweist, so baut sich die Brücke zwischen Identität und Anatomie wie von selbst, und der Name prägt sich ein. Gedacht: »Ah, das ist der Mann mit der Ha(c)ken-Nase.« Gesagt: »Guten Tag, Herr Hacker!«

Diese Eselsbrücken sind in der Regel sehr persönlich gefärbt – jeder sucht sich schließlich seine eigenen Geschichten. Der amerikanische Student namens S. F., den der Expertenforscher Anders Ericsson unter wissenschaftlichen Bedingungen trainiert hatte und der bereits im Kapitel »Schneller, besser, reicher – IQ« vorgestellt wurde, war ein ehrgeiziger Leichtathlet. Deshalb assoziierte er Zahlen mit Laufzeiten. An die 3492 erinnerte er sich als »3 Minuten, 49 Komma 2 Sekunden, beinahe Weltrekord auf eine Meile«.

Von Punkt zu Punkt

Mnemotechniken – Mneme hieß in der Mythologie des antiken Griechenlands die Muse der Erinnerung – sind weit mehr als nette fantasievolle Episoden, die den Speicher im Kopf etwas erweitern. Sie können zu mächtigen und sehr wirkungsvollen Enzyklopädien des Merkens ausgebaut werden. Wer sich etwa im Geiste eine Wegstrecke, zum Beispiel vom Schlafzimmer zum Bad oder von der Wohnung an den Arbeitsplatz, zurechtlegt, kann an den markanten Abzweigungen Inhalte geistig »ablegen«, die es jeweils zu memorieren gilt. Das können die Punkte einer Rede genauso wie die einzelnen Posten einer Einkaufs- oder Erledigungsliste sein. Wer diese geistigen Spazierwege immer weiter verlängert, wird sich immer mehr merken können.

Der Erfinder dieser sogenannten Loci-Methode soll Simonides von Keos (zirka 556–468 vor Christus) gewesen sein, und sie ist, wie so häufig, mit einer lehrreichen Geschichte, einer Bildungslegende verbunden. Der Dichter soll bei einer Feier zu Ehren des Sieges eines Faustkämpfers namens Skopas in einem Lied die Götter Castor und Pollux gepriesen haben. Dem eitlen Skopas passte das gar nicht, und er reklamierte, der Erfolg ginge auf sein Konto und nicht auf dasjenige der Götter. Darüber waren die beiden Überirdischen so erzürnt, dass sie den Dichter Simonides vor die Tür riefen und die Decke einstürzen ließen. Die Teilnehmer der Feier kamen allesamt ums Leben. So zermalmt waren sie gar, dass niemand sie mehr identifizieren konnte. Allein der Dichter vermochte zu rekonstruieren, wer unter den Opfern gewesen war, indem er in Gedanken die Tischordnung durchging und sich Ort für Ort, Locus für Locus, erinnerte, wer wo gesessen hatte.

Offenbar fällt es dem Menschen leichter, Bilder beziehungsweise Gesichter zu speichern, die mit einem bestimmten Ort oder Eindruck verbunden sind, als einfach nur leblose Fakten zu rekapitulieren. Vermutlich deswegen, weil es für unsere Vorfahren einen Überlebensvorteil darstellte, den Weg zu einer oder mehreren Nahrungsquellen und wieder zurück ins Lager schnell und gründlich im Kopf zu haben. Die »Ortsmethode« wurde, nachdem Simonides sie ersonnen hatte, in ganz Griechenland bekannt. Gelehrte wie Politiker stützen sich auf sie, um den Inhalt von Texten oder Reden zu behalten. Die »ars memoriae«, die Gedächtniskunst, entwickelte sich in der Antike gar zu einer Tugend und war neben der Grammatik, der Logik und der Rhetorik ein unverzichtbarer Bestandteil der klassischen Ausbildung. Zwischenzeitlich nahezu vergessen, erlebt sie heute eine unerwartete Renaissance – wie wir sehen werden, nicht nur in den Kreisen der Gedächtniswettkämpfer, sondern auch in der Medizin.

Fantasievolle Merkgebäude

Karsten hat sich in den vielen Jahren seines Trainings die ungeheure Zahl von 3500 Routenpunkten fest eingeprägt – andere Gedächtnissportler besitzen noch längere mentale Wegstrecken. Auf Karstens liegen zum Beispiel das Haus seiner Eltern, der dazugehörige Garten, die Schule, die er als Kind und Jugendlicher besuchte, die Klassenzimmer, markante Pflanzen darin, die Turnhalle mit den Umkleidekabinen und den Geräteräumen und viele weitere Orte seines Lebens.

Will sich der Weltmeister die Reihenfolge von Spielkarten merken, geht er die Route durch und legt an jedem Locus zwei Stück ab. Die Karten tragen in seinem Kopf jedoch nicht etwa den Wert und die Farbe, die sie im Spiel besitzen, sondern sie sind mit einer Person, einem Objekt und einer Tätigkeit symbolisch verbunden. Der Kreuz-Bube zum Beispiel steht für Albert Einstein und leckt mit der Zunge – wegen des berühmten Bildes des Physikers. Die Herz-Dame steht für Lady Di und umarmt – sie wurde schließlich

Prinzessin der Herzen genannt. Die Kreuz-Zwei ist der Tyrannosaurus Rex und beißt. So werden aus den Medien vertraute Bilder zu Merkstützen.

Folgt im Kartenstapel die Kreuz-Zwei auf den Kreuz-Buben, so knabbert das Raubtier am Eingang zur Umkleidekabine an Einstein. Ein wahrlich unvergesslicher Anblick. Oder der Physiker leckt Lady Di am Gummibaum ab, wenn der Kreuz-Bube vor der Herz-Dame aufgedeckt wurde. Dies übt ebenfalls einen sonderbaren Reiz aus und beansprucht so einen Platz im Kopf. Ganz ähnlich lässt sich die nüchterne Abfolge von Binärzahlen, also Nullen und Einsen, memorieren. Die Denksportler schnüren drei oder vier Ziffern zusammen, verknüpfen diese Kombination anschließend mit einem Wort oder einem Bild und legen dieses Paket auf ihrer Route ab. »Chunking« ist der Fachbegriff dafür.

Intelligenz ist nicht die wichtigste Voraussetzung dafür, ein Gedächtnischampion zu werden, eine reiche Fantasie dagegen schon eher. Die Visualisierung, die Verknüpfung der Inhalte der etwas schräg, aber schlüssig anmutenden Erzählungen regen das Vorstellungsvermögen an und öffnen so die Tore des Hippocampus. Je ausgefallener die kreierten Metaphern sind, je mehr sie die Neugier herausfordern und Gefühle wecken, umso besser bleiben die Informationen im Gedächtnis haften. Erlebnisse oder Fantasien, die mit starken Gefühlen verbunden sind, bilden deutliche Orientierungspunkte in der erzählten Geschichte. Die Karten zu paaren hat zudem den Vorteil, dass sich die zu verarbeitende Datenmenge reduziert. Dies bedeutet, dass sich ein Satz mit dem halben Aufwand memorieren lässt.

Bei den Weltmeisterschaften 2007 in Bahrein prägte sich Karsten auf diese Art in einer Stunde die Folge von 1044 Karten ein, 20 Stapel plus vier Einzelbilder – und gewann mit vier Karten Vorsprung vor einem Chinesen den Titel.

Ben Pridmore arbeitet gar mit einem System von drei Karten pro Locus, was in der Szene als »das Geheimnis« seines Weltrekords im Kartensprint von 26 Sekunden gilt – Genaueres verrät er niemandem. Der Nachteil dieses Verfahrens ist offenkundig: Eine Dreiergruppe pro Locus abzulegen, erfordert viel mehr Aufwand als eine Zweiergruppe, weil die für jeden Wegepunkt zu erfindende Episode umfangreicher wird. Dann muss an einem Routenpunkt etwa Lady Di Einstein umarmen, während dieser den T-Rex ableckt. Wer jedoch im Training sein Fundament als Triade angelegt hat, ist im Wettbewerb schließlich schneller, denn er braucht sich pro Stapel mit 52 Karten nur jeweils rund 17 neue Einzelinformationen zu merken.

Es gibt also nicht den einen, verbindlichen Schlüssel zu einem guten Gedächtnis. Jeder kann, ja sollte seiner Fantasie freien Lauf lassen und selbst Bilder kreieren, die für ihn oder sie einen besonderen Reiz, eine bemerkenswerte Schlüssigkeit besitzen. Einstein braucht nicht notgedrungen die Zunge herauszustrecken, wie er es auf dem berühmten Foto tut. Er könnte auch an der Tafel stehen und rechnen, Geige spielen oder in einem Raumschiff durchs All fliegen.

Die Merkgebäude aufzubauen, erfordert außerdem Zeit und Geduld. Es genügt nicht, kurz vor einer Prüfung oder einer Präsentation mal eben kaum geläufige Bilder zu bemühen, um von heute auf morgen große Mengen an Daten verarbeiten zu wollen. Es dauert ein wenig, bis die Wegstrecken ausgebaut und mit einprägsamen Figuren oder Geschehnissen besetzt sind. Niemand, warnt Karsten, sollte den Bogen überspannen. Wer im Eifer des Gefechts mehr will, sich etwas zumutet, das er nicht wirklich beherrscht, riskiert, dass das mühsam errichtete Gedächtnisgebäude zusammenfällt, wie ein – ja – Kartenhaus. »Wenn das Fass überläuft«, erklärt der Erfurter, »setzt das Vergessen ein.« Das heißt nichts anderes, als dass der Denksportler sich statt an 1000 Karten nur noch die Hälfte oder gar ein Viertel erinnert und im Wettbewerb auf einem hinteren Platz landet – ihm selbst ist das durchaus auch passiert.

Umgekehrt liefern die Merktechniken gleichsam ein unfehlbares System für den Alltag. Einkaufslisten, Telefonnummern,

Passwörter oder wichtige Termine und deren Inhalte – Karsten beteuert, dass er nie etwas vergisst, wenn er es auf einem seiner mentalen Pfade abgelegt hat. Allein, manchmal scheut auch er die Mühe, und dann ist sein Gedächtnis genauso fehlbar wie das von normalen Sterblichen.

Der wuchernde Garten

Das Gehirn ist ungeheuer wandlungsfähig. Wobei das Adjektiv bei genauerer Betrachtung gar nicht zutreffend ist.

Denn das Gehirn *ist* Wandel. Nach aktuellen Schätzungen bilden sich allein in einer Sekunde eine Million neue Kontaktstellen zwischen den Nervenzellen. Andere dieser in der Fachsprache Synapsen genannten Knöpfchen gehen verloren, sie werden abgebaut, weil sie nicht mehr benutzt werden. Daneben spuckt der Kreißsaal im Kopf ständig neue Neuronen aus, die heranwachsen und sich in das Geflecht der 100 Milliarden bereits bestehenden Zellen hineindrängen. Für sie stellt die Verknüpfung mit dem bereits bestehenden Netzwerk der Nerven gleichsam eine Lebensversicherung dar. Wem es nicht gelingt, Synapsen zu bilden und sich an dem fortwährenden Informationsfluss zu beteiligen, den ereilt das Schicksal alles Lebendigen: Die Zelle verwelkt wie eine Blume ohne Wasser, Licht oder Nährstoffe.

»Plastizität« nennen die Hirnforscher die Eigenschaft des Denkorgans, sich fortlaufend zu reorganisieren, um sich so an neue Herausforderungen anzupassen. Der Begriff geht auf das griechische »plastikos« zurück und bedeutet »zum Formen geeignet«.

Der spanische Neuroanatom Santiago Ramón y Cajal (1852–1934) verglich das Gehirn mit einem wuchernden Garten, um zu beschreiben, was im Kopf vor sich geht: Ein fortwährendes Wachsen und Schwellen, das nur die Schere des Gärtners zu zähmen vermag. Dieser harkt hier, schneidet dort, zwickt, sägt und rupft – so, wie es ihm vonnöten erscheint. Der Gärtner steht in dieser Metapher für den Menschen selbst beziehungsweise für seine tagtäglichen Erlebnisse und Anforderungen, denen er sich stellt. Ramón y Cajal bezog sich mit seinem Bild auf die Entwicklung des Nervensystems bei ungeborenen Säugetieren. Doch die Metapher beschreibt nach den neuesten Befunden auch die Verhältnisse bei erwachsenen Lebewesen recht gut. Es ist nicht nur das bewusste Training irgendeiner Fähigkeit oder das aktive Lernen, welches das Gehirn verändert – Erfahrungen bewirken dies ganz generell, und zwar ein Leben lang.

Beispiele, die dies in einem wissenschaftlichen Rahmen belegen würden, finden sich mittlerweile zuhauf. Sehbehinderte, die mit ihren Fingerspitzen die Blindenschrift Braille tastend »lesen«, aktivieren dabei die Areale im Großhirn, mit denen Gesunde sehen. Die normalerweise für die visuelle Verarbeitung zuständigen Nervenzellen vermögen offenbar auch andere, in diesem Fall die Tastinformationen auszulesen, wenn sie nicht mit den eigentlich für sie vorgesehenen Sinnesdaten gespeist werden.

Musiker lassen durch ihr intensives Üben ihr Denkorgan richtiggehend anschwellen. Bei Violinisten und Cellisten nimmt das Zellgebiet, das im Kopf die linke Greifhand repräsentiert, um bis zu 30 Prozent mehr Platz ein als bei Kontrollpersonen. Dies scheint erforderlich zu sein, um die Feinabstimmung der Finger zu erreichen. Besonders ausgeprägt war dieses »Streichergehirn«, wenn die Probanden schon sehr früh ihr Instrument erlernt und viel gespielt hatten. Generell weisen Musiker im Vergleich zu Nichtmusikern eine vergrößerte akustische Landkarte im Großhirn auf. Wobei sogar wahrscheinlich ist, dass jeweils Klavierspieler der Verarbeitung von Klavierklängen besonders viel Platz im Gehirn widmen und Gitarristen den Gitarrenklängen.

Sprachschüler waren umso besser darin, eine Fremdsprache möglichst originalgetreu auszusprechen, wenn sie in manchen Bereichen der linken Gehirnhälfte dickere Faserverbindungen aufwiesen. Bei vielen dieser Studien stellt sich umgehend die Frage nach Ursache und Wirkung: Waren die Probanden jeweils auf einem Gebiet besser, weil ihr Gehirn zufällig in den dafür erforderlichen Bereichen mehr Platz aufwies? Oder war umgekehrt die Expansion in der Denkstube eine Folge des intensiven Trainings?

Die Folgen des Lernens

Es sind vor allem Umwelteinflüsse, auf welche die Neuronen reagieren, wie eine Forschergruppe um Bogdan Dranganski, heute am Wellcome Trust in London, Gerd Kempermann und Arne May eindeutig feststellen konnte. Der Mediziner und seine Kollegen suchten sich 24 im Durchschnitt 20 Jahre alte Freiwillige, allesamt unbeleckt in der Kunst des Jonglierens, und ließen die Hälfte von ihnen mit drei Bällen üben. Dreimal vermaßen die Forscher daraufhin, ob das motorische Lernprogramm Auswirkungen auf das Gehirn zeigte: das erste Mal vor Beginn der Übungen, dann nachdem die Probanden in der Lage waren, die Bälle mindestens 60 Sekunden lang in der Luft kreisen zu lassen sowie schließlich drei Monate nach Abschluss der Trainingsstunden. Dabei trat zutage, dass sich bei den jonglierenden Probanden Bereiche in der grauen Masse des Denkorgans vergrößert hatten, die mit der Handlungskontrolle und der Bewegungskoordination zusammenhängen. In der Fachsprache bezeichnet der Begriff der grauen Masse nicht das Gehirn als solches, sondern jene Gebiete darin, in denen die Zellkörper der Neuronen sitzen – im Gegensatz zur weißen Masse, in der ihre Faserverbindungen verlaufen. Stellten die Probanden anschließend drei Monate lang jegliche Jonglieraktivität ein, hatte dies zur Folge, dass sich die Verdickungen der grauen Masse wieder zurückbildeten. Daraus lässt sich schließen: Areale, die nicht benötigt werden, baut das Gehirn ab. Vermutlich würden sie nur unnötig Energie verbrauchen.

Ganz ähnliche Ergebnisse erbrachte die Arbeit einer weiteren Gruppe um Draganski mit 38 Medizinstudenten. Die Forscher untersuchten den Ärztenachwuchs jeweils dreimal mit einem Hirnscanner: drei Monate bevor sie ihre Zwischenprüfung ablegten, am ersten oder zweiten Tag nach dem Examen sowie drei Monate später. Die im Universitätsjargon als Physikum bezeichnete Prüfung ist unter den Hochschülern berüchtigt, denn darin wird erstmals nach zweijährigem Studium das umfangreiche Wissen aus der Anatomie und der Physiologie des Menschen sowie aus den Grundlagenfächern Biologie, Chemie, Physik und Biochemie abgefragt. Wer den Mammuttest halbwegs sicher bestehen will, sollte mindestens drei Monate am Schreibtisch sitzen und büffeln – Begabung hilft dabei nicht.

Wohl auch aus eigener leidvoller Erfahrung sahen Draganski und seine Kollegen darin eine ideale Voraussetzung, um die Wirkung extremen Lernens auf das Gehirn junger Erwachsener zu untersuchen. Die Veränderungen, die dabei zutage kamen, waren frappierend. Nicht nur der rückwärtige Teil des Hippocampus war bei den Studenten durch den Drill vergrößert, sondern auch am seitlichen Hinterkopf gelegene Bereiche des Großhirns, die mit der Bildung des Langzeitgedächtnisses zusammenhängen. Die Veränderungen betrafen außerdem jene Areale, die mit der Speicherung von visuellen Informationen im Kurzzeitgedächtnis beschäftigt sind. Überraschenderweise setzte sich das Wachstum des Hippocampus sogar noch fort, nachdem die Studenten bereits monatelang nicht mehr intensiv gepaukt hatten. Die Forscher führten dies darauf zurück, dass mit dem Wegfall des Prüfungsstresses nach dem Examen das Gehirn versäumtes Wachstum gleichsam nachholte.

Der Umbau im Gehirn

Umwelteinflüsse verändern das Gewebe im Kopf auf eine materielle, physikalische Art und Weise. Dies steht nach zahlreichen Befunden fest. Aber was genau passiert dabei und wie? Im Hippocampus wachsen neue Nervenzellen heran und versuchen, sich mit den bereits bestehenden zu verknüpfen. Dies konnten, wie im vorangegangenen Kapitel geschildert, zahlreiche Forschungsarbeiten untermauern. In den anderen Regionen des Großhirns ist dagegen dieser Prozess der

Neurogenese bisher nicht nachgewiesen. Das muss zwar nicht endgültig bedeuten, dass es außerhalb der Gedächtnispforte keine Neubildung von Zellen gibt. Doch machen die Hirnforscher im Rest des Oberstübchens bislang eher Veränderungen der bereits bestehenden Neuronen und ihres Verzweigungs- wie Verschaltungsmusters für die zu beobachtenden Umgestaltungen verantwortlich.

Wenn ein Schüler zum Beispiel neue Vokabeln lernt oder ein Medizinstudent Fachbegriffe des menschlichen Körpers sich einbläut, so knüpft das Gehirn die dafür nötigen Verschaltungen immer stärker und baut so den Gedächtnisweg aus. Beim Wiederholen des Stoffs wird aus dem kleinen Trampelpfad nach und nach sozusagen eine Autobahn, auf welcher die Informationen reibungslos verkehren und über die im Nu das Eingespeicherte wieder abgerufen werden kann. Von dem Ausbau der Gedächtnisautobahn zu sprechen, ist nur ein Notbehelf. Weitaus zutreffender ist es, festzustellen, dass sich die auf dem beteiligten Nervenstrang liegenden Synapsen effektiver aneinanderkoppeln. Daneben entstehen aber auch immer wieder neue Synapsen, wenn Informationen gespeichert werden sollen – so hört sich der Vorgang in der Sprache der Hirnforscher an.

Diese Vorgänge hatte der kanadische Psychologe Donald Hebb (1904–1985) im Prinzip bereits im Jahr 1949 vermutet. Neuronen, welche zusammen feuern, verschalten sich auch miteinander, formulierte er, von den Pawloschen Experimenten zur Konditionierung von Hunden animiert. Damit stellte er die nach ihm benannte Hebbsche Regel auf. Einige Jahre später, 1966, entdeckten Wissenschaftler schließlich das Phänomen der Langzeitpotenzierung (LTP). Damit ist gemeint, dass die Verbindung zwischen zwei Nervenzellen stärker wird, wenn beide gleichzeitig mit schwachen elektrischen Impulsen gereizt werden. Von Anfang an erkannten die Neurobiologen darin einen grundsätzlichen Mechanismus, der für die verschiedensten Formen des Lernens verantwortlich sein kann.

Einer der nächsten Meilensteine in der Gedächtnisforschung ist mit dem Namen Eric Kandel von der Columbia University in

New York verbunden. Der 1929 in Wien geborene und mit seiner Familie vor den Nazis geflohene »Wiener Jud'«, wie er sich selbst bezeichnete, war der erste, der den molekularen Mechanismen des biologischen Speichers im Kopf auf die Spur kam. Für den Wissenschaftler war sein Arbeitsgebiet stets sehr eng mit der eigenen Geschichte verbunden. Als kleiner Junge musste er rassistische Anfeindungen erleben, die schließlich in der Vertreibung aus der Heimat mündeten. Die unauslöschliche Erinnerung an diese schrecklichen Ereignisse und sein Lebenswerk verschränkten sich miteinander und verdichteten sich so zu seiner Bildungsgeschichte, deren Anfänge er in den ersten Kapiteln seiner Biografie *Auf der Suche nach dem Gedächtnis* sehr lebendig schildert.

Kandels Eltern betrieben ein Koffer- und Spielzeuggeschäft in der Kutschkergasse 31 im 18. Bezirk Wiens. »Herrmann Kandel«, stand in großen Lettern an der Fassade, »Spiel Sport Galanterie u Lederwaren«. Die Wohnung lag in der Severingasse, 9. Bezirk, und dort spielte der junge Eric mit einem batteriebetriebenen, ferngesteuerten Modellauto, das er sich sehnlichst gewünscht und zu seinem 9. Geburtstag am 7. November endlich zum Geschenk bekommen hatte – zwei Tage vor den Pogromen, die als »Reichskristallnacht« in die Geschichte eingingen. »Ein schönes, blau glänzendes Gefährt. Mit großem Vergnügen und wachsendem Selbstvertrauen bediene ich das Steuer.«

Am frühen Abend des 11. November kündigt sich mit einem Hämmern an der Wohnungstüre das Unheil an. »Noch heute habe ich das Bummern im Ohr«, schreibt Kandel. Draußen stehen zwei »Nazi-Polizisten«, welche die Familie anweisen, die Wohnung umgehend zu verlassen. Der Vater ist nicht nach Hause gekommen und bleibt auch die nächsten Tage weg. Die Mutter mit Eric und seinem fünf Jahre älteren Bruder Ludwig werden zu Unbekannten gesteckt, und der fremde Hausherr macht auf den damals 9-Jährigen großen Eindruck. Er trägt ein üppig verziertes Nachtgewand und eine »Vorrichtung auf der Oberlippe, die seinen Schnurbart in Form hält«.

Einige Tage später dürfen die Kandels zurück in die Severingasse, doch die Wohnung ist verwüstet. Alle Wertsachen sind entwendet, der Pelzmantel der Mutter, ihr Schmuck, das Silberbesteck, die Tischwäsche aus Spitze und, zur größten Enttäuschung des Jungen, »mein schönes blaues Auto mit der Fernsteuerung«. Im ganzen Land ist nichts mehr so, wie es zuvor gewesen war, aber das nimmt der Junge nur peripher wahr. Es folgt ein Jahr der Einschüchterungen und Demütigungen, bevor zunächst die Kinder, schließlich auch die Eltern die Nazi-Diktatur verlassen und nach New York übersiedeln durften. Er habe zwar nur ein Jahr unter der NS-Herrschaft gelebt, betont Kandel fast entschuldigend, dennoch »wurde diese Zeit meines Lebens durch die Bestürzung, Demütigung und Angst, die ich damals empfand, prägend für mich«. Das Interesse daran, wie der Geist funktioniert und wie Erinnerungen dauerhaft bestehen können, all dies habe seine Wurzeln in den Erlebnissen während und nach der Pogromnacht in Wien.

In den USA wollte Kandel zunächst Historiker werden. Ihm ging es darum zu verstehen, »wie ein Volk, das in dem einen Augenblick seinen Sinn für Kunst und Musik bewies, im nächsten barbarische Handlungen von unfassbarer Grausamkeit begehen konnte«. Dann wandte er sich dem Gehirn direkt zu, und über die Psychoanalyse führte der Weg des Immigranten schließlich in die Molekularbiologie. Wo seit der Entdeckung der DNA-Struktur durch James Watson und Francis Crick ein stabiles wissenschaftliches Fundament existierte, fühlte er sich wohler. Zwar waren seine Arbeiten weit von der komplexen Frage entfernt, was Menschen zu Massenmördern und Gräueltätern macht. Für seinen Verdienst, Mechanismen der Erinnerung aufgeklärt zu haben, aber wurde er im Jahr 2000 mit dem Nobelpreis für Medizin ausgezeichnet.

Die biologische Lernmaschine

Kandels Versuchstier war eine Meeresschnecke namens Aplysia. Das Weichtier besitzt ein sehr übersichtliches Gehirn mit nur 20 000 Neuronen. Trotz dieser winzigen Menge verknüpfen sich die Zellen zu einem funktionierenden Nervensystem, das einfache Formen des Kurzzeit- und Langzeitgedächtnisses hervorbringt. Das heißt, die Tiere lernen, indem sie sich etwa an Dauerreize gewöhnen, außerdem lassen sie sich sensibilisieren und wie Pawlowsche Hunde konditionieren.

Kandels Arbeiten und diejenigen seiner Kollegen zeigten vor allem eines: Wenn an der Membran einer Aplysia-Nervenzelle ein Aktionspotenzial entsteht und die Spannung von 0,12 Volt in einer blitzartigen Entladung weiterwandert, dann ist der Transport von Information dabei nur der eine, nämlich der rasche Teil des Geschehens. Langfristig gesehen hat der Datenfluss gleichsam einen Nebeneffekt. Er führt dazu, dass Gene im Zellkern aktiviert werden, die schließlich an der Ausbildung neuer Synapsen beteiligt sind. Auf diese Weise ändert sich wiederum die Informationsverarbeitung.

Die Aktionspotenziale stehen am Anfang einer fein abgestimmten Kaskade von Signalen, die wie ein Räderwerk ineinandergreifen – auch wenn keineswegs alle Details erforscht sind. Die elektrischen Salven lassen Ionen des Minerals Kalzium über spezielle Kanäle in das Innere des Neurons strömen. Die geladenen Teilchen wirken wie ein Signal und aktivieren weitere Kanäle in der Zellwand. Dadurch wird die Nervenzelle leichter erregbar, und das Tier erkennt einen unmittelbar zuvor gelernten Reiz einfacher wieder. Andererseits lässt das Kalzium über verschiedene Zwischenschritte die Konzentration eines Moleküls namens zyklisches Adenosin-Monophosphat (cAMP) ansteigen. Dieses wirkt wiederum über einige Zwischenschritte bis in den Kern der Nervenzelle, wo ein Protein mit dem Namen CREB (die Abkürzung steht für cAMP responsive element binding protein) aktiviert wird. CREB erteilt daraufhin den Befehl, dass im Zellkern bestimmte Gene abgelesen und so die Produktion von Proteinen angekurbelt werden. Diese führen am weit entfernten anderen Ende der Nervenfaser sowohl zur Stärkung bestehender Synapsen als auch zur Bildung neuer Kontaktstellen.

Da jede Nervenzelle nur einen Kern besitzt, jedoch im Durchschnitt mehrere Hunderttausend Synapsen, haben die Forscher nunmehr eine neue Nuss zu knacken, nämlich das sogenannte »Transportproblem«: Woher kann der Zellkern »wissen«, welche der weit draußen liegenden Synapsen trainiert wurden und mit welcher Adresse somit die produzierten Proteine zu versehen sind? Vermutlich hat die Natur diese logistische Aufgabe mit molekularen Fähnchen gelöst. Die Umbau-Eiweiße gelangen nur an diejenigen Endpunkte, welche die entsprechenden Markierungen tragen – all das ist im Augenblick Gegenstand intensiver Grundlagenforschung.

Was die Praxis angeht, so lässt sich sagen, dass Lernen tatsächlich ein materieller Vorgang ist. Wer sich eine Geheimzahl oder eine Telefonnummer einprägt, der greift in den Stoffwechsel seiner Nervenzellen ein und sorgt dafür, dass in deren Kernen Gene aktiviert werden. Ein für die jeweilige Aufgabe maßgeschneidertes Programm kommt in Gang, welches die Zelle und schließlich die für die zu bewältigende Aufgabe benötigten Teile des Gehirns gezielt verändern.

Der große Gegensatz zwischen Anlage oder Umwelt, der über Jahrhunderte die Wahrnehmung der Forscher prägte und ihre Diskussionen anheizte, lässt sich hinsichtlich von Erfahrungen und Lernen genauer erklären: Einflüsse aus der Umwelt aktivieren die für einen Lernvorgang nötigen Abschnitte der DNA, die zuvor weniger aktiv oder ganz still waren. Dies führt zum materiellen Umbau der Verbindungen zwischen den Zellen. Das Gehirn passt sich den gemachten Erfahrungen an.

Lernen funktioniert nur in dem gegenseitigen Wechselspiel der beiden großen Einflussfaktoren Nature und Nurture. Das Gehirn besitzt, um das englische Wortspiel fortzuführen, eine spezielle Nature for Nurture, ein Faible für Einflüsse aus der Umwelt. Und was den Forscherstreit betrifft: Beide Parteien hatten und haben Recht, was jedoch niemanden weiterbringt. Denn alle zusammen stehen sie nun vor einer neuen Aufgabe. Sie besteht darin, die Details dieses Wechselspiels aufzuklären.

Ferner lässt sich aus der Molekularbiologie der Nervenzellen ableiten, dass Lernen die Lernfähigkeit verbessert. Haben sich Verbindungen bereits einmal verstärkt, so fällt es später leichter, darauf aufzubauen. Wer sich anfangs schwertut und glaubt, er könne Namen oder Gesichter nie behalten, der wird darin, wenn er sich bemüht, immer besser. Wer zum Beispiel beginnt, Vögel zu beobachten, und am Anfang gerade mal einen Star von einem Raben und einem Habicht zu unterscheiden vermag, der wird mit der Zeit immer mehr Details wahrnehmen. Sein Wissen wird sich einerseits immer stärker verzweigen, gleichzeitig wird es ihm möglich werden, die Fakten untereinander zu vernetzen.

Das Zwei-Photonen-Mikroskop

Neuerdings können Hirnforscher sogar die Verknüpfungsmaschinerie des Gehirns bei ihrer Arbeit beobachten. Mithilfe der einzigartigen Zwei-Photonen-Mikroskopie gelang tatsächlich der Nachweis, dass neue Reize nicht nur bei Schnecken oder Insekten, sondern auch im Gehirn von Mäusen neue Synapsen heranwachsen lassen. Die von dem Heidelberger Medizinforscher Winfried Denk erfundene Technik erlaubt es, einen halben Millimeter tief in lebendiges Nervengewebe hineinzuschauen, ohne es dabei zu zerstören. Die Sichtweite mag in der Alltagswelt gering anmuten, ist jedoch riesig in dem Mikrokosmos, in dem sich biologische Systeme eingerichtet haben. Auf den Platz, den fünf nebeneinander gelegte menschliche Haare einnehmen, passen in der Regel mehr als 50 Nervenzellen. Durch einen Blick in das Zwei-Photonen-Mikroskop können die Wissenschaftler sogar die Fortsätze der Nervenfasern, die möglichen Veränderungen auf ihrer Oberfläche sowie das Auswachsen von Synapsen direkt beobachten. So erfassen sie gleichsam am lebenden Gewebe, wie sich das Netzwerk der Neuronen unter Umwelteinflüssen verändert.

»Es ist wie ein Fenster ins Gehirn, das faszinierende Möglichkeiten eröffnet«, schwärmt Tobias Bonhoeffer vom Max-Planck-

Institut für Neurobiologie bei München. Seine Begeisterung für die Zwei-Photonen-Technik hat nicht nachgelassen, obwohl er sich ihrer bereits jahrelang bedient. Zusammen mit seiner Arbeitsgruppe gelang es Bonhoeffer, die anatomischen Abläufe beim Lernen der Neuronen darzustellen. Demnach lassen neue Reize tatsächlich die Zahl der Kontaktstellen zwischen den Zellen anschwellen – und zwar ganz massiv. Zunächst bilden sich sehr feine Beulen aus. Diese wachsen zu Strukturen heran, die einen Stiel und ein Köpfchen besitzen und aussehen wie ein Waldpilz. Die Fortsätze sprießen schließlich ganz gezielt auf die möglichen Empfangspforten anderer Neuronen zu.

Wie sich das Neuronennetzwerk verschaltet

Auch zur Frage, wie viel Zeit Lernen auf der zellulären Ebene benötigt, erlaubt das neue Photonenmikroskop nunmehr klare Aussagen. Die Sequenzen aus dem Mäusegehirn zeigten, dass es nach dem Eintreffen eines neuen Reizes nur wenige Minuten dauert, bis aus einem Neuron ein Pilz, der Vorläufer der Synapse, austreibt und schließlich an der nächsten Zelle andockt. Während der folgenden acht Stunden bleibt die physikalische Verbindung indes noch stumm, das heißt, es strömen keine Informationen darüber. Erst danach entscheidet sich das weitere Schicksal der noch zarten Fühlungnahme: Trifft der ursprüngliche Reiz erneut ein, stärkt sich der Kontakt immer mehr, und schließlich werden über ihn Daten transportiert. Nach 15 bis 19 Stunden beginnt dieser Prozess. Andernfalls bildet sich die anatomische Struktur wieder zurück. Etwa 24 Stunden nach dem Lernreiz haben sich die Pilze in komplett ausgebildete und funktionsfähige Synapsen verwandelt. Erst diese nehmen ihre Arbeit auf und haben gute Chancen, die nächsten Tage oder Wochen zu überleben.

Davon, wie Zellen lernen, lässt sich einiges fürs Studierzimmer mitnehmen. Wer seine eingepaukten Inhalte beherrschen will, der tut gut daran, mit dem Stoff mindestens 24 Stunden vor einer Prüfung fertig zu sein. Vor und nach Ablauf der Tagesfrist sollte jeweils noch eine Wiederholungsschleife eingelegt werden. Das eine gibt den »Beulen« Zeit, die Auswüchse hervorzubringen. Das andere hilft ihnen dabei, sich fest zu verknüpfen und in eine fertige Synapse zu verwandeln. Ansonsten laufen sie Gefahr, als überflüssig identifiziert und von der natürlichen Schere entfernt zu werden – das Lernen wäre vergebens gewesen.

Eine unbegrenzte Existenzgarantie scheint es für die biologischen Schalter zur Datenverarbeitung aber nicht zu geben. Die Verbindungen sind zerbrechlich und befinden sich in einem ständigen Auf- und Abbau. Diejenigen, die nicht mehr benötigt, sprich: benutzt werden, verschwinden, andere entstehen neu und verfestigen sich, und zwar dann, wenn Informationen darüber fließen – wie die Analysen mit dem Photonenmikroskop ganz deutlich ergaben. »Zum ersten Mal konnten wir live beobachten, wie das Gehirn beim Lernen seine Verschaltung ändert«, freut sich Bonhoeffer.

Wie das Neuronennetzwerk eine Physikformel, die neue Französischvokabel oder den Jahrestag des Vandalensturms auf Rom memoriert, darauf lassen die Versuche keine Rückschlüsse zu. Die Forscher verwenden nämlich als Stimulus noch keine natürlichen, also im Gehirn real vorkommenden Reize, sondern simulieren diese mit Stößen schwachen elektrischen Stroms von hoher oder niedriger Frequenz. Außerdem blicken sie nicht direkt in den Kopf ihrer Versuchstiere, sondern nehmen große Verbände von Neuronen heraus, indem sie das Denkorgan in Scheiben zerteilen und das so erhaltene Gewebe in einer Nährlösung im Bedarfsfall über Wochen hinweg am Leben erhalten. So bleiben die Zusammenhänge im Dunkeln, wie sich ein natürlicher oder physiologischer Lernreiz, zum Beispiel das Einprägen des Passworts 4W3z21, in ein bestimmtes räumliches Muster von Synapsen der daran beteiligten Neuronen übersetzen würde. Und wie schließlich ein geringfügig geänderter Reiz, das verwandte Passwort 4W3z22, zu einer veränderten Ausrichtung dieses Musters führen würde. Der Memorycode, wenn man dies denn so nennen will, bleibt noch aufzudecken.

Die Anatomie des Verlernten

Die Arbeitsgruppe um Bonhoeffer konnte belegen, dass Spuren von Lernvorgängen im Gehirn erhalten bleiben, selbst wenn sie lange zurückliegen. Die Neuronen kappen zwar die ungenutzten Verbindungen untereinander und die Köpfchen der »Pilze« bilden sich zurück. Doch auf der Oberfläche der Zellen bleiben die winzigen Stile bestehen. Es handelt sich dabei gleichsam um Hinweise dafür, dass hier einmal Informationen geflossen sind. Im Bedarfsfall können diese Gebilde weitaus rascher wieder zu Synapsen erweitertet werden, als wenn sie aus dem Nichts neu entstehen müssten. Dies sei, betont Bonhoeffer, die physiologisch-zelluläre Grundlage für das Phänomen, schnell wieder in ein Thema oder alte Bewegungsabläufe hineinzukommen, das jeder schon einmal erlebt hat.

Ein guter Skifahrer, der lange nicht mehr auf den Brettern gestanden hat, wird sich zunächst ungelenk bewegen, vielleicht häufiger stürzen, als er es ehemals tat. Schließlich aber wird er viel schneller als ein Anfänger das frühere Körpergefühl wieder entwickeln. In dem Kopf des versierten, aber aus der Übung gekommenen Sportlers werden die Dornen wieder austreiben, funktionierende Kontakte knüpfen und so das einst fest geknüpfte Muster an Verbindungen erneut herstellen. Der Skifahrer wird schnelle Fortschritte machen und nach einem halben Tag beinah so über den Hang wedeln, als hätte es die Jahre der Abstinenz dazwischen nicht gegeben. »Frühere Erfahrungen sind im Gehirn niedergelegt«, erklärt Bonhoeffer.

Ähnliches passiert bei zahlreichen erlernten Fähigkeiten, die vorübergehend nicht mehr gebraucht werden. Wer die englische Sprache einst ganz passabel beherrschte, wird darüber stolpern, dass ihm beim Auslandsaufenthalt plötzlich die Worte fehlen. In der neuen Umgebung kommen ihm diese aber umgehend wieder in den Sinn. Das Klavierspielen, die Namen von Studienfreunden oder früheren Arbeitskollegen, einmal perfekt auswendig rezitierte Gedichte – der Mensch vergisst, kann aber dank der verbliebenen Dornen auf den Neuronen alte Inhalte wieder aktivieren.

Das Gedächtnis und das Ich

Das räumliche Muster der Synapsen, die Stärke ihrer Verbindungen untereinander, die verbliebenen Dornen auf den Neuronen – dies alles zusammen ist nicht nur dann von eminenter Bedeutung, wenn es etwa in der Schule darum geht, Prüfungen zu bestehen oder wenn neue berufliche Herausforderungen zu meistern sind. Gedächtnis bedeutet viel mehr als nur das Wissen um die Fakten, wo die Brille liegt, wie der PIN-Code fürs Handy lautet oder wann genau der Hochzeitstag ist. Es besitzt weit mehr Eigenschaften, als nur gut oder schlecht zu sein. Es macht, dies ist keineswegs übertrieben, den Menschen erst zum Menschen.

Nur ein paar Beispiele: Keine körperliche Betätigung, von Sport ganz zu schweigen, nicht einmal das Sitzen oder das Gehen auf zwei Beinen wäre möglich, wenn es keine Neuronennetze gäbe, in denen die Bewegungsprogramme gespeichert sind. Im entscheidenden Moment steuern sie die einzelnen Fasern der Muskulatur so gezielt an, dosieren die entwickelte Kraft so genau, dass die Person eine Pirouette drehen, gehen oder auch nur eine bestimmte Haltung einnehmen kann. Bei jeder Art von Motorik ist dieses prozedurale Gedächtnis aktiv, indem es gespeicherte Bewegungsprogramme abruft und so für die Gegenwart verfügbar macht. Bei geübten Sportlern, etwa Fußballspielern, Turmspringern oder Hürdenläufern ist es besonders ausgebildet, es vermag die kompliziertesten Abläufe in Windeseile zu befehligen.

Die Wahrnehmung würde nicht funktionieren, besäße der Mensch nicht die Begabung, bestimmte Objekte zu kategorisieren und einem Grundtyp zuzuordnen, also zu speichern. Ein Glas ist ein Glas, weil es bestimmte Eigenschaften besitzt, die ein Mensch kennt. Diese perzeptuelle Spielart des Gedächtnisses hilft einem, die Gesichter der Freunde, eine Uhr oder eine Bushaltestelle zu identifizieren.

Das autobiografische oder episodische Gedächtnis schließlich speichert die Geschehnisse des eigenen Lebens. Das Archiv im Kopf ist gleichsam die Schnur, auf der die Erlebnisse des Ich aufgereiht werden, um in der Summe einen Lebenslauf zu ergeben. Das Bild vom Archiv ist indes in einem Punkt nicht ganz treffend: Das episodische Gedächtnis ist fehlbar, denn es produziert keine Abbilder der Wirklichkeit oder speichert Gesprochenes wie die Festplatte eines Computers.

Das Gedächtnis lässt unbedeutende Erlebnisse passieren, wie ein Sieb das Nudelwasser. Was aber mit starken Gefühlen verbunden ist, hält es zurück. Das klassische Beispiel dafür sind die Anschläge vom 11. September 2001 auf die beiden Türme des World Trade Centers in New York. Jeder weiß, was er gemacht, gedacht oder gespürt hat, als die Bilder von den Anschlägen im Fernsehen zu sehen waren. Dies stellten Forscher übrigens auch bei Alzheimer-Patienten fest, die ja bekanntlich unter Einschränkungen ihres Gedächtnisses leiden. Die Erlebnisse der Tage vor und nach diesem einschneidenden Ereignis aber haben sie aus dem Gedächtnis verloren.

Gefühle bilden Leuchttürme, die deutliche Orientierungspunkte im zumeist belanglosen Erlebnisstrom setzen. Dies hat auch für das Lernen eine enorme Bedeutung. Das Lächeln eines einen Rat erteilenden Freundes, die Situation vor und nach einem Unfall, das Glück aufgrund einer verstandenen Physikformel, ein befreiendes »Aha«-Erlebnis oder ein anderer sinngebender Einblick in die Weltenordnung – kurzum alles, was mit einen Schuss Gefühl verbunden ist, schreibt sich besonders gut in das Gehirn ein. Das ist der Grund, warum das Heraufbeschwören emotionaler, fantasievoller Bilder eine so wirkungsvolle Merktechnik darstellt. Wenn Lady Di, die Königin der Herzen, das fleischfressende

Monster T-Rex umarmt, so ist das so absurd, dass das Bild unvergesslich bleibt.

Die Funktionen des Gedächtnisses sind damit aber noch keineswegs umfassend beschrieben. Es ist darüber hinaus ganz unmittelbar mit dem Gefühl der Zeit verbunden, das uns ständig begleitet. Ausdrücke wie »vor drei Monaten«, »gestern«, »heute«, »vor fünf Minuten« und »morgen« sind nur möglich, weil das Gedächtnis einen Korridor bereitstellt, in dem Erlebnisse oder Planungen geordnet ihren Platz finden. Das Erinnerungsvermögen verankert das Ich in Zeit und Raum.

Wissenschaftler statt Musiker

Die Erinnerungen sind nicht *in* den Neuronen abgelegt, sondern zwischen ihnen, nämlich in dem Netzwerk, das sie untereinander aufgespannt haben. Und wenn Tobias Bonhoeffer die Geschichte erzählen kann, wie er selbst ein renommierter Forscher statt Musiker wurde, dann deswegen, weil die Erlebnisse, die dazu führten, einst in dieses Muster der Synapsen eingeschrieben wurden. Sein Gehirn hat sich seinen Erfahrungen entsprechend ausgestaltet.

Der heutige Max-Planck-Direktor ist der Sprössling einer bildungsbürgerlichen Familie, die Galton mit Wonne in seine Sammlung der Gelehrtenstammbäume aufgenommen hätte. Der Großvater seiner Mutter war der Komponist Ernst von Dohnányi (1877–1960), den die Musikhistoriker als »ungarischen Brahms« bezeichnen. Im Jahr 1902 wurde dessen Sohn Hans geboren, der später Christine Bonhoeffer heiratete, eine Schwester des Theologen und Widerstandskämpfers gegen die Nazis Dietrich Bonhoeffer. Beide, Dietrich und Hans, wurden 14 Tage vor Kriegsende von den Nazis ermordet. Hans hinterließ zwei Söhne: den früheren Ersten Bürgermeister von Hamburg Klaus von Dohnanyi sowie den Dirigenten Christoph von Dohnanyi. Nach Tobias' Großvater Karl Friedrich ist das heutige Max-Planck-Institut für Biophysikalische Chemie in Göttingen benannt. Vater Friedrich wiederum war ebenfalls ein renommierter Neurobiologe und bei der Max-Planck-Gesellschaft tätig, nämlich dem Institut für Entwicklungsbiologie in Tübingen.

Der junge Tobias stand vor der Alternative: Musiker oder Wissenschaftler? Bis zum Alter von 16 Jahren war er sich nicht darüber im Klaren, in welche Richtung es gehen sollte. Er übte zwei Stunden täglich klassisches Klavier, sein Bruder, der heute Berufsmusiker ist, Cello. Dass er schließlich das andere Ziel erwählte, schreibt er dem Vorbild seines Vaters zu. »Ich habe den Beruf des Naturwissenschaftlers stets sehr positiv erlebt«, erinnert er sich seiner Bildungsgeschichte. In Tübingen wohnte die Familie nahe am Institut, und so begleitete der Filius den Papa ins Labor, wenn dort auch am Sonntag eine Arbeit nicht warten konnte. Während der Vater seine Aufgaben erledigte, trieb sich der Sohn in den Räumen herum, stattete dem Tierstall einen Besuch ab oder schaute durchs Mikroskop. Er sei dabei auf keinerlei bedeutende Menschheitsfrage gestoßen, betont Tobias bescheiden, die heute seine Neugier treibe. »Es war nur einfach so, dass es für mich zur normalsten Sache der Welt wurde, mich in Laborräumen aufzuhalten.« Sie wurden sein berufliches Zuhause.

Eine segensreiche Tortur

Wie stark sich das Gehirn verändern kann, in welchem Umfang es sich an neue Bedingungen anpasst, ob sich die Lernfähigkeit des Menschen im Verlauf des Lebens verändert – das sind Themen, die immer mehr Neurowissenschaftler faszinieren. Immer wieder berichten Ärzte in Fachartikeln voller Staunen zum Beispiel von Patienten, deren Kopfinhalt größtenteils aus Flüssigkeit besteht, die aber dennoch ein normales Leben als Beamter oder Familienvater führen. Beim Wasserkopf oder Hydrocephalus kann Hirnflüssigkeit nicht abfließen und drückt so die Neuronenmasse an den inneren Schädelrand. Äußerlich muss das nicht auffallen, weder im Verhalten noch in den kognitiven Leistungen. Manchmal klagen die Patienten über Kopfschmerzen, Schwindel oder Schwierigkeiten beim Gehen. Wollen die konsultierten Mediziner der Sache auf den Grund gehen, offenbart meist erst der MRT eine frösteln machende Leere im Kopf: Wie die Schale einer vertrockneten Zitrone sieht die verbliebene Hirnmasse aus. Doch das Organ ist so geschmeidig, dass es noch auf dem kargen Randplatz ordentlich funktioniert.

Bei der Therapie nach Schlaganfällen oder anderen Hirnverletzungen setzen Neurologen mittlerweile ganz gezielt auf die Plastizität im Oberstübchen. Ist zum Beispiel ein Arm weitgehend unbeweglich geworden, weil die ihn steuernden Neuronen im Großhirn durch eine Unterversorgung mit Sauerstoff zerstört worden sind, so greifen sie zu einer gut gemeinten Folter: Die Mediziner legen zusätzlich die gesunde Hand still, indem sie diese in eine Schlaufe mit eine Art Fäustlingshandschuh daran stecken und so fixieren. Dadurch ist der Patient gezwungen, verstärkt seine beschädigte Seite zu benutzen, statt sie schicksalhaft der Lähmung zu überlassen. Der Betroffene wird geheißen, Gläser zu heben, Dinge aufeinanderzustapeln, am Abakus zu rechnen oder mit Legosteinen kleine Modellhäuser zu bauen. Statt den Nichtgebrauch zu vertiefen, wird beherzt der Wiedergebrauch gelernt.

Diese Neurorehabilitation wird mit dem Fachbegriff *constraint-induced* bezeichnet. Sie hatte bisher bei 95 Prozent der damit betreuten Patienten durchschlagenden Erfolg. Wer mindestens drei bis sechs Stunden am Tag über zwei Wochen hinweg zäh übt und den Schwierigkeitsgrad dabei sukzessive steigert, wird am Ende mit einem Wunder belohnt, das eigentlich keines ist: Er wird seine einst gelähmte Extremität wieder deutlich besser bewegen können, ob nun zum Zähneputzen, Kaffeekochen oder um seine Lieben zu herzen. Nach diesem Zeitraum sollte das Üben gleichwohl nicht eingestellt werden. Die Fortschritte kommen zwar künftig langsamer, aber sie hören nicht auf. Um nicht wieder in den alten Trott zu verfallen, erhalten Patienten bei ihrer Entlassung einen Handschuh ohne Schlaufe. Denn die größte Schwierigkeit besteht darin, die Besserungen der Klinik mit nach Hause zu nehmen, also in den Alltag zu integrieren.

Wie Studien mit mehreren Hundert Probanden bestätigten, regen die auferlegten Behinderungen das Gehirn zu umfangreichen Renovierungsarbeiten an. Zum einen übernehmen Neuronen, die an eine geschädigte Region angrenzen, die bislang dort geleisteten Aufgaben. Ein Phänomen, wie es auch bei erblindeten Menschen beobachtet wurde. Zum anderen scheint es in einem zum Beispiel durch die Folgen eines Schlaganfalls zerstörten Bereich zur Neubildung von Nervenzellen zu kommen.

Einer der Pioniere auf dem Gebiet der Rehabilitation, der Neurologe Edward Taub von der University of Alabama in Birmingham, berichtet in seinen Untersuchungen von einer »erheblichen Zunahme« der grauen Substanz. Ursache ist seiner Überzeugung nach Neurogenese, obgleich die Neubildung der Nervenzellen bisher nur im Hippocampus eindeutig nachgewiesen ist. »Wir haben Hinweise, die nahelegen, dass die Zunahme auf die Bildung neuer Nervenzellen zurückzuführen ist«, versichert Taub. Verantwortlich dafür sind vermutlich die bisher von der Mehrheit der Forscher sträflich missachteten Gliazellen – darüber mehr im nächsten Kapitel.

Die Behinderungstherapie feiert heute auf den verschiedensten Gebieten Erfolge. Sie hilft Menschen, die aufgrund eines Schlaganfalls ihre Sprechfähigkeit eingebüßt haben, genauso wie jenen, die an Multipler Sklerose erkrankt sind. Außerdem profitieren davon Schüler mit einer Lesestörung (Dyslexie) sowie US-Soldaten, die im Irakkrieg schwere Hirnverletzungen erleiden mussten. »Und das Schönste ist: Noch nach jahre- und jahrzehntelangem Nichtgebrauch kann die Constraint-Induced-Therapie zu einer deutlichen Verbesserung der Schädigungen im Gehirn führen«, berichtet Taubs deutscher Kollege Thomas Elbert vom Lurija-Institut für Gesundheitsforschung und Rehabilitationswissenschaften an der Universität Konstanz. Die angeborene Lernfähigkeit des Gehirns scheint mithin kein Zeitlimit zu kennen.

Vom Gehirnjogging zum kognitiven Training

Wer manisch Kreuzworträtsel löste, systematisch die Geburtstage der im Deutschen Bundestag vertretenen Politiker paukte oder keinen Termin mit der Skat- oder Doppelkopfrunde versäumte, der galt früher höchstens als ein bisschen exaltiert. Für die Forschung waren solche Zeitgenossen eher uninteressant. Doch die Zeiten haben sich gewandelt: Heute untersuchen die Wissenschaftler in zahlreichen Projekten zum Beispiel, wie sich eine fortdauernde geistige Aktivität oder ein sozial aktiver Lebensstil auf die kognitive Leistungsfähigkeit und das Gehirn auswirkt.

Es gilt, einen ganzen Wust an offenen Fragen zu klären. Etwa wie sich das Niveau gesunder, junger Leute oder Erwachsener durch Übung am besten anheben lässt. Oder inwiefern typischen Erscheinungen des Alterns entgegenzuwirken sein könnte.

In den letzten Jahren hat sich das kognitive Training, bisher salopp als Gehirnjogging bezeichnet, von einem exotischen Hobby in eine Aktivität verwandelt, welche für die Volksgesundheit eine kaum zu unterschätzende Bedeutung hat. Nur noch eine Frage der Zeit scheint es zu sein, bis die Krankenkassen manchen ihrer Patienten die Kosten für das Gehirntraining erstatten – oder zumindest die Bevölkerung in großen Werbekampagnen dazu ermuntern, ihre grauen Zellen täglich und systematisch anzuregen.

Fortwährende geistige Betriebsamkeit kann dabei helfen, im Job wie im Alltag konzentrierter und schneller zu sein und sich die wichtigen Dinge besser merken zu können. Dafür sind nicht nur die Gedächtnisakrobaten mit ihren Extremleistungen ein lebendiges Beispiel. Zahlreiche Studien belegen mittlerweile die starke Trainierbarkeit des Arbeitsgedächtnisses, also des Vermögens, gleichzeitig viele Fakten im Kopf parat zu haben. Eine Studie des Berner Psychologen Walter Perrig und seiner Mitarbeiter wies nach, dass sich mit Arbeitsgedächtnisübungen selbst die Intelligenz steigern lässt – und belegte damit erstmals, dass ein Transfer zwischen verschiedenen Disziplinen möglich ist. Die Befunde wurden im Kapitel »Schneller, besser, reicher – IQ« vorgestellt.

Auch normale Menschen, die sich dem Regime eines Trainings unterwerfen, können profitieren, wie eine große Studie mit 1884 Probanden belegte, welche die Psychologin Karlene Ball von der University of Alabama in Birmingham 2006 publizierte. Die Freiwilligen absolvierten zwischen 1998 und 2004 ein sechswöchiges Programm, um das Gedächtnis, das Argumentationsvermögen und die Verarbeitungsgeschwindigkeit zu verbessern. Dabei kam zutage, dass ein solches Training nicht nur funktionierte, sondern in gewissen Grenzen auch generalisierbare Auswirkungen hatte. Wer zum Beispiel das Gedächtnistraining im Rahmen des Programms betrieben hatte, schnitt auch bei allgemeinen Aufgaben zur Erinnerungsfähigkeit besser ab. Überraschenderweise zeigten sich positive Effekte auch dann noch, als ein Teil der Versuchsteilnehmer fünf Jahre später noch einmal getestet wurde. Auf das Alltagsleben allerdings schienen sich die Übungen nicht positiv auszuwirken. Die Probanden vergaßen nicht etwa seltener, was sie vorhatten einzukaufen oder welchen Termin sie wo wahrnehmen wollten. Ob dies immer so ist oder daran liegt, dass die richtigen, alltagsrelevanten Übungen noch nicht gefunden wurden, ist bisher ungeklärt.

Selbst bei Demenzerkrankungen wie etwa Alzheimer oder Parkinson scheint Gehirntraining indes von Nutzen zu sein. Erste Untersuchungen liefern durchaus Hinweise, dass gezielte Übungen die Symptome dieser Leiden lindern oder gar ihren Ausbruch verzögern können. Untersuchungen des US-Neurowissenschaftlers Michael Merzenich von der University of California in San Francisco deuten darauf hin, dass selbst Patienten mit Schizophrenie profitierten, indem sich ihre Symptome linderten.

Mediziner und andere Gesundheitsexperten gehen davon aus, dass derartigen sanften Therapien, also solchen, die frei von Nebenwirkungen sind, künftig eine große Bedeutung zukommt. Dies begründet allein die Zahl derjenigen, die Einschränkungen ihrer Gehirnleistungen verschmerzen müssen. Schon heute leben in Deutschland schätzungsweise 1,6 Millionen Menschen mit Gedächtnisstörungen, die Mehrheit älter als 50 Jahre. Rund 1,2 Millionen Alzheimer-Kranke leiden an schleichendem Erinnerungsverlust. Die Zahl der Betroffenen wird sich Vorhersagen zufolge bis zum Jahr 2030 verdoppeln – als eine Konsequenz der zunehmenden Alterung der Gesellschaft. Bis zum Jahr 2030 werden nach Prognosen des Statistischen Bundesamtes 28 Millionen über 60-Jährige in Deutschland leben, 38 Prozent mehr als heute. Der Anteil der über 80-Jährigen wird gar um 78 Prozent auf 6,3 Millionen anwachsen.

Eine neue Volksbewegung

In der Bevölkerung scheinen die Zeichen der Zeit registriert worden zu sein. Nichts fürchten laut Umfragen die Deutschen so sehr wie geistigen Verfall. Doch anders als frühere Generationen sind heutige junge Alte nicht mehr bereit hinzunehmen, was die Jahre an Einschränkungen mit sich zu bringen drohen. Es gehört zu den Tugenden der Moderne, Entwicklungen infrage zu stellen, welche früher als natürlich akzeptiert wurden. Das beginnt damit, dass, wer seine Jugend verlängern, gesünder leben will, Sport treibt, um Bauchumfang, Fettanteil oder Body-Mass-Index zu kontrollieren – noch vor wenigen Jahren war das Fachchinesisch, inzwischen gehört es zum Allgemeingut. Zusätzlich steht heute unter Beobachtung, ob das Oberstübchen richtig tickt. Das kollektive Selbstkonzept ist im Begriff, sich zu wandeln. Es entdeckt das Gehirn, seine Gesundheit und sein Leistungsvermögen als Objekt.

»Die meisten Menschen betrachten ihre Vergesslichkeit spätestens, wenn sie 50 sind, mit anderen Augen«, gab Alternsforscher Gene Cohen von der George Washington University in einem Gespräch mit einer Journalistin der US-Tageszeitung *New York Times* zu Protokoll. »Mit 25 denkt sich niemand etwas dabei, wenn er einmal die Schlüssel verlegt«, erklärt Cohen. »Wenn jemandem das

Gleiche im Alter von 50 oder darüber passiert, hebt er die Augenbraue.« Den Verdacht, im Gehirn könnte ein Defizit sich etablieren, dessen Auswirkungen man schon bei Oma oder Opa beobachten musste, wird man nach diesem Vorfall nicht mehr so schnell los. Und richtig ist doch, nagen die Gedanken weiter, dass es kein Verfahren gibt, um den Ausbruch von Alzheimer frühzeitig zu diagnostizieren. Und eine Therapie fehlt ebenfalls, nicht wahr?

Cohen beobachtete, dass Menschen nicht selten überzogen reagieren und in jeder Unachtsamkeit oder Geistesabwesenheit sogleich das Symptom eines geistigen Verfalls vermuteten, hinter dem womöglich sogar eine schwerwiegende Erkrankung stecke. So landet, wer rätselnd vor dem Geldautomaten steht, das Handy erst gar nicht und dann im Kühlschrank wiederfindet oder mit dem Auto ins Büro gefahren ist, aber am Ende des Arbeitstages den Zug oder Bus nach Hause nimmt, rasch im Hirnscanner, um, bitte dringend!, nachsehen zu lassen, ob dort oben noch alles normal sei. Der nächste Schritt besteht für gewöhnlich darin, sich einmal umzusehen, was dazu angetan sein könnte, die grauen Zellen zu kräftigen.

Ein boomender Markt

In den USA hinterlässt diese Haltung der Generation der »Baby Boomer« deutliche Spuren auf dem Markt. Das lässt sich anhand der Umsatzzahlen für Gehirnjogging-Software oder konventionell gedrucktes Material illustrieren. Rund 225 Millionen US-Dollar setzten die Hersteller im Jahr 2007 um. Das ist nichts im Vergleich zu den 16 Milliarden US-Dollar, die die Amerikaner jährlich allein für eine Mitgliedschaft im Fitnessclub ausgeben. Doch der Markt für kognitives Training wächst zurzeit mit einer Rate von 50 Prozent pro Jahr, sodass die Hersteller für 2015 bereits mit Umsätzen von 2 Milliarden US-Dollar kalkulieren. Von wenigen Euro für ein Programm bis mehreren Hundert – die an den Schläfen ergrauenden Kunden haben die Qual der Wahl, wollen sie ihre Sehnsucht nach Jugend stillen.

Nintendo entwickelte für seine Taschenkonsole DS ein Trainingsmodul namens *Dr. Kawashimas Gehirn-Jogging* und vermarktete es mit der Schauspielerin Nicole Kidman. Bevor die Übungen beginnen, ermittelt das Programm zunächst das geistige Alter des Benutzers – und provoziert ihn so gehörig. Denn natürlich liegt dieses um Jahre oder gar Jahrzehnte über dem biologischen Alter. Das ist ungefähr so attraktiv wie Tränensäcke, aber immerhin leichter zu korrigieren und außerdem – wie sich nach wenigen Sitzungen mit der Konsole zeigt – verringert sich die Kluft recht bald. Am anderen Ende der finanziellen Skala ist eine Software der Firma »Posit Science« anzutreffen, an deren Entwicklung der Hirnforscher Merzenich beteiligt war. Das Produkt kostet in den USA bis zu 500 US-Dollar, ist in Deutschland noch nicht auf dem Markt, wird aber von einer Gruppe um den Konstanzer Psychologen Thomas Elbert im Augenblick ins Deutsche übertragen und geprüft. Zwischen diesen beiden Extremen stößt der nach Stärkung im Oberstübchen strebende Verbraucher auf ein genauso buntes wie unübersichtliches Angebot von Rätselheften, CD-ROMs oder mit Werbung verknüpften Aufgabensammlungen im Internet. Stellt sich nur die Frage: Treten die versprochenen Segnungen ein?

Fraglicher Verbraucherschutz

Dass die Denkfähigkeit massiv trainierbar ist, daran besteht kein Zweifel. Das bekräftigt auch der Neurowissenschaftler und Geschäftsmann mit Beteiligung an Posit Science Michael Merzenich: »Wir haben etwa 12 bis 15 Jahre gute Laborwissenschaft vorliegen. Diese zeigt, dass wir Gehirne in eine korrigierende Richtung dirigieren können. Das Denkorgan ist massiv plastisch, wenn es sich mit den richtigen Dingen beschäftigt. So gut wie alles kann verbessert werden.« Das Gedächtnis, die Aufmerksamkeit, die Verarbeitungsgeschwindigkeit und vieles mehr lassen sich mit Training steigern. Unbestritten ist ebenfalls, dass sich die Leistung in einer Aufgabenart erhöht, wenn diese öfter absolviert wird. Die weiter oben schon einmal aufgeworfene Frage ist allenthalben: Besitzt das Training eine generell stärkende Wirkung oder hilft es nur in der exerzierten Disziplin? Und: Lassen sich Fortschritte bei den Übungen in den Alltag transportieren – oder bleiben sie ganz auf die Aufgaben beschränkt?

Die Antworten sind schwammig und unübersichtlich. In ihrem Marketing setzen die Anbieter allesamt auf die Aura des Wissenschaftlichen. Gleichzeitig achten sie aber darauf, diesen Bogen nicht zu überspannen, in ihren Aussagen mithin nicht allzu konkret zu werden. Da heißt es etwa, die Übungen würden die normale Gehirnfunktion stärken oder ihren Rückgang bremsen, der mit dem Alter unausweichlich verbunden sei. Klare und spezifizierte Angaben zur erforderlichen Trainingszeit, zu den Auswirkungen in den verschiedenen Disziplinen und der Zahl der untersuchten Probanden sucht der Verbraucher allerdings vergebens.

Merzenich fordert angesichts der undurchsichtigen Lage, dass jedes Trainingsprogramm nach den strengen Standards evaluiert werden sollte, die auch für Medikamente in klinischen Versuchen gelten. Viele deutsche Psychologen schließen sich den Forderungen an. Dies setzt zum Beispiel eine ausreichende Fallzahl an Probanden voraus. Beteuert ein Hersteller, das Training habe in Studien eine signifikante Verbesserung erreicht, verschweigt aber, dass nur zehn Freiwillige daran teilgenommen haben, eine Kontrollgruppe womöglich sogar fehlte, so ist das unseriös. Gleiches gilt, wenn die Studienergebnisse nicht in einem Medium veröffentlicht wurden, das den Prozess des sogenannten Peer-Review pflegt. Hierbei beurteilen Experten anonym die Stichhaltigkeit der angewandten Methoden und der auf den gewonnenen Ergebnissen basierenden Schlussfolgerungen einer Forschungsarbeit. Schließlich sollten Aussagen zu Transfereffekten gemacht und untermauert werden. Dies bedeutet: Wer die betreffenden Aufgaben absolviert hat, der sollte nicht nur darin besser werden, sondern auch in allgemeinen Tests, welche die entsprechende Disziplin, also etwa Aufmerksamkeit und Arbeitsgedächtnis, überprüfen. Diese Fortschritte sollten auch im Alltag überprüfbar sein.

Wenn die Angaben bislang nicht gemacht würden, liege das nicht daran, dass die kommerziellen Anbieter und die mit ihnen kooperierenden Forscher nicht wüssten, worin gute wissenschaftliche Sitte bestünde. Was fehle, sei der Wille und das Geld, die entsprechenden Untersuchungen mit hohen Fallzahlen aufzusetzen. Eine klinische Studie koste Millionen von Euro – je nach Aufwand bis in den dreistelligen Bereich hinein. Und solange weder die Verbraucher noch die Aufsichtsbehörden die entsprechenden Nachweise verlangten, mangele es den Anbietern offenbar an der rechten Lust, diese Summen auszugeben.

Nicht einmal Kritiker Merzenich hält sich an die von ihm selbst formulierten Anforderungen. Das Posit-Programm haben zwar bisher mehr als 500 über 65-Jährige absolviert. Das stellt die bislang größte Teilnehmerzahl an einem kommerziellen Training dar. Die Übungen, welche sich stark auf die Verbesserung der Sinneswahrnehmung konzentrieren, steigerten die Verarbeitungsgeschwindigkeit und das Gedächtnis. Die Probanden berichteten außerdem von Erleichterungen in ihrem Alltagsleben. Doch waren die Effekte in Zahlen nicht wirklich überzeugend: Einen statistischen Wert von 0,25 geben die Autoren an. Das ist eher schwach, scheint aber Merzenich nicht zu kümmern. Der Neurowissenschaftler spricht unverdrossen von einem »sehr großen Effekt« seines Programms. Zudem bedient er gekonnt die Sehnsucht seiner Klienten nach Jugendlichkeit. Die Ergebnisse würden eine Verjüngung des Gedächtnisses um 11,2 Jahre bedeuten, wie Merzenich beteuert.

Umgekehrt vertreten manche Wissenschaftler den Standpunkt, man müsse nicht jedes Spiel mit dem denkbar höchsten Aufwand evaluieren. Gehirntraining mache Spaß und schädlich sei es außerdem keinesfalls – für den Verbraucher bestehe also kein Grund, sich zu sorgen. Das ist, der Einwand sei erlaubt, die gestrige Sicht. Auch wenn es spielerisch benutzt wird, so ist Gehirntraining weitaus mehr als ein Spiel. Es hat ernst zu nehmende Auswirkungen, welche die Effekte einer medizinischen Therapie erreichen und womöglich in Zukunft sogar teilweise ersetzen. Dies unterscheidet ein Training ganz grundsätzlich von einem kosmetischen Produkt, bei dem so gut wie alles erlaubt ist, was keinen Schaden anrichtet.

Ein Nachteil ist bereits dann entstanden, wenn der Verbraucher für gutes Geld ein Produkt erwirbt, für seine Anwendung Zeit investiert und trotz des doppelten Einsatzes nicht das davon hat, was ihm versprochen wurde beziehungsweise was er erwarten darf. Vielleicht hätte ein besseres Produkt die Aufmerksamkeit des älteren Autofahrers tatsächlich gesteigert und so dazu beigetragen, dass er Gaspedal und Bremse nicht verwechselt – der Tod eines Passanten hätte womöglich vermieden werden können. Die Hersteller sollten sich rasch auf Grundsätze einigen und diese umsetzen, ansonsten wären die gesetzlichen Aufsichtsbehörden aufgerufen, für transparente Regelungen zu sorgen.

Widerlegte Lebensregeln

Ein alter Hund lernt keine neuen Tricks, lautet ein Sprichwort. Mit steigendem Lebensalter ist ein Rückgang der Leistungen verbunden. Die Sinne büßen Schärfe ein, das Gedächtnis lässt nach, die Muskeln verlieren ihre Spannung, die Koordination wird unsicherer, das Hirnvolumen geht zurück, die Gefühle verflachen, die Reaktionszeiten verschlechtern sich. Derartiges gehört zum alltäglichen Erfahrungsschatz. Dennoch ist Altern durchaus gestaltbar, denn die Lernfähigkeit des Gehirns bleibt sehr lange erhalten. So mag das Sprichwort auf den Vierbeiner zutreffen, nicht jedoch auf seinen Halter.

Das Jonglieren mit drei Bällen ist zum Beispiel eine Fertigkeit, die auch 60-Jährige erwerben können, wie eine Arbeitsgruppe um den Neurologen Arne May vom Universitätsklinikum Hamburg-Eppendorf zeigte. May haben wir bereits oben kennen gelernt, er war beteiligt an dem Experiment, das die Jongleurskunst junger Erwachsener und deren Auswirkungen auf das Gehirn untersuchte. Für diese zweite Studie ließen die Forscher 69 Frauen und Männer, allesamt unerfahren im Jonglieren und zwischen 50 und 67 Jahre alt, drei Monate lang täglich üben. Danach und noch einmal drei Monate später untersuchten sie das Gehirn der Freiwilligen im Magnetresonanztomografen. Die betagteren Damen und Herren lernten zwar nicht so leicht wie die jugendliche Vergleichsgruppe aus der früheren Studie. Nur zehn beherrschten es, die Bälle über eine Minute hinweg in der Luft zu halten, 15 schafften zwischen 40 und 60 Sekunden – die Studie macht allerdings keine Angaben darüber, wie intensiv und regelmäßig die Teilnehmer tatsächlich geübt hatten.

Im Gehirn indes zeigten sich Veränderungen, die mit denjenigen bei den 20-jährigen Probanden vollkommen vergleichbar waren. Die graue Masse im Hippocampus hatte sich in der Trainingsgruppe vergrößert, dort waren nun offenbar mehr neue Zellen vorhanden beziehungsweise zumindest die Blutgefäße zu deren Versorgung. Zur Überraschung der Wissenschaftler waren die für Bewegungskontrolle und die Koordination verantwortlichen Areale unverändert geblieben. Dagegen war das Volumen eines Gebietes namens Nucleus accumbens angestiegen. Dabei handelt es sich um ein Zentrum, das mit dem Belohnungssystem in Zusammenhang steht und speziell die Motivation zur Bewegung vermittelt. »Im Alter sollten die Leute nicht weniger, sondern mehr tun, um ihre Fähigkeiten zu erhalten«, schließen May und Kollegen daraus.

Sehr vielversprechend sind auch Befunde, von denen Sherry Willis von der State University of Pennsylvania und ihre Active-Studiengruppe berichten. Die Psychologen untersuchten die stattliche Anzahl von 2832 Personen im Durchschnittsalter von 73,6 Jahren. Sie trainierten die Probanden in zehn Sitzungen für je 60 bis 75 Minuten und in je drei verschiedenen Disziplinen: Gedächtnis, Argumentationsvermögen und Verarbeitungsgeschwindigkeit von Informationen. Dabei ergaben sich verschiedene Effekte: Die betagten Probanden waren ohne Zweifel trainierbar, das kognitive Training verbesserte die kognitiven Leistungen. Außerdem hatte ein Teilgebiet, nämlich die Schulung des Argumentationsvermögens, sogar positive Auswirkungen auf den Alltag. Und schließlich: Die Trainingseffekte hielten sogar bis zu fünf Jahre nach den ersten Sitzungen beziehungsweise späteren Wiederholungssitzungen vor.

Wie schon die Ergebnisse von Fred Gage und Gerd Kempermann aus dem letzten Kapitel zeigten: Alter als solches ist nicht der limitierende Faktor für strukturelle Plastizität im Gehirn. Wer sich bemüht, der kann das Niveau junger Menschen erreichen und diese sogar übertreffen – Gunther Karsten, Jahrgang 1961, macht es erfolgreich vor.

Der Pionier des körperlichen Denktrainings

Der Denksportler ist gleichsam ein Botschafter der neuen Ära des körperlichen Denktrainings. Die Erkenntnisse der Neurobiologie, dass in einem trainierten Leib ein gesünderer Geist wohnt, nimmt Karsten als Motivation. Dreimal pro Woche, manchmal öfter, betreibt der mehrmalige Weltmeister intensiven Ausdauer- und Kraftsport. Er trainiert zu Hause auf dem Ergometer oder auf dem Crosstrainer, geht ins Fitnessstudio, um Gewichte zu stemmen, spielt Fußball in einer Altherrenmannschaft oder trifft sich mit Freunden zu einer Partie Tennis – je nachdem, ob gerade die Schulter, das Knie oder die Wade zwickt. Man ist ja nicht mehr der Jüngste.

In letzter Zeit ergänzt er die Ertüchtigungen mit meditativen Übungen. Sie sollen dem Patentübersetzer helfen, seine Konzentrationsfähigkeit zu verbessern und Versagensängste, zum Beispiel beim Wettkampf, abzubauen. »Durch Gedächtnistraining allein ist für mich nicht mehr viel steigerbar, da habe ich ein Plateau erreicht«, erklärt er und fährt ganz im Duktus eines Sportprofis fort: »Für mich ist es darum wichtig, dass ich im richtigen Moment meine Leistung abrufen kann. Angstgefühle blockieren die Erinnerung.« Dafür betreibt er einen Yoga-Stil, dessen Schwerpunkt auf Atemübungen und Entspannung liegt.

Direkt vor einem Wettbewerb steht das Gehirntraining sogar relativ weit unten auf der Liste der täglichen Aufgaben. Vielmehr achtet Karsten an diesen Tagen besonders auf eine ausgewogene Ernährung, nimmt viel Gemüse, Obst und Fisch zu sich, verzichtet auf tierische Fette und auf Alkohol. Wie ein Boxer, der auf die Waage muss, bevor er in den Ring steigen darf, achtet der Gedächtnismeister peinlich genau darauf, dass er bis zum Tag X seine 77 Kilo »Kampfgewicht« erreicht hat. Bei einer Größe von 1,85 Meter entspricht es dem Idealgewicht. Anders als so mancher Boxer schlägt Karsten zwischen den Wettkämpfen kaum über die Stränge und nimmt meist nur wenige Kilo zu.

Warum lebt jemand derartig diszipliniert für einen Weltmeistertitel, von dem die meisten Menschen nichts gehört haben und der nicht einmal den Lebensunterhalt erstreitet? »Es ist eine Weltanschauung«, erläutert er und verweist auf seine Konkurrenten, von denen einige den Begriff Training keineswegs so umfassend verstehen wie er selbst. Ben Pridmore etwa, Jahrgang 1976, hält nichts von Sport und einer strengen Diät, um die Denkleistungen zu verbessern. Der Brite verlässt sich ganz auf seine Mentaltechniken, liebt Fastfood, trägt ein Schlabberbäuchlein vor sich her und wirkt mit seinem ungezügelten Bartwuchs im Gesicht wie der Gegenentwurf zu Karsten.

Doch der Erfurter ist überzeugt, dass ihn sein Körper bei seinen Triumphen im Denksport geholfen hat. Daheim auf seinem Ergometer gelingt es ihm regelmäßig, einen neuen Weltrekord für »gesprochene Zahlen« aufzustellen. Dabei verkündet eine Computerstimme jede Sekunde eine Ziffer zwischen null und neun, von denen sich der Merkakrobat so viele in der richtigen Reihenfolge in sein Arbeitsgedächtnis einzuprägen hat wie nur irgend möglich. Der Weltrekord in dieser Übung liegt bei 188 Ziffern, und

Karsten berichtet, er verfehle ihn, solange er am Schreibtisch sitze. Auf dem Ergometer hingegen, bei Puls 130, schaffe er es regelmäßig, 200 und mehr »gesprochene Zahlen« zu memorieren.

Wer ihn bei einem Wettkampf beobachtet, der kann sich kaum des Eindrucks erwehren, dass ihn nur strenge Disziplin diese überragenden Leistungen vollbringen lässt. Karsten ist nicht mehr weit von seinem 50. Geburtstag entfernt, er ist sowohl national als auch international der älteste Teilnehmer im Feld. Neben und hinter ihm sitzen junge Männer und Frauen, zumeist noch nicht 20 oder wenig darüber, deren Vater er sein könnte und deren Mentor er nicht selten ist.

»Ich bin der Grund, dass die meisten jungen Leute dort antreten«, berichtet er. Seine Schultern sind die eines Riesen, sozusagen.

Kapitel 7

Zahlensinn und Sprachinstinkt

Vinh Bui Thanh ist ein Künstler in seiner Disziplin. Die Finger seiner linken Hand huschen flink über die Tastatur, W, A, S, D, Umschalten, Leertaste, Springen, Laden, Gehen, Schleichen, Zurückziehen, dass es nur so klappert. Mit der Rechten bedient er die Maus, die wirklich gut in der Hand liegt, und vollführt auf seiner großen Unterlage feine Zielbewegungen oder ruckartige Zuckungen. Er muss rasch schießen, und er muss genau zielen oder seine Figur eine Kehrtwende beschreiben lassen, um in eine Straßenflucht zurückzuspähen. Ein Gegner könnte dort auftauchen, um Ninja, so sein Spielname, auszuschalten.

Vinh ist in einem Vorbereitungsspiel. In Kürze beginnt der Liga-Betrieb im »Counterstrike«, und sein Team, »Mystical Lambda«, dessen Kapitän Vinh ist, tritt gegen »Mousesports« an, eine der besten Mannschaften der Welt. Fünf gegen fünf, Angreifer gegen Verteidiger in wechselnden Rollen, die Spieler sitzen irgendwo verteilt in Deutschland, Hamburg, Mannheim, Frankfurt, Berlin, an ihren Computern und sind über Internet miteinander verbunden.

Der Student der Wirtschaftsmathematik hat es sich in seiner Münchner Studentenbude in einem großen rustikalen, schon etwas auseinandergehenden Ledersessel bequem gemacht. Seine Finger fliegen. Vinh zielt und schießt, späht und hüpft. W, A, S, D, Umschalten, Leertaste, unaufhörlich. Aus seinem Kopfhörer mit den großen Muscheln dringen Stimmen, Schüsse, Rattern. Über sein Mikrofon erteilt er Anweisungen, wer sich wohin in diesem Computerdorf bewegen soll, das aussieht wie eine verlassene Gemeinde in Mittelitalien. »Gut gemacht!«, ruft Vinh, oder: »Sehr schön!«, wenn einer seiner Mitspieler einen Erfolg meldet.

Dann springt an einer Häuserecke eine Figur im sandfarbenen Tarnanzug hervor. Ninja und der andere schießen. Der Horizont stellt sich senkrecht, die Perspektive sinkt auf die Straße und der Bildschirm wird schwarz – alles ganz schnell.

»Okay, ich bin out«, verkündet Vinh ruhig in sein Mikrofon, ganz ohne Bedauern. Die Tastatur macht drrd, als er flink einen Satz eintippt.

»Counterstrike« ist nicht das, was sich Eltern als Beschäftigung für ihre Kinder wünschen – Jugendliche und junge Erwachsene spielen es trotzdem oder vielleicht gerade deswegen. Anfangs, mit elf, zwölf Jahren, durfte Vinh nur eine Stunde pro Woche an den Computer, unter der Bedingung, so erzählt er, dass die Noten in der Schule nicht darunter litten. Das war kein Problem, da er, 1987 in Hanoi, Vietnam, geboren und seit seinem dritten Lebensjahr in Deutschland lebend, ein Musterschüler war und speziell in Mathematik seinem Jahrgang immer voraus. Heute spielt er wöchentlich fünf bis zehn Stunden, was wenig ist im Vergleich zum Spitzenteam »Mousesports«, dem heutigen Gegner. Deren Mitglieder sind Profis, üben drei bis vier Stunden täglich. Sie ziehen sich regelmäßig in ein Trainingslager zurück, wo sie auch räumlich zusammen sind und es das ganze Wochenende nur um das eine geht: spielen. Dafür erhalten sie Geld von ihrer Liga, monatlich rund 2000 Euro – Bonuszahlungen und Siegprämien nicht eingerechnet.

Ein Gewaltspiel?

Den Kapitän von Mystical Lambda konnte daher die Niederlage von acht zu sechzehn nach einer guten dreiviertel Stunde Schleichen und Schießen nicht überraschen. Wer mehr trainiert, wird besser sein. Dass »Counterstrike« ein Gewaltspiel sei, will Vinh aber nicht gelten lassen. Natürlich gehe es dabei um Schnelligkeit, doch mit dem Auf- oder Abbau von Aggression habe es nichts zu tun. Es schule das taktische Verständnis und das Miteinander in einer Gemeinschaft. Die fünf Spieler müssen sich nach einem gemeinsamen Plan bewegen, als Einzelkämpfer hätten sie sofort verloren. Fast immer kennen sie sich persönlich und besprechen ausführlich die positiven und negativen Aspekte einer Partie übers Internet. Wissenschaftliche Studien gestehen Computerspielen ebenfalls positive Effekte zu. US-Forscher fanden heraus, dass sie das strategische und räumliche Denken sowie den Teamgeist fördern. In einer kontrollierten Studie waren spielende Chirurgen gar fingerfertiger als ihre nicht spielenden Kollegen. Andererseits ist wissenschaftlich noch immer nicht entschieden, ob die Spiele die Aggressionsbereitschaft steigern.

Kaum jemand weiß hingegen, dass die Szene nach festen sozialen Regeln funktioniert. Jeder hat sich vor Beginn eines Wettstreits pünktlich am Internetserver anzumelden, wenn nicht, wird das ganze Team bestraft. Betrüger, sogenannte »Cheater«, sind streng geächtet, die Liga verlangt gar obligatorisch den Einsatz spezieller Schutzprogramme bei jedem Spiel. Und wenn sich jemand aus einem Spitzenteam eine neue Maus zulegt, dann macht die Nachricht davon schnell die Runde, und alle kaufen sich das gleiche Utensil – vielleicht kann man damit ja tatsächlich genauer zielen und noch schneller schießen. Dabei dauert es, wie Vinh betont, einige Wochen, bis ein Spieler gelernt hat, mit einer neuen Maus umzugehen.

Wenn manche Videospiele dennoch in einem zweifelhaften Ruf stehen, so liegt das nicht nur an Robert Steinhäuser, der 2002 in Erfurt Amok lief und »Counterstrike«-Spieler war, oder an den schrecklichen Vorfällen in Winnenden. Neutrale Beobachter, Eltern zumal, können sich einfach nicht vorstellen, dass ein junger Mensch vom lärmenden Schießen, dem Werfen von Rauchbomben und dem Ausschalten der Gegner, und sei es nur im Computer, unbeeinflusst bleiben kann. Das tut es auch nicht, doch ist das Gehirn in der Adoleszenz, so heißt die Phase des Heranwachsens zwischen Kindheit und Erwachsenendasein, mit demjenigen eines vollständig der Jugend entwachsenen Menschen nicht zu vergleichen. Denn es befindet sich noch mitten in der Entwicklung. Das Gefühlszentrum verliert zum Beispiel in der Pubertät gut ein Drittel der Rezeptoren für das sogenannte Glückshormon Dopamin. Dies hat zur Folge, dass die Jugendlichen nun Erlebnisse, etwa mit ihren Eltern, langweilig finden, die sie zuvor noch mit Freuden genossen haben. Um die gleiche Erregung zu verspüren, verlangt ihr Gehirn nach immer schrilleren Reizen – was Beobachter als Gier nach Sensationen und emotionaler Aufmerksamkeit deuten.

Neben den Umbauten in den Gefühlszentren betrifft die Reifung auch Hirnbereiche für das kognitive und das soziale Denken. Verantwortlich dafür ist nicht nur die Geburt junger Nervenzellen oder das Entstehen neuer Verbindungen zwischen ihnen, sondern in gleicher Weise ein dritter Mechanismus, dem Hirnforscher bisher kaum Beachtung geschenkt hatten: die sogenannte Myelinisierung. Dabei wickeln sich stark fetthaltige Zellen wie ein Pfannkuchen um die Fortsätze der Nervenzellen. Diese sind die »Kabel«, welche die Informationen über weite Strecken transportieren, etwa vom Gehirn über das Rückenmark an die Muskeln. Aufgrund der Fetthülle erscheinen sie bei Tageslicht hell, deswegen erhielt dieses Gewebe die Bezeichnung weiße Masse. Ihr gegenüber steht die graue Masse. Dort sind die Zellkörper der Neuronen sowie ihre Synapsen angesiedelt.

Nicht nur die Ammen der Neuronen

Dass diese als »graue Zellen«, die es anzustrengen gelte, zu einem festen Begriff geworden sind, zu einem Synonym für das Gehirn selbst, ist verständlich, aber nur teilweise berechtigt. Hier findet gewiss ein wichtiger Teil der Informationsverarbeitung statt. Aber genauso treffend wäre es, von der »weißen Masse« zu schwärmen und dies als einen Ausdruck für eine rasche Auffassungsgabe oder ein schnelles Kombinieren zu verstehen. Denn, um mit einem Bild zu sprechen, ohne Kabel wäre das Internet genauso wenig denkbar wie ohne Server und Rechner. Dass der Sprachschatz die weiße Masse vernachlässigt, hat seinen Grund in der Hirnforschung selbst.

Die Biologen dachten, die »Nervenpfannkuchen« seien nur für die Isolierung der Fasern untereinander zuständig. Wie die Plastikhülle eines Stromkabels würden sie verhindern, dass sich die Leitungen eines Bündels gegenseitig elektrisch störten. Das trifft zwar zu, ist aber nur ein Teil der Wahrheit, und wie sich herausstellen sollte, der kleinere. Doch vorerst hatten die myelinbildenden Zellen, ihr Name ist Gliazellen, ihren Ruf als Langweiler weg. Gegenüber den Neuronen mit ihrer leicht mess- und manipulierbaren elektrischen Aktivität waren sie einfach nur existent, mehr nicht. Wohl weil ihm keine andere als eine nährende Funktion vorstellbar schien, bezeichnete der einflussreiche Mediziner Rudolf Virchow (1821–1902) die Gliazellen daher als »Kitt« oder »Ammen« der Nervenzellen.

Derlei Vorurteile übernahmen ganze Forschergenerationen, und das hielt sie davon ab, genauer nachzusehen. Die Situation erinnert ein wenig an die Wirkung des Dogmas der nicht nachwachsenden Nervenzellen. Was nicht sein durfte, konnte nicht sein, wobei es im Fall der Gliazellen eher das Desinteresse war, das ein Dazulernen bremste.

Daran änderte im Wesentlichen auch die Entdeckung nichts, dass der Kitt den Datentransport nicht nur ermöglicht, sondern ihn massiv befördert. Um den Faktor 100 beschleunigt sich die Signalleitung einer isolierten Faser im Vergleich zu einer nackten, nämlich von einem auf 100 Meter pro Sekunde, also 360 Stundenkilometer. Kein Nachdenken, wie man es kennt, keine Bewegung und nicht einmal ein rasches Augenzucken wären mithin ohne die Gliazellen möglich. Die errechneten Signale würden vermutlich versanden oder das Gehirn gar nicht erst erreichen. Im besten Fall wäre der Mensch langsam wie eine Schnecke. Die Weichtiere besitzen nämlich keine Glia und müssen deswegen vergleichsweise träge dahinrutschen. Auch zahlenmäßig übertreffen die Glia- die Nervenzellen erheblich, nämlich um den Faktor zehn.

Ihr Dasein als Außenseiter sowohl in der Forschung als auch in der Öffentlichkeit haben die Gliazellen bis heute noch nicht ganz abstreifen können. Seitdem aber Anfang der 1990er Jahre Wissenschaftler auf ihrer Oberfläche elektrisch aktive Kanäle aufspürten, und zwar dieselben, die auch auf Neuronen zu finden sind, wurden sie zu mehr oder weniger heimlichen Stars. Die Gliazellen kommunizieren mit den Nervenzellen, reagieren aber genauso auf deren elektrische Aktivität. Sie beeinflussen die Signalübertragung an den Synapsen und sind an Lernprozessen direkt beteiligt. Die Kontaktstelle bevölkern also nicht nur die Knöpfchen zweier Nervenzellen, sondern als dritte Partei ebenso die Gliazellen. Sie wurden jedoch bisher in allen Lehrbuchdarstellungen kurzerhand als unwichtig unterschlagen.

Die Taktgeber im Gehirn

Die Biologin Magdalena Götz vom Helmholtz Zentrum in München fand heraus, dass Nervenzellen und Gliazellen gar nicht so unterschiedlich sind wie die Aufgaben, die sie erfüllen. Beide Zelltypen entstehen aus den gleichen Vorläuferzellen, und bei Gehirnverletzungen können sich Gliazellen sogar in Stammzellen zurückverwandeln, die sowohl neue Gliazellen als auch neue Nervenzellen hervorbringen. Die Fähigkeit, sich zu regenerieren, ist im Augenblick eines der faszinierendsten Arbeitsgebiete für Forscher – neben der wahrscheinlichen Rolle der Glia bei der Entstehung des Gedächtnisses und des Bewusstseins.

Bei dieser Zellpopulation handelt es sich tatsächlich um einen »Kitt«, wie Virchow einst gewähnt hatte, wenn auch nicht in einem mechanischen, sondern einem informationellen Sinn: Indem sie die Aktivitäten weit auseinanderliegender Neuronenareale synchronisieren, stellen sie überhaupt erst die Einheit der Wahrnehmung und des Bewusstseins her. Formen, Oberflächen, Bewegung und die anderen Sinneseindrücke – alle Eigenschaften von Objekten, zum Beispiel von einer Blume, verarbeitet das Gehirn in unterschiedlichen Zentren. Nur wenn dies koordiniert geschieht, wenn verstreute Netzwerke synchron arbeiten, kann so etwas wie der Gesamteindruck einer Blume entstehen. Verantwortlich dafür ist mutmaßlich das Geflecht der Gliazellen. In der Gedächtnispforte Hippocampus kann eine einzige »Amme« bis zu 140 000 Synapsen beeinflussen. Ihre Aktivität regt unkontrolliert feuernde Neuronen dazu an, synchron Impulse abzugeben, sie optimiert auf diese Weise den Informationsfluss. Nur so kann das Blau einer Kornblume zum Blau auf einer Tapete, zum Blau bei Marc Chagall werden.

»Die Glia macht uns erst zu Menschen«, erklärt George Bartzokis, Neurologe an der University of California in Los Angeles. Nur Wirbeltiere besitzen diese Umhüllung der Nervenfasern, nicht jedoch Weichtiere, wie die schon erwähnten Schnecken oder Insekten. Vom Schimpansen oder Bonobo trennen den Menschen nicht etwa die benutzten Überträgersubstanzen, die Synapsen oder die Art der Neuronen, sondern die Menge an Glia in seinem Gehirn. Er besitzt 20 Prozent mehr davon als seine nächsten Verwandten im Tierreich und 30 Prozent mehr als etwa Nagetiere. Dies steht mit der Produktion und dem Hören der schnellen sprachlichen Signale in Zusammenhang, vermutet Bartzokis: »Der hohe Grad der Myelinisierung im menschlichen Gehirn steht für die hohe Verarbeitungsgeschwindigkeit und die präzise zeitliche Abstimmung, die für alle höheren Denkprozesse ursächlich notwendig ist.« Es ist also nicht nur die hohe Geschwindigkeit an sich, für welche die Hülle aus Myelin den Ausschlag gibt, sondern ebenso das präzise Timing aller neuronalen Prozesse. Dazu kann im Einzelfall auch die gezielte relative Verzögerung eines Signals gehören. Denn die Analyse der Information erfolgt an unterschiedlichen Orten im Gehirn mit verschieden langen Wegen zum nächsten

Zentrum, wo sie jedoch synchron anzukommen hat. So kann es kaum überraschen, dass auch beim Erwachsenen rund ein Drittel aller Fasern nackt bleiben, um den punktuellen Aufschub zu ermöglichen.

Präzise orchestriert dank Myelin

Ob das Reagieren auf einen heranfliegenden Ball oder das Einstudieren der komplizierten Schrittfolgen eines Tanzes – alle körperlich-geistigen Tätigkeiten erfordern das orchestrierte zeitliche Zusammenspiel zahlreicher, teils weit auseinanderliegender Regionen im Gehirn und somit ein präzise darauf eingestelltes Myelin. Umgekehrt verändert Lernen, zum Beispiel das einfache Spielen einer Tonleiter auf dem Klavier, nicht nur Synapsen und Neuronen, sondern auch die ihre Leitungsbahnen umgebende Glia – und zwar in Abhängigkeit von der Übungsintensität, also der elektrischen Aktivität der Zellen. Dies konnte eine Forschergruppe um Sara Bengtsson und ihren Kollegen Frederik Ullén am Karolinska Institut in Stockholm nachweisen.

Die Neurowissenschaftler untersuchten acht professionelle Konzertpianisten im durchschnittlichen Alter von knapp über 32 Jahren und verglichen deren Gehirne mit denen von Nicht-Musikern. Das Gebiet lag insofern nahe, als Ullén selbst Pianist ist. Die Forscher vermaßen die Dichte der Faserbündel im Gehirn mithilfe der Diffusionstensor-Bildgebung. Bei dieser kurz DTI genannten Methode handelt es sich um eine Abwandlung der Magnetresonanztomografie, welche die Bewegung von Wassermolekülen im Gewebe erfasst und so graue und weiße Substanz trennen kann. Gleichzeitig recherchierten Bengtsson und Ullén so exakt wie möglich, wie viel die Musiker in den verschiedenen Lebensabschnitten geübt hatten.

Dabei zeigte sich, dass alle Probanden relativ früh mit dem Klavierspielen begonnen hatten, nämlich im Alter von ungefähr sechs Jahren. Außerdem hatten sie viel gespielt, allerdings mit deutlichen individuellen Unterschieden: Im Mittel 1618 Stunden als Kinder bis elf Jahre (1000 das Trägste, 2200 das Fleißigste), 3200 (1700, 4700) Stunden als Jugendliche bis 16 Jahre und die unglaubliche Menge von 23000 Stunden (13600, 32400) als Erwachsene, als sich die berufliche Entscheidung abzuzeichnen begann oder bereits getroffen war. Dies ist auch dann noch beeindruckend viel, wenn man berücksichtigt, dass sich die Probanden nicht mehr genau erinnerten oder womöglich übertrieben.

Bei der Auswertung stellte sich heraus, dass die Trainingsintensität und das jeweilige Alter in einem direkten Zusammenhang mit der Dicke der Myelinschicht in bestimmten Fasertrakten des Gehirns stehen. Fleißiges Spielen während der Kindheit und der Jugend stärkte zum Beispiel die Verbindung zwischen den beiden Hemisphären, den sogenannten Balken. Dieser ist unter anderem für die Steuerung der Unabhängigkeit der Hände und Bewegungssequenzen relevant. Gefestigt wurden auch die Leitungen, die aus dem Großhirn ins Rückmark hinabführen und die feinen Fingerbewegungen steuern. Gestärkt wurden schließlich auch jene Verbindungen, die zur Verarbeitung akustischer und visueller Reize erforderlich sind. Bei Erwachsenen lag der Schwerpunkt der Auswirkungen dagegen im Stirnhirn, das unter anderem als Sitz der Persönlichkeit eines Menschen, seines Planungsvermögens und seiner Moral gilt. Mithilfe der Methode vermochten die Forscher allerdings nicht zu entscheiden, ob die Fasern jeweils dichter gepackt waren oder stärker mit Myelin ummantelt.

Insgesamt gesehen schält sich folgender Trend heraus, konstatiert Bengtsson: Die meisten Veränderungen im Gehirn gingen mit Training in der Kinder- und Jugendzeit einher, obwohl die Probanden als Erwachsene um ein Vielfaches mehr Stunden am Instrument zugebracht hatten. Das spricht dafür, dass das Myelinsystem gerade dann am leichtesten zu verändern ist, wenn es selbst noch in der Phase der Reifung und des Wachsens begriffen ist. Danach, so hat es den Anschein, ist seine Plastizität herabgesetzt, aber nicht gleich null. In dieses Bild fügen sich Untersuchungen zur Lesefähigkeit bei Kindern: Mehr Myelin in bestimmten Regionen geht bei ihnen mit flüssigem Lesen einher. Ähnlich bei Erwachsenen: Übten sie das Lesen zuvor unbekannter koreanischer Schriftzeichen, so waren positive Veränderungen in ihrer weißen Masse die Folge.

Weiße Masse und Persönlichkeit

Aber nicht allein das Lesen, alle Denkprozesse stehen mit Myelin in Zusammenhang. Bei Kindern im Alter von fünf bis achtzehn Jahren korrelierte eine stärker entwickelte weiße Substanz mit einem höheren Intelligenzquotienten. Umgekehrt waren die Verbindungsfasern der beiden Gehirnhälften bei vernachlässigten Kindern um bis zu 17 Prozent weniger dicht gepackt oder isoliert. Die Menge an Myelin im Gehirn hängt also ganz sicher von den Einflüssen der Umwelt ab. Sie lässt sich aktiv verändern. Sie folgt daneben aber genauso einem natürlichem Prozess, der im Lebensverlauf eine Kurve beschreibt, die einem umgekehrten U gleicht. Bei Neugeborenen sind nur sehr wenige Fasern isoliert. Ihr Anteil erhöht sich grob gesprochen bis zum 30. Lebensjahr, um danach wieder abzunehmen, zunächst langsam und im Alter immer deutlicher.

Wie verschiedene Studien zeigten, verläuft das Myelinprogramm in einer festen zeitlichen Reihenfolge vom Hinterhaupt zur Stirn und geht stets mit einer stark verbesserten Leistungsfähigkeit einher. Zunächst setzt die Reifung beim Kleinkind in denjenigen Regionen ein, welche die Informationen der Sinne verarbeiten. Danach und parallel dazu folgen die motorischen Areale, die Sprachkompetenz der Jugendlichen nimmt zu, die Reaktionszeit erreicht bereits mit 15 Jahren die besten Werte – wenn es auf Geschwindigkeit ankommt, wie etwa bei Computerspielen, sind daher Jugendliche und junge Erwachsene besonders gut. Schließlich, gegen Ende der Pubertät, im Alter von etwa 18 Jahren, reifen die Bereiche hinter der Stirn, deren Ein- und nicht Entfaltung eng mit dem Erwachsenwerden verknüpft sind. Die dort sitzenden Nervenzellen vermitteln emotionale Fähigkeiten, Entscheidungsvermögen und abstraktes Denken. Am Schluss folgen jene Netzwerke, die moralischem Verhalten, dem Bewusstsein der eigenen Persönlichkeit, Verantwortung und dem Bezug des Selbst zur Gesellschaft zugrunde liegen.

Die Achillesferse der Gehirnentwicklung

Die Myelinisierung der einzelnen Regionen des Gehirns setzt nacheinander ein, sie verläuft teils parallel und stetig. Wie Neurologe Bartzokis ermittelte, erreicht die weiße Masse im Stirnlappen erst im Alter von 45 Jahren ihr Maximum, im Schläfenlappen, wo neben anderen sprachliche Fähigkeiten angesiedelt sind, gar noch später. Danach kehrt sich die Entwicklung um, aus Aufbau wird Abbau, und was am Hinterhaupt begann und an der Stirn endete, beginnt nun im umgekehrter Reihenfolge. Die Regionen hinter der Stirn scheinen besonders empfindlich zu sein und verlieren ihre Ummantelung als erste. Später schließen sich die motorischen und die sensorischen Bahnen an. 90-Jährige verfügen über ungefähr dieselbe Menge weißer Masse wie Fünfjährige – bei nicht selten vergleichbaren kognitiven Kompetenzen.

»Myelin ist die Achillesferse der Hirnentwicklung«, schließt Neurologe Bartzokis aus derlei Befunden. Als neue Errungenschaft der Evolution sei die Ummantelung der Nervenfasern noch nicht besonders ausgereift und daher für Störungen anfällig – wie der Prototyp eines Autos sozusagen. Der Ansicht des Arztes nach gehen deshalb eine ganze Reihe von gravierenden Erkrankungen auf Fehler oder Schäden im Myelinsystem zurück. Nicht nur, wie allgemein anerkannt, die Multiple Sklerose, sondern auch Autismus, die Schizophrenie oder Alzheimer. Hinweise dafür gibt es durchaus, doch der endgültige Beweis steht aus.

Was Gesunde angeht, so fällt die erstaunliche Varianz der Werte auf. Wie die Daten demonstrieren, kann ein 25-Jähriger in manchen Bahnen deutlich weniger weiße Masse aufweisen als ein 75-Jähriger und ein 55-Jähriger weniger als ein 65-Jähriger. Die individuellen Unterschiede können offenbar sehr groß sein. Als Ursache kommen Umwelteinflüsse in Betracht. Wer behütet aufgewachsen ist und sein Gehirn trainiert hat, wird dickere Leiterbahnen herangebildet haben. Aber auch genetische Faktoren werden eine Rolle spielen. Aber die Frage nach Anlage oder Umwelt wird in diesem Zusammenhang sehr wahrscheinlich in die Irre führen. Beide stehen sich nämlich nicht in einem Entweder-oder-Verhältnis gegenüber, sondern sind miteinander verschränkt. Die Studie von Bengtsson und Ullén weist in diese Richtung, gleichwohl sind die Befunde für die weiße Masse in dieser Hinsicht noch spärlich. Was indes die graue Masse angeht, also die Zellkörper und Synapsen, so manifestiert sich darin auf das Faszinierendste die gegenseitige Abhängigkeit einer erbgut- und einer umweltgetriebenen Entwicklung.

Die Entwicklung des Nervensystems

Wenn sich der Samen des Vaters und die Eizelle der Mutter zu einem Embryo vereint haben, dauert es ganze vier Wochen, bis die ersten Ansätze eines Gehirns entstehen. Das sogenannte Neuralrohr faltet sich auf und gliedert sich in einen vorderen und einen hinteren Bereich mit den Vorläufern von Denkorgan und Rückenmark. Aus den neuronalen Stammzellen wachsen Nervenzellen in einer atemberaubenden Geschwindigkeit heran. Bis zu 8 000 Einheiten und mehr pro Sekunde beträgt ihre Produktionsrate. Mit ähnlicher Rasanz geht die Verknüpfung der Nervenzellen untereinander vonstatten. Bis zu 1,8 Millionen Synapsen formen sich pro Sekunde in den betriebsamsten Phasen der Entwicklung in der Schwangerschaft. Ist das Gehirn gegliedert, hat sich seine grobe Architektur gebildet, sind seine Bahnen ausgelegt, folgt der bisher einzig und allein genetischen Entwicklung eine Phase, die Aktivität erfordert. Obwohl noch ohne offenen Kontakt zur Außenwelt nimmt das Nervensystem sozusagen erstmals den Probebetrieb auf. Dabei durchlaufen es ganze Gewitter elektrischer Salven.

Für die Neuronen ist es überlebenswichtig, bei diesem Probelauf mit von der Partie zu sein. Zellen oder Synapsen, die nicht an der Aktivität teilhaben, sterben unweigerlich ab, die anderen verknüpfen sich umso stärker. Es handelt sich also um einen Ausleseprozess, der aus der biologischen Evolution bekannt ist. Was nicht überleben kann, verschwindet. Das Gehirn ist in dieser Phase einem Steinrohling vergleichbar, der sich selbst zur Statue umarbeitet. Indem das Stille und damit Überflüssige verwelkt und abfällt, erhält das biologisch Aktive erst seine innere Gestalt. Zusehends und besonders nach der Geburt ersetzen die Signale der Sinne die zunächst grobe Eigenaktivität des Nervensystems. Die Umwelt – und damit ist nun wirklich die Welt da draußen gemeint – stellt die Bedingungen der Auslese bereit und klopft, schnitzt, raspelt und feilt so immer feiner an der Struktur namens Gehirn. Es passt sich auf diese Weise ganz den Erfordernissen der Umgebung an, wächst in sie hinein. Das Neugeborene brabbelt eine oder zwei statt der vielen auf dem Globus verbreiteten möglichen Sprachen.

Wie lange der Aufbau der grauen Masse dauert, ist durchaus umstritten. Bislang dachten die Neurowissenschaftler, dass der Wendepunkt etwa im vierten Lebensjahr erreicht wird. Danach, meinten sie, ginge die Zahl der Synapsen unweigerlich zurück. Neuere Untersuchungen verweisen darauf, dass das Volumen der grauen Masse bis zum Beginn der Pubertät steigt und erst danach sinkt.

In diesen Zusammenhängen, welche die Neurowissenschaftler erst seit Anfang der 1990er Jahre völlig durchschauen, erscheint die Nature-Nurture-Debatte in einem völlig neuen Licht – und wird damit sogleich überwunden: Es erfolgt zunächst eine allein durch genetische Abläufe geprägte Entwicklung. Diese wird anschließend durch Einflüsse aus der Umwelt moduliert und so weit umgestaltet, dass sie auf bestimmte Gegebenheiten passt. Die Anlage liefert das Material, an welchem die Umwelt ansetzt. Diese verändert im Feinen, was das grobe genetische Programm bereitgestellt hat. Ohne das eine wäre das andere sinnlos. Bis zu der Einsicht mussten seit Galtons Diktum *English Men of Science: Their Nature and Nurture* von 1874 weit über 100 Jahre vergehen – und sie kam nicht aus der Psychologie, sondern aus der Neurobiologie.

Die Verschränkung schließt eine entscheidende Rolle der Gene fürs Lernen natürlich nicht aus. Es lässt sich weiterhin argumentieren, dass begabte Menschen Faktoren in ihrem Erbgut besitzen, die dazu führen, dass die Einflüsse aus der Umwelt eben in einer besseren Weise umgesetzt werden als bei den meisten anderen. Die Gene bildeten demnach eine Art Gefäß mit festen Grenzen, also einem Volumen, das sich durch Anregungen zwar füllen lässt, das mehr Anstöße aber nur zum Überlaufen bringt. Eine Parallele gibt es in der Pflanzenwelt: Wenn ein Baum vollständig mit Nährstoffen, Wasser, Licht und Wärme versorgt wird, wächst er optimal. Ein Mehr an Zufuhr bringt nichts, optimaler als ohnehin schon optimal geht nicht.

Pflanzen sind aber keine Menschen. Und wie das Optimum eines jeden Einzelnen aussieht, weiß niemand. Zudem lehren uns neue Erkenntnisse über die Organisation des Erbguts, dass wir uns möglichst hüten sollten, in Bildern zu denken, die eine gewisse Starrheit und einfache Ursache-Wirkung-Beziehungen voraussetzen. Hier Gen, dort Verhalten, das gibt es nur in seltenen Ausnahmefällen. Und Lernen benötigt nicht nur einfache genetische Aktivität, sondern aktiviert ganze Gensätze, die zuvor still vor sich hin schlummerten. Dies führt zu strukturellen und informationellen Veränderungen im Gehirn, die wiederum neues Lernen ermöglichen – und der Kreislauf beginnt von neuem. So gesehen wäre das Gefäß, das die Gene bereitstellen, dehnbar, und eine Füllung würde es zu einem noch größeren Volumen weiten – etwa wie eine Badekappe aus Gummi, die sich unter dem Gewicht von Wasser so unglaublich dehnen kann, dass mehrere Deziliter in die Höhlung passen. Um im Sprachbild zu bleiben: Nurture erweitert Nature – genauso wie umgekehrt.

Kompetenzen bei der Geburt

Bei Wesen, die in einer Milliarden von Jahren währenden Evolution entstanden, ist eine derartige intime Verschränkung überhaupt nicht abwegig. Im Erbgut steckt eine Art von Vorwissen, Erwartungen an die Umweltbedingungen, die ein Organismus wohl antreffen wird. Babys scheinen zunächst nicht viel mitzubringen, aber das wenige genügt für den Anfang. Sie besitzen zahlreiche Reflexe, wie zum Beispiel den Wangensuchreflex, der nach dem Auffinden einer Brustwarze den Saugreflex auslöst, der wiederum mit dem Schluckreflex verknüpft ist. Dazu den Schwimm- und den Schreireflex, ebenso den Greifreflex bei Berührung der inneren Handfläche. Auffällig ist der Moro-Reflex, eine automatische Umarmungsbewegung, wenn das Kind nach hinten zu fallen droht. Von einem Sprachgenie oder Rechenkünstler im Kreißsaal ist in der Kinderpsychologie übrigens nirgendwo die Rede.

Neugeborene zeichnet vor allem eines aus: Sie sind extrem wissbegierig. Sie können sehen, fühlen, riechen, schmecken sowie hören, wenn auch nicht in vollem Umfang, und schauen sich ihre Welt mit großen Augen an. Was die Nase angeht, zeigen sie eine deutliche Präferenz für die eigene Mutter – sie haben schließlich von ihrem Fruchtwasser gekostet. Von den zahlreichen Eindrücken aus ihrer Umwelt bevorzugen sie unmittelbar nach der Geburt menschliche Gesichter oder solche Formen, die diesen ähnlich sind, vor anderen ovalen Vergleichsreizen. Sie übernehmen Gesichtsausdrücke, etwa das Herausstrecken der Zunge oder das Schürzen der Lippen; Kinderpsychologen nennen das Neugeborenenimitation.

Vieles, wenn nicht das meiste, muss der kleine Mensch aber erst einmal üben: gezieltes Greifen mit Daumen und Zeigefinger, Rollen, Sitzen, das Differenzieren von Gesichtern verschiedener Personen und ihrer emotionalen Ausdrücke, den Unterschied zwischen sichtbaren und versteckten Objekten. Ebenso lernen Babys, dass Handlungen ein Ziel haben, dass ihre Aufmerksamkeit mit anderen geteilt wird sowie das soziale Referenzieren. Das heißt, das Baby achtet nunmehr darauf, welche Reaktion nahestehende Menschen, die Eltern oder Geschwister, auf einen Gegenstand oder eine Person zeigen.

Die Entwicklung folgt stets demselben Muster, und sie steht in einem festgelegten zeitlichen Rahmen. Beim Erlernen der Sprache zum Beispiel bildet die Erprobung des Sprechapparates mithilfe einfacher Laute den Anfang. Diese gehen bald in Gurrlaute über, die verschiedene Klänge, Melodien oder Lautstärken annehmen. Mit sieben Monaten plappert das Baby in sinnlosen Silben, zum Beispiel »dada« oder »gaga«. Gegen Ende des ersten Lebensjahres folgen Lautmuster, die der Muttersprache entlehnt sind, und erste Kunstwörter, mit deren Hilfe das Kind auf Objekte Bezug nimmt. Es beginnt nunmehr erstmals, abstrakte Kategorien zu erfassen, beispielsweise Spielzeugautos, sie mit Ausdrücken zu verknüpfen, oder lernt, indem es den Eltern zuhört, dass ein Geräusch eine Bezeichnung hat. Erst mit 18 Monaten fangen die Kleinen an, ihren Wortschatz in einem regelrechten Spurt auf 30 bis 50 Begriffe zu erweitern. Ihre Fähigkeit zum symbolischen Denken entwickelt sich fort, und sie erfassen, dass Personen, Dinge und Handlungen eine Bezeichnung haben und dass dieses Wort für sie steht.

Sensible Lernfenster

Bei einer so ausgeprägten Regelhaftigkeit ist es kaum von der Hand zu weisen, dass sie von genetischen Prozessen getrieben sind. Der US-amerikanische Autor Steven Pinker meinte etwa, der Spracherwerb sei ein so »robuster Vorgang«, dass es praktisch keine Möglichkeit gebe, ihn zu verhindern, es sei denn, man ziehe ein Kind »in einem Fass« groß. Menschen, so seine These, bei der er sich am US-Linguisten Noam Chomsky orientiert, kämen mit einem Sprachinstinkt zur Welt. Die grundlegenden grammatikalischen Regeln seien gleichsam ins Erbgut geschrieben.

Eng verbunden mit dieser Theorie ist die Vorstellung von kritischen Lernfenstern. Genetische Vorgänge würden demnach in einer bestimmten Entwicklungsstufe des kindlichen Gehirns bestimmte Lernreize erfordern, also zum Beispiel Wörter beim Wörterspurt, eine enge Bindung an die Eltern, wenn die emotionalen Areale des Gehirns ausreifen, oder Bewegung, wenn die motorischen Gebiete an der Reihe sind.

Einige Argumente sprechen für diese Idee. Im Alter von sechs Monaten sind Kleinkinder sehr begabt im Erkennen von Gesichtern. Verschiedene Affen oder Menschen mit einer anderen ethnischen Zugehörigkeit unterscheiden sie mühelos und viel besser als Erwachsene. Mit neun Monaten hat sich diese Begabung dann verloren, und asiatische Gesichter sehen für sie alle gleich aus – beziehungsweise europäische, wenn es sich um asiatische Kinder handelt. Ähnliches ist auf sprachlichem Gebiet zu beobachten. Gegen Ende des ersten Lebensjahres geht bei japanischen Kindern die Fähigkeit zurück, l- und r-Laute zu unterscheiden. Hier scheint die alte Regel der Evolution zu greifen: Was im Alltag nicht gebraucht wird, wird eliminiert, und dies scheint einem genetischen Programm zu folgen.

Unklar ist gleichwohl, ob die Lernfenster nach Abschluss ihrer sensiblen Phasen komplett verschlossen sind oder die Möglichkeit des Wiederöffnens einräumen, um Versäumtes nachzuholen. Was die r-l-Unterscheidung angeht, so belegen Studien, dass auch Erwachsene sie durch gezieltes Training wieder erwerben können, wenngleich sie es in den seltensten Fällen tatsächlich tun – mehr dazu im nächsten Kapitel.

Auch die Psychologen Heather Bortfeld von der Texas A&M University in College Station und Grover Whitehurst, Direktor des staatlichen Institute of Education Science in den USA, betonen die Rolle der Umwelt während der sensiblen Phasen. Beredte Eltern haben einen großen Einfluss auf die sprachliche und generell kognitive Entwicklung ihrer Kinder. So hören Sprösslinge aus Akademikerhaushalten pro Stunde bis zu 300 Wörter mehr als solche in Familien, deren Bildungsstand sehr gering ist. Dieses Ungleichgewicht führt dazu, dass schon im zarten Alter von drei Jahren Akademikerkinder einen größeren Wortschatz aufweisen als die Vergleichsgruppe.

Im Alter von neun Jahren hat sich der Unterschied vertieft und macht sich auf sprachlichem und kognitivem Gebiet generell bemerkbar. Ähnliche Entwicklungen kennzeichnen das Lesevermögen. Grundsätzlich lässt sich ein solcher sprachlicher Rückstand aufholen. Auch Erwachsene können viel lesen und werden so ihren Wortschatz und ihr Sprachgefühl verbessern. Die Frage ist nur, ob das in der Praxis geschieht. Wenn es also eine sensible Phase fürs Lesen gebe, überlegen Bortfeld und Whitehurst, dann sei das eine soziale. »Wenn Kinder in der Grundschule das Lesen nicht lernen, dann ist es unwahrscheinlich, dass sie es später schaffen.«

Auch die Untersuchung der Klavierspieler durch Bengtsson und Ullén gibt zur Rolle der Lernfenster keine genaue Auskunft. Was Eltern als eine – im Vergleich zu sich selbst – große Leichtigkeit der Auffassung ihrer Kinder beobachten, formulieren die Neurowissenschaftler eher so: Eine zur idealen Zeit in der Jugend absolvierte Übungsstunde hat drastisch mehr Effekte als die gleiche Übungsstunde in späteren Jahren als Erwachsener. Kinder, die am Computer oder vor dem Fernseher sitzen, von ihren Eltern chauffiert werden, statt zu Fuß zu gehen, und sich generell nur wenig rühren, werden später eher nicht zu den Bewegungstalenten mit exzellenter Feinmotorik zählen. Wie es scheint, lässt sich das Gehirn, insbesondere das Myelinsystem, dann stark beeinflussen, wenn es noch im Aufbau begriffen ist. Hier von einer Sensibilität zu sprechen, ist sicher nicht verkehrt.

Sprachen lernen

Wer ein Sprachgenie werden möchte – also viele Fremdsprachen akzent- und fehlerfrei beherrschen will –, der hat gute Karten, wenn er sein zweites Idiom möglichst schon bis zum Vorschulalter erlernt hat – wie Computerspieler Vinh Bui Thanh. Er verließ

Hanoi mit seinen Eltern im dritten Lebensjahr und beherrscht das Deutsche wie ein Muttersprachler.

Die frühe Altersgrenze schälte sich bei Untersuchungen mit bilingualen Kindern heraus. Darunter waren solche, die von Geburt an mit einer zweiten Sprache aufgewachsen waren, und solche, die erst später damit in Kontakt kamen, etwa mit elf Jahren. Wie sich im Magnetresonanztomografen (MRT) zeigte, verarbeiteten beide Gruppen Sprache auf eine unterschiedliche Weise. Die Frühlerner aktivierten alle dasselbe Netzwerk im Broca-Areal, dem für Sprache zuständigen Bezirk im Gehirn, die Spätlerner dagegen zwei verschiedene Netzwerke. Solange das Sprachzentrum noch heranreift, scheint es sich also auf Zweisprachigkeit prägen zu lassen. Danach wird es aufwändiger, denn das Gehirn muss für jede Sprache ein eigenes Netzwerk anlegen.

Überraschenderweise bleibt der Zusammenhang auch für drei Sprachen gültig, das konnten die Neuroanatomin Cordula Nitsch von der Universität Basel und ihre Kollegen herausfinden. Die Forscher nahmen zwei Gruppen von Kindern unter die Lupe. Die Probanden der einen hatten die ersten beiden Sprachen von Geburt an erlernt und die dritte nach dem neunten Lebensjahr. Die zweite Gruppe hatte sich die Zweit- und die Drittsprache erst später angeeignet. Bei letzteren offenbarte das MRT je ein eigenes Netzwerk für jede der drei Sprachen. Bei ersteren aber war es bei dem einen Netzwerk geblieben. Dies bedeutet: Einmal früh auf den Modus Mehrsprachigkeit eingestellt, kann das Gehirn offenbar auch bei jeder weiteren Sprache an das bilinguale Netzwerk anknüpfen – und zwar selbst dann, wenn sie später erworben wird. Wie andere Versuche zeigten, gilt das vor allem für das Beherrschen grammatikalischer Regeln – was nur der Erfahrung entspricht: Ein Gefühl für eine Sprache lässt sich viel schwerer entwickeln als ein umfangreicher Wortschatz. Das Gedächtnis ist schließlich stark erweiterbar.

Wo genau die kritische Altersgrenze liegt, lässt sich nur schwer sagen. Bis zum Alter von drei, vier Jahren scheint sich das bilinguale

Netzwerk verlässlich herauszubilden. Lernt ein Kind bis zum achten Lebensjahr eine Fremdsprache, verzeichneten Forscher immerhin noch eine Überlappung der beiden Bereiche, also ein teilweise bilinguales Netzwerk. Später ist das, wie angeführt, nicht mehr der Fall.

Die Rolle einer Fremdsprache kann auch ein Dialekt einnehmen, wenn er sich nennenswert von der Hochsprache unterscheidet – was ein weiteres Argument für die Pflege vielfältiger regionaler sprachlicher Gepflogenheiten darstellt. Zu sächseln, zu schwäbeln oder Platt zu reden ist deshalb keineswegs ein Zeichen für Zurückgebliebenheit.

Für die einsprachig hochdeutsch Aufgewachsenen ist Hopfen und Malz aber nicht verloren. Sie können durch Fleiß, Motivation und die Bereitschaft, in andere Kulturen einzutauchen, einiges ausgleichen. Wie Versuche dokumentieren, erreichen Spätlerner die Denkgeschwindigkeit von Bilingualen annähernd, wenn sie mehr als ein Jahr im Ausland verbracht hatten. Der Brite Derek Herning, der 30 Sprachen beherrscht, davon zehn ohne Akzent, und mit einem schottischen Dialekt und Englisch aufwuchs, nennt neben der Toleranz für andere Kulturen Schauspieltalent als wichtigste Eigenschaft des Sprachschülers – Letzteres ist übrigens ebenfalls übbar. Wer die Intonation des Italienischen beherrschen will, der muss sich benehmen wie ein Italiener.

Zahlenkunst in der Wiege

Dass Eltern heute darauf Wert legen, ihre Kinder zweisprachig aufwachsen zu lassen – indem sie die Kleinen in einen englisch- oder französischsprachigen Kindergarten geben oder Schulen auswählen, die von der ersten Klasse an eine Fremdsprache lehren –, zeigt, dass der Einfluss des Lernens und außerdem des frühen Lernens weithin anerkannt sind. Die Ergebnisse der Hirnforschung haben glücklicherweise zu einem Umdenken in der pädagogischen Praxis geführt, ältere Generationen lernten Englisch erst ab der 5. Klasse.

Leider ist das aber nicht auf allen Gebieten der Fall. Speziell die

Mathematik hinkt einige Jahre hinter der Entwicklung auf sprachlichem Gebiet zurück – und damit ist nun nicht das lernende Individuum gemeint, sondern die lernende Gesellschaft. Während Englisch nach allgemeiner Übereinkunft früh als Zweitsprache erworben und im Land selbst studiert werden muss, hängt der Rechenkunst immer noch die Aura der Alchimie an. Man kann es oder man kann es nicht – und die meisten können's nicht.

Dabei kommen Babys mit einer sprachlichen wie mit einer mathematischen Kompetenz zur Welt – ganz anders, als der Kinderpsychologe Jean Piaget (1896–1980) einst dachte. Französische Forscher um Véronique Izard von der Université Paris-Sud in Gif sur Yvette konnten zeigen, dass das Gehirn von drei Monate alten Säuglingen beim Anblick einer Menge mit wenigen Objekten genauso reagiert wie das Denkorgan Erwachsener: Es verarbeitet die Zahl der Objekte in einer Hirnregion und deren Eigenschaften in einer anderen. Ohne gleich zu folgern, dass Babys geborene Mathematiker sind, darf man sich durchaus fragen, warum sich dieser Zahlensinn nicht in einen Sinn für Mathematik übersetzt. Ja, leider hat es gar den Anschein, als würde die Kompetenz der Kinder, mit Zahlen umzugehen, sogar sinken – und zwar je länger sie in der Schule sind.

Mathematik – eine Frage der Sprache

Wie diese von niemandem gewollte Entwicklung zustande kommen kann, schildern Hartmut Spiegel (Universität Paderborn) und Christoph Selter (Universität Dortmund) in ihrem sehr lesenswerten Büchlein *Kinder und Mathematik. Was Erwachsene wissen sollten*. Es scheint, so viel sei vorweggenommen, beim Verhältnis der Menschen zum Kalkulieren immer wieder zu Missverständnissen zu kommen.

Die beiden Mathematikdidaktiker legten in einem kleinen Feldversuch Kindern aus der 3. Klasse eine Reihe so genannter Kapitänsaufgaben vor. Zum Beispiel fragten sie: »Ein Kapitän transportiert auf seinem Schiff 17 Schafe und elf Ziegen. Wie alt ist der

Kapitän?« Oder: »Ein 27 Jahre alter Hirte hat 25 Schafe und 10 Ziegen. Wie alt ist der Hirte?« Eine dritte Version lautete: »In einer Klasse sind 13 Jungen und 15 Mädchen. Wie alt ist die Lehrerin?« Und eine vierte: »Ein Bienenzüchter hat 5 Bienenkörbe mit jeweils 80 Bienen. Wie alt ist der Bienenzüchter?«

Die Aufgaben sind tückisch, da sie keine Rechnerei für die Lösung erfordern. Entweder sind sie aus den gemachten Angaben nicht lösbar, oder die richtige Lösung ist bereits gegeben. Insofern sollte wohl die Mehrheit, zumindest aber sollten einige der Kinder eine korrekte Antwort geben können. So dachten auch Spiegel und Selter. So war es aber nicht.

Sämtliche Kinder in der dritten Klasse berechneten bei allen Aufgaben ein Ergebnis, selbst wenn sie Text Nummer zwei vor sich hatten, in der das gefragte Alter bereits genannt ist. Ein Schüler addierte alle Zahlen, ein anderer addierte zwei und zog die dritte davon ab. Die Forscher baten die Kinder anschließend, sich doch die Aufgaben noch einmal genau anzusehen. Sie rieben ihnen das Alter des Hirten beziehungsweise die Unlösbarkeit sozusagen unter die Nase. Doch die Schüler tickten ganz anders, wie der folgende Dialog mit Sebastian offenbart:

Sebastian: Ich weiß es. Ein 27 Jahre alter Hirte, da muss man die 25 noch dazuzählen. Und die 10 Ziegen, die laufen ja nicht weg!
Frage: Die laufen nicht weg?
Sebastian: Ne, hab' ich ja geschrieben!
Frage: Weil die Ziegen nicht weglaufen?
Sebastian: Ja.
Frage an Dennis: Und was meinst du?
Dennis: Die laufen weg! Der passt da nicht drauf auf!

Hatten die Kinder »an diesem Morgen ihren Verstand mit Betreten des Klassenzimmers ausgeschaltet«, wie die Lehrer mutmaßten? War bei den Textaufgaben einfach die Fantasie mit ihnen durchgegangen? Oder ist der Mensch mehr ein Geschichtenerzähler denn ein vernünftiger Denker?

Die Befunde der Pädagogen sind durchaus repräsentativ. Eine Studie mit 300 Vorschul- und Grundschulkindern zeigte gar, dass die Verirrung der Kinder noch zunahm, je mehr Klassen sie absolviert hatten. Kindergärtler oder Erstklässler »lösten« nur rund 10 Prozent der Kapitänsaufgaben. Bei den Schülern der 2. Klasse waren es 30, bei jenen der 3. Klasse 54 und bei Viertklässlern 71 Prozent. »Die Vermutung liegt nahe«, folgern die beiden Autoren, »dass Mathematik von vielen Schulkindern als eine Art Spiel mit künstlichen Regeln angesehen wird, das keine Beziehung zur außerschulischen Wirklichkeit aufweist.« Gleichaltrige Kinder, die in brasilianischen Armenvierteln Waren an Marktständen verkaufen, rechnen dagegen einwandfrei.

Lag also in Wirklichkeit ein Kommunikations- oder ein Autoritätsproblem vor? Die beiden Didaktiker wollten das genauer wissen und wiesen vor der Aufgabenstellung explizit auf die Möglichkeit hin, dass einige lösbar seien, andere nicht. Außerdem fragten sie jeweils nach einer Begründung für das Vorgehen der Schüler. Nun taten weitaus mehr Kinder kund, dass die Aufgaben nicht berechenbar seien. »Zudem war vielen klar, dass sie die Zahlenangaben eigentlich nicht miteinander verknüpfen durften«, erklären Spiegel und Selter. Dem stand entgegen, dass die Schüler im Mathematikunterricht gelernt hatten, jede Aufgabe führe zu einer Lösung. Ein offener Widerspruch, der sich für die Kleinen vielleicht wie folgt darstellte: »Eigentlich kann das nicht stimmen. Aber sonst kann man ja nichts rechnen!« Die Kinder entschieden sich für ein möglicherweise unsinniges Ergebnis, wiesen aber die Verantwortung dafür dem Erwachsenen zu. Das zeigt folgender, reizender Dialog:

Lehrer: Du hast 10 Bleistifte und 20 Buntstifte. Wie alt bist du?
Julia: 30 Jahre alt!
Lehrer: Aber du weißt doch genau, dass du nicht 30 Jahre alt bist?
Julia: Ja, aber das ist nicht meine Schuld. Du hast mir die falschen Zahlen gegeben.

Überhaupt bewiesen die Kinder eine schier unerschöpfliche – und nur allzu menschliche – Erfindungsgabe beim Entwickeln von Geschichten. Eine kleine Auswahl aus den Aufzeichnungen von Spiegel und Selter: »Ich dachte, ein Kapitän ist sicherlich sehr alt. Darum habe ich geschrieben: 100 Jahre alt.« »20 Jahre alt, weil ein Schaf nicht viel älter werden kann.« »In der Aufgabe ist es halt so, dass der Hirte genauso viele Tiere hat, wie er alt ist. Kann doch sein!« »Der Kapitän ist 123 Jahre alt; weil wir mit Hunderten rechnen, muss es als Antwort auch eine Zahl mit 100 geben.« »Wenn man Geburtstag hat, schenkt man 30 Rosen oder erhält eben 12 Ziegen und 16 Schafe. Dann habe ich es zusammengezählt. Und dann habe ich beschlossen, dass der Kapitän 28 Jahre alt ist. PS: Alles Gute!«

So weit, so freundlich – und amüsant. Doch was, wenn ein Lehrer diese eigenwilligen Rechenkünste negativ bewertet?

Die Fallstricke der Sprache

Die Pädagogen Spiegel und Selter knöpfen sich eine weitere mathematische Tücke vor, der sich nur noch wenige Erwachsene bewusst sind und die mit einer Skurrilität des Deutschen zusammenhängt: Die Zehnerzahlen werden von hinten gelesen und nicht, wie sie notiert sind. »Einundzwanzig« bedeutet nicht »12«, sondern »21«.

Die Dissonanz zwischen Sprache und Schrift bildet speziell für Kinder eine Hürde. Das tritt zum Beispiel zutage, wenn eine Lehrerin Zweitklässlern eine Tafel mit den Zahlen von 1 bis 100 zeigt und fragt, was die Werte 21, 31, 41, 51 gemeinsam haben? Es meldet sich Linda und antwortet: »Die haben alle die gleiche Vorderzahl!« Die Lehrerin ist überrascht, wundert sich, ob ihre Schüler vielleicht die Struktur der Tafel nicht verstanden haben. Weiß das Mädchen nicht, dass die 31 aus drei Zehnern und einem Einer besteht? Hat Linda nicht aufgepasst, oder leidet sie gar an einer Wahrnehmungsstörung, bei der sie zunächst die Einer sieht und dann die Zehner? Doch die Schülerin stolperte nur über die Sprache, wie die Pädagogin durch Nachfragen erfährt. »Erst kommt die ein-unddreißig, dann ein-undvierzig, dann ein-undfünfzig. Immer ist die Eins vorne«, erklärt Linda.

Die Schülerin hat das dahinterstehende Prinzip richtig erkannt – sie hat nur stillschweigend das Bezugssystem gewechselt, von der Notation zur Aussprache. Hätte die Lehrerin aber nicht nachgefragt und geahnt oder gewusst, dass Kinder anders denken, hätte sie zudem unter dem Zeitdruck des Lehrplans gestanden, hätten die anderen 33 Schüler in der Klasse bereits das Interesse verloren und gelärmt – sie hätte sich mit einem kurzen »falsch« begnügt, Enttäuschung gezeigt und den nächsten aufgerufen. Und Linda? Je nach Charakter hätte sie es noch ein paarmal mit diesen undurchschaubaren Regeln probiert oder wäre innerlich gleich resigniert. »Kinder denken anders. Kinder sind Entdecker. Fehler sind normal«, formulieren Spiegel und Selter als These und wollen mit ihrem kleinen Buch derartige Missverständnisse vermeiden helfen.

Die Konsequenzen aus solchen Beobachtungen sind weitreichend. Man muss sich nicht mehr wundern, dass die meisten Menschen sich für unbegabt in Mathematik halten und der Überzeugung sind, man bräuchte dafür ein eigenes, ebenso schräges Denken. Eine Haltung übrigens, die auf viele technische und physikalische Fächer ausstrahlt, die sich der Mathematik als Hilfsmittel bedienen, und zu der sehr verbreiteten Auffassung führt, ein Studium dieser Disziplinen sei zwar lohnenswert, aber mehr etwas für die anderen. Die Folgen sind zum einen an dem bekannten Mangel an Fachkräften abzulesen. Zum anderen gehören mathematische Fähigkeiten generell zu den Schlüsselqualifikationen. Wer sie nicht erwirbt, etwa weil er glaubt, zu dumm dafür zu sein, hat weniger Aufstiegschancen im Beruf und verdient im statistischen Mittel weniger. Dies stellte eine aktuelle Studie der britischen Regierung fest.

Das Mathe-Gen

Menschlich zutiefst bedauerlich ist, dass mathematische Talente jedem Kind zu eigen sind – es merkt nur nichts davon. Dies stellt Keith Devlin in seinem Buch *Das Mathe-Gen* fest. Wer den Titel liest, wird sofort mutmaßen, hier beschreibe endlich jemand jene Erbanlage, deren Wirkung aus der Schule so bekannt ist. Den DNS-Abschnitt, den die anderen, die geborenen Mathematiker tragen müssen, an dem es einem selbst aber mangelt.

Doch weit gefehlt. Bereits auf den ersten Seiten stellt Devlin rasch klar, dass dies so nicht zu verstehen sei. Das »Mathe-Gen« sei nur eine griffige Metapher für eine unbekannte Zahl an Erbanlagen für die Geistesgabe. Es handelt sich also nicht um ein Gen, sondern um viele, welche die angeborene Fähigkeit zum mathematischen Denken herstellen. Doch die Klarstellung geht noch weiter und verwandelt die ursprüngliche Aussage ins Gegenteil. Die Mathe-Gene seien nicht etwa nur den Leuchten und Spezialisten vorbehalten, sondern alle Menschen verfügten über sie. »Sie besitzen das Mathe-Gen«, versichert Devlin, auch dann, »wenn Sie vielleicht zu denen gehören, denen vor Mathe graust.«

Nun gibt es ganze Generationen von Schülern, denen der Kopf von Integralen, Potenzen, Formeln, Kurven, Wurzeln und Gleichungen verschiedener Ordnung derart schwirrt, dass sie, einmal das Abschlusszeugnis in der Hand, ein Leben lang nichts mehr davon hören wollen. Ja, die Überzeugung von der eigenen Talentlosigkeit sitzt so tief, dass der eine oder andere vielleicht sogar zornig wird angesichts von Devlins Behauptung. Doch all die Ungläubigen sollten sich die Versuche anschauen, die erkunden, wie Kinder mit Mathe umgehen. Sie belegen klar, dass jeder einen Zahlensinn besitzt. Außerdem ist Mathematik kein künstliches Gedankengebilde für Rechnungen, die keiner braucht, sie ist notwendig, um zu überleben. Und Wissenschaftler streiten sich höchstens darüber, ob Babys schon mit der Fähigkeit zur Welt kommen, kleine Mengen exakt zu zählen, oder ob sie nur eine Art grobe Intuition davon haben und Genauigkeit erst erlernen müssen.

Zahlen sind nur Worte

Brian Butterworth, Neurowissenschaftler vom University College in London, etwa ist der Überzeugung, dass jeder Mensch mit der Fähigkeit zu zählen auf die Welt kommt. Er belegt dies, indem er zum Beispiel Kinder aus Kulturen untersucht, die für große Mengen keine Begriffe kennen – nicht weil sie zu dumm wären, sondern weil sie diese offenbar nicht benötigen. Zusammen mit australischen Wissenschaftlern verglich Butterworth 45 australische Kinder im Alter zwischen vier und sieben Jahren. 20 von ihnen gehörten der Warlpiri sprechenden Gruppe der australischen Aborigines an, die nördlich und westlich von Alice Springs lebt. Das Warlpiri kennt nur je einen Ausdruck für eins, zwei-viele und mehr als zwei-viele. Zwölf Kinder sprachen Anindilyakwa, das auf der Insel Groote Eylandt vor der Nordküste des Kontinents, östlich der Stadt Darwin verbreitet ist. Das Anindilyakwa kennt nur die Kategorien eins, zwei, drei und viele. Die restlichen 13 Kinder gehörten der englischen Sprachgruppe an und wuchsen in Melbourne auf.

Die Wissenschaftler zeigten allen Kindern eine Art Tablett mit 25 möglichen Positionen darauf. Anschließend belegten sie die Stellen mit zwei bis neun Spielmarken, deckten das Tablett zu und baten die Kinder, ihr eigenes Tablett ebenso zu bestücken. Die Kenntnis von Zahlen sollte also nicht die Voraussetzung für die Fähigkeit sein, Mengen zu beschreiben. In einem zweiten Experiment sollten die Kleinen Spielmarken in der Anzahl auf den Tisch legen, wie oft ein Assistent mit einem Stock auf den Boden geklopft hatte.

Das Ergebnis war, dass in beiden Aufgaben die Kinder der Ureinwohner genauso gut waren wie diejenigen aus der englischen Sprachgruppe – und zwar ganz unabhängig von den Gepflogenheiten der Sprache. »Das zeigt, dass Menschen mit einem festen

Zahlensinn geboren werden und die Bezeichnungen für die Zahlen diesen festen Konzepten nur zugeordnet werden«, schloss Butterworth. Anders ausgedrückt: Der Mensch erkennt den Umfang kleiner Mengen, etwa fünf Äpfel in einem Korb, instinktiv exakt und lernt später, dieses Wissen mit dem in seiner Sprache üblichen Begriff oder Symbol zu verknüpfen: arabisch 5, römisch V, fünf, cinco (auf Spanisch), pjat (auf Russisch). Bei Menschen mit Dyskalkulie, einer angeborenen Rechenschwäche, die zirka 5 Prozent der Bevölkerung betrifft, ist, so eine mögliche Erklärung, genau jene Übertragung gestört. Betroffene haben keine Vorstellung, was die Zahlen bedeuten und können daher nicht mit ihnen umgehen.

Es gibt sehr viele Belege für die Aussagen Butterworths. Die klassischen Vorläuferversuche unternahm Karen Wynn in den frühen 1990er Jahren an der Universität von Arizona in Tucson. Die Psychologin zeigte fünf Monate alten Babys wenige Puppen, die hinter einem Schirm verschwanden. Kam anschließend die gleiche Menge dahinter wieder hervor, war für die Babys die Welt in Ordnung, der Vorgang interessierte sie nicht mehr. Trat eine Figur mehr hervor oder fehlte eine, starrten sie länger auf den Schirm. Sie warteten wohl, dass etwas passieren würde, und fragten sich, was das sein könnte. Diese Reaktionen konnten sie aber nur zeigen, wenn sie die Zahl der Puppen erfasst hatten.

Sinnvolle Gruppierungen

Nun kann man spekulieren, ob die Winzlinge im zarten Alter von fünf Monaten nicht doch bereits eine Lerngelegenheit hatten. Auszuschließen ist das nicht, auch wenn es unwahrscheinlich erscheint, denn die Babys konnten ja noch nicht einmal sprechen. Stanislas Dehaene vom Collège de France in Paris – er ist übrigens derjenige, der den Begriff »Zahlensinn« prägte – stützt deshalb seine Argumente dafür, dass die Fähigkeit zu exaktem Zählen erst nach der Geburt ausgebildet wird, auf Forschungen zur Art und Weise, wie Kinder das Zählen lernen. Zunächst kommt nämlich die Eins dran, dann die Zwei, die Drei, bis sie im Alter von etwa vier Jahren das zugrunde liegende Konzept verstehen und höher zählen.

Belege für seine Lernthese findet Dehaene unter anderem in seinen Untersuchungen eines Volkes von Jägern und Sammlern im Amazonasgebiet. Die dortigen Mundurucú zählen nicht nur bis drei, wie die australischen Ethnien der Warlpiri und der Anindilyakwa. Sie zählen bis fünf, entsprechend der Menge der Finger an einer Hand. In diesem Zahlenraum addieren und subtrahieren die Mundurucú wie alle anderen Menschen auch. Ebenso können sie Mengen gut abschätzen. Sie teilen aber, wie Dehaene und seine Mitarbeiter in spitzfindigen Versuchen entdeckten, die Abstände zwischen den Zahlen nicht gleichförmig ein.

Die Forscher präsentierten Freiwilligen Mengen zwischen eins und zehn, etwa akustische Piepser oder Punkte auf einem Bild. Anschließend sollten diese die wahrgenommene Zahl auf einem Computerbildschirm angeben. Dort sahen sie indes keine Skala von eins bis zehn, sondern eine horizontale Linie mit einem Punkt ganz links, zehn Punkten ganz rechts und nichts dazwischen. Hörte ein Proband fünf Schläge, würde er irgendwo auf die Mitte der Linie tippen – oder?

Alle anderen vielleicht, nicht aber die Mundurucú. Sie orteten auf dem Zahlenstrang die Drei in der Mitte, rückten die Fünf aber näher an die Zehn heran. Dehaene folgert daraus, dass das Amazonasvolk in Verhältnissen denkt, etwa so: Zehn ist nur *zwei*mal so groß wie Fünf, jene selbe Fünf ist aber *fünf*mal so groß wie Eins. Daher trägt der Zahlenstrang der Mundurucú folgende Einteilung: Eins, *fünf* gleiche Abstände, Fünf, wieder *zwei* der vorigen Abstände, Zehn; die anderen Markierungen sind der einfachen Erklärung halber weggelassen.

Mathematiker nennen diese Einteilung logarithmisch. Was bedeuten die Ergebnisse? »Das Konzept eines linearen Zahlenstrangs scheint eine kulturelle Erfindung zu sein, die sich bei fehlender formaler Bildung nicht entwickelt«, folgern die Talentforscher um

Dehaene in ihrem Fachartikel. Dies sei auf die Anforderungen in der natürlichen Umgebung einer Jäger-Sammler-Gesellschaft zurückzuführen. Hierbei sind Verhältnisse viel wichtiger als absolute Summen, etwa wenn es darum geht, die Stärke eines Gegners im Vergleich zur eigenen Gruppe abzuschätzen. Bei Überlegenheit kann man getrost weiterziehen, bei Unterlegenheit ist Verstecken die günstigere Alternative.

Von Löwen, Schimpansen oder Bonobos ist zum Beispiel bekannt, dass sie ihr Aggressionsverhalten streng nach dem Schätzwert dieses Verhältnisses ausrichten, gemessen etwa am Gebrüll fremder Männchen. Er ist aber auch für die Nahrungssuche wichtig, etwa, um zu entscheiden, in welcher Richtung mehr Früchte oder größere Herden aufzutreiben sind. »Ich kenne keine Überlebenssituation, in der die Kenntnis der Differenz zwischen 37 und 38 vorteilhaft ist«, erklärt Dehaene. »Was man dagegen einschätzen muss, ist, ob es sich um eine Menge von 37 plus 20 Prozent oder 37 minus 20 Prozent handelt.«

Verzerrte Zahlenwahrnehmung

Mathematik ist also nicht nur kein Spiel. Sie hat sehr viel mit den Erfordernissen einer Umwelt und des Überlebens darin zu tun. Aus diesem Grund ist das logarithmische Denken der Mundurucú an sich keine Besonderheit.

Jeder Mensch bedient sich dieser Einteilung, wie zahlreiche Versuche zeigen – besonders im Umgang mit großen Zahlen. Sollen Probanden entscheiden, welche der Ziffern eins oder zwei größer ist, gelingt ihnen das schneller und verlässlicher, als wenn sie nach dem Paar 53 und 52 gefragt werden. Sieben und neun fallen leichter als 19 und 21. Die absolute Differenz der Zahlen ist jeweils gleich, das Verhältnis des Unterschieds zum absoluten Wert ist aber sehr verschieden. Beim ersten Beispiel sind es 50 Prozent und 0,019 Prozent. Der Mensch scheint genau diesen Wert zu überschlagen, und je kleiner er ist, desto schwerer fällt ihm die Entscheidung.

Sinnvoll ist diese verzerrte Wahrnehmung, im Fachbegriff ungefährer Zahlensinn, durchaus. Es bedeutet einen Unterschied, im Monat 1000 oder 2000 Euro zu verdienen. Irrelevant ist es dagegen, ob man 100 000 oder 101 000 Euro einstreicht – für die meisten jedenfalls. Der absolute Unterschied verschwindet bei großen Zahlen gegenüber dem relativen Unterschied. Ob ein Unternehmen einen Umsatz von 250 Millionen oder 3 Milliarden Euro ausweist, fällt auf dem inneren Zahlenstrang der meisten Menschen nicht ins Gewicht. Es ist beides unvorstellbar groß.

Wer die lineare Skala erfunden hat, wann und wozu, wäre demnach eine eigene Untersuchung wert. Denn wie es scheint, ist die logarithmische Einteilung, auch wenn sie einen Fachbegriff trägt, die praktischere, nützlichere, mithin womöglich natürlichere. Deswegen lautet die Arbeitshypothese vieler Forscher, die sich mit dem Thema beschäftigen: Jeder sollte das Abschätzen von Mengen etwa gleich gut beherrschen. Dem ist aber nicht unbedingt so, wie eine aktuelle Forschungsarbeit des jungen Kinderpsychologen Justin Halberda von der Johns Hopkins Universität in Baltimore zutage förderte.

Schlecht geschätzt ist schlecht gerechnet

Halberda untersuchte 64 Probanden im Alter von 14 Jahren und fand völlig unerwartet eine sehr große individuelle Varianz in der Fähigkeit, Mengen abzuschätzen. Die Jugendlichen bekamen auf einem Bildschirm Punkte unterschiedlicher Größe in Gelb und in Blau zu sehen und mussten sich entscheiden, welche Farbgruppe mehr Punkte enthielt. Wie erwartet wurden die Schätzungen der Prüflinge schlechter, je stärker sich die Mengen anglichen, das Verhältnis sich also dem 1:1 näherte. Überraschend für Halberda und seine Kollegen war, dass manche Schüler aber deutlich besser waren als andere und Einzelne schon bei einer Relation von 3:4 Schwierigkeiten hatten, die Aufgabe wie gefordert zu lösen.

Das Erstaunen war noch größer, als die Forscher das Ergebnis beim Abschätzen der Menge mit den Resultaten bei Mathematikprüfungen ab dem Alter von fünf Jahren verglichen. Beide Werte standen in einem engen Zusammenhang. Wer in Mathe schlecht war, war dies auch im Mengenschätzen, und zwar über die untersuchte Lebenszeit von fünf bis vierzehn Jahren. »Ich sprang buchstäblich aus meinem Sessel, als ich sah, dass die Korrelation bis in den Kindergarten zurückreichte«, schildert Halberda seine Reaktion. Die Fähigkeit stand in keinem Zusammenhang mit dem IQ oder dem Arbeitsgedächtnis.

Der Schluss liegt natürlich nahe, dass in dem ungefähren Zahlensinn eine Art angeborenes Mathetalent stecken müsse. Tatsächlich tauchten vereinzelt entsprechende Kommentare in den Medien auf. Mit dem Verweis auf das Erbgut sind Beobachter eben schnell zur Hand. Doch der Kindergarten ist nicht die Geburt, und so ist es denkbar, dass die Schätzfähigkeit der Kinder einfach nur die Qualität und die Quantität ihrer Ausbildung reflektiert. Das würde nach sich ziehen, dass Mathe-Karrieren schon im Kindergarten nachhaltig ruiniert oder begünstigt werden und nicht primär in der Schule – zumindest bei der untersuchten Gruppe amerikanischer Kinder.

Die Verbindung von Mathematik und Sprache

Wir haben uns bisher mehr um die Entstehung des ungefähren Zahlensinns gekümmert, also um das Schätzen von Mengen. Aus gutem Grund: Was die Fähigkeit zum exakten Rechnen sowie das sogenannte höhere mathematische Denken und seine Herkunft angeht, so tappt die Wissenschaft weitgehend im Dunkeln. Eine Theorie – sie geht auf den Linguisten Derek Bickerton und den Neurobiologen William Calvin zurück – vertritt die Meinung, dass beide Fähigkeiten in der Evolution zum Menschen gänzlich getrennt entstanden. Für diese These – oder Bildungsgeschichte, wenn man so will – spricht Material aus der Hirnforschung. Demnach aktiviert der Zahlensinn eher Gebiete im Schläfenbereich des

Gehirns. Dagegen regt die Frage nach einem exakten Wert einer Rechnung unter der Stirn gelegene Nervenzellen zum Feuern an. Dabei handelt es sich um jene Region, die auch bei der Verarbeitung von Sprache eine Rolle spielt.

Mathematisches und sprachliches Denken stünden also in einem engen Zusammenhang. Dies liefert eine Erklärung dafür, dass Kinder Probleme haben, wenn Notation und Aussprache nicht Hand in Hand gehen. Sie müssen doppelt denken. Mutmaßlich aufgrund ihres Vorteils in der Schrift und nicht wegen besserer Erbanlagen schneiden chinesische und japanische Schulkinder bei Vergleichstests regelmäßig besser ab als Kinder aus dem Westen. Ihre Zahlwörter sind kürzer und einfacher, zudem sind die Bezeichnungen der Zahlen bereits ab der Elf regelmäßig. Sie lauten übersetzt zehn-eins, zehn-zwei, zehn-drei (und für dreißig: drei-zehn) und so weiter. Zum Vergleich: Elf, zwölf oder dreißig sind unregelmäßig, 17 wird im Deutschen als »siebzehn« gesprochen; 97 im Französischen »quatre-vingt-dix-sept«, vier (mal) zwanzig (plus) zehn sieben.

In China, Japan oder Vietnam, Vinh Bui Thanhs Herkunftsland, folgt die Aussprache dagegen dem arabischen Zahlensystem, lehnt sich also der mathematischen Notation und Struktur an. Die 25 heißt »zwei zehn fünf« und offenbart unmittelbar, dass es sich um zwei Zehner und fünf Einer handelt. 21 ist im Vietnamischen hai (2) mot (1), 31 ba mot. Rechnen und Zählen fällt den asiatischen Schülern so um einiges leichter. Wie Vergleiche bestätigen, führen unter anderem die sprachlichen Unterschiede dazu, dass westliche Kinder in ihrer Entwicklung gegenüber chinesischen und japanischen um bis zu einem Jahr hinterherhinken. Die einen können im Durchschnitt schon im Alter von vier bis 40 zählen, die anderen erst mit fünf. Auch Vinh war, wie er sagt, seinen Mitschülern in Mathematik immer um einiges voraus. Er führte das bisher intuitiv auf die Begabung zurück, die er von seinem Vater, einem Maschinenbau-Ingenieur mit Einser-Diplom, geerbt habe. Womöglich waren die Einflüsse der Sprache indes gravierender, außerdem die Tugenden von Fleiß und Strebsamkeit, die seine Eltern Vinh vorlebten und die er übernahm.

An diesem Punkt wissen wir nun immerhin, was wir nicht wissen: Es existiert keinerlei unterstützender Beleg dafür, dass der in der Schule bewundernd-verachtete Mathe-Crack als Baby bereits die Minuten addierte, die seine Eltern für das Wechseln der Windeln und das Wärmen der Flasche benötigten und ihnen bei Missachtung die Integrale um die Ohren haute. Die landläufige Auffassung von der angeborenen Mathebegabung entspricht einfach nicht der wissenschaftlichen Datenlage. Dies gilt sehr wahrscheinlich ebenso in der Umkehr. Die Überzeugung, dass man selbst mit der Mathematik auf Kriegsfuß steht und dies ein unabänderliches, angeborenes Defizit darstellt, ist unbegründet. Wenn die Bundesregierung also mit dem Spruch »Du kannst mehr Mathe, als du denkst« für das Schlüsselfach wirbt, hat sie sicherlich Recht. Obschon sie kaum im Auge haben dürfte, ob die Aussage wissenschaftlich gerechtfertigt ist, sondern eher von der Sorge um den Nachwuchs umgetrieben ist.

Kapitel 8

Wecke den Experten in dir!

Eine Übersichtskarte der weltweiten Verteilung von Talenten ergibt ein recht interessantes Bild. Zum Beispiel für die Disziplin Fußball: Brasilien, Argentinien, Italien und Deutschland gewannen von den 18 Weltmeisterschaftsturnieren, die seit dem ersten Jahr 1930 ausgetragen wurden, allein 14 Titel. Dies entspricht einem unglaublichen Anteil von 78 Prozent. Sitzen die Gene für den gelungenen Fallrückzieher, den öffnenden Pass und das Gewinnen von Elfmeterschießen in diesen vier Ländern beziehungsweise in den Körperzellen ihrer Bevölkerung? Häufen sie sich gar bei den eleganten Ballzauberern aus Brasilien, die fünfmal – das entspricht einen Anteil von 28 Prozent – Weltmeister wurden?

Jedes Land verzeichnet besondere Stärken. China zum Beispiel ist die Hochburg des Tischtennis. Seit Jahrzehnten dominieren die Artisten des Zelluloidballs aus dem Reich der Mitte die ersten zehn Plätze der Weltrangliste, bei den Männern wie den Frauen – die deutsche Ausnahme Timo Boll muss demnach asiatische Vorfahren haben. Russland leuchtet auf dem Talentglobus mit einem Symbol für Frauentennis und Schachgroßmeister. In Japan und Deutschland sind offenbar die Anlagen für Kreativität zu Hause, denn in den beiden Ländern werden die meisten Patente angemeldet. Die frühere DDR war ein Ballungsraum für Leichtathletiktalente. Auf kleiner Fläche hatte sich hier einst die größtmögliche Anzahl von Goldmedaillen und Podestplätzen auf internationalen Wettkämpfen versammelt. Seltsam nur und auch schade, dass die dafür verantwortlichen Gene seit der Vereinigung der beiden deutschen Staaten 1990 auf geheimnisvolle Weise verschwunden sind oder nicht mehr aktiv zu sein scheinen.

England nennt die Talente für Popmusik sein Eigen. Österreich, die Schweiz, Italien, Deutschland, Skandinavien und die USA versammeln die Mehrheit der erfolgreichen Skifahrer, Kanada, die USA, Russland und Schweden die Eishockeyprofis. In Ostafrika konzentrieren sich die Gene der Langstreckenläufer, in Westafrika diejenigen der 100-Meter-Sprinter. Allerdings stammen die Sprinter in der Regel nicht direkt aus Afrika, sondern aus Jamaika oder den USA. Aber dorthin wurden sie während des Sklavenhandels grausam verschleppt. Das muss man im Blick behalten.

Der Talentglobus glänzt freilich nicht überall farbig und hell. Bangladesch oder Burkina Faso etwa sind schattige Flecken, sie scheinen völlig talentfrei: Kein Nobelpreisträger, kein Formel-1-Weltmeister, kein Olympiasieger und nicht einmal ein UN-Generalsekretär kommen von dort. Ebenso wenig ein Spitzenkoch. Mancherorts nehmen wir ein Strahlen auf den Landkarten auch einfach nicht wahr. Dass England, Pakistan und Indien die Weltvorherrschaft im Kricket traditionell unter sich ausspielen, fällt hierzulande kaum ins Gewicht.

Die Talentkarte ist keine Genkarte

Jeder weiß oder spürt, dass diese Argumentation hinkt. Genetische Anlagen gehen nicht in wenigen Jahrzehnten verloren, neue entstehen – wenn überhaupt – nur über einige Tausend Jahre hinweg. In der früheren DDR hatten sich Sportler dem rigiden und menschenverachtenden Staatsdoping zu unterwerfen, was wiederum nicht heißt, dass im Westen nicht gedopt wurde. Und dass in

Burkina Faso oder Bangladesch keine Nobelpreisträger oder Spitzenköche leben, ist ganz sicher nicht der fehlenden Begabung der dortigen Bevölkerung zuzuschreiben. Die beiden Länder gehören zu den ärmsten der Welt und der Begriff »Aufstiegschancen« ist dort so gut wie unbekannt.

In den USA hingegen stellt die Möglichkeit, Sportprofi zu werden, eine reale Karrieremöglichkeit dar. In Deutschland wachsen die gut ausgebildeten Ingenieure nicht auf den Bäumen, sie haben ihre Kunst an den Technischen Universitäten und Fachhochschulen gelernt, deren Niveau weltweit einzigartig ist. Und dass Kuba, Saudi-Arabien oder Samoa jemals eine nennenswerte Anzahl von Wintersportchampions hervorbringen könnten, ist völlig abwegig. Die Länder bieten keinerlei Gelegenheiten zum Üben – aus wirtschaftlichen oder klimatischen Gründen.

Es sind also nicht unbedingt Talentgene und ihre regionale Häufung dafür verantwortlich, dass bestimmte Spitzenleister aus einem speziellen Gebiet kommen. Vielmehr sind die gesellschaftlichen Rahmenbedingungen essenziell, dass Talente heranwachsen können: Hochschulen, Leistungszentren, soziales Ansehen und finanzielle Anreize, um einige wichtige zu nennen.

Diese Tatsache wiederum erlaubt nicht notwendig den Umkehrschluss, dass die Talentverteilung nichts anderes repräsentieren würde als die herrschenden Umweltfaktoren. Ein solches Argument wäre populistisch. Denn die Abwesenheit von Talenten in einem kargen Milieu bedeutet nicht gleichzeitig die Existenz sehr vieler Talente in einem fördernden Milieu.

Der Globus der Leistungen ist also lediglich eine eindrucksvolle Spielerei. Ihn sich vorzustellen, ist dennoch lohnenswert, weil er zeigt, wie sehr geistige Bilder und schlüssig scheinende Geschichten zu Vorurteilen führen können. Die Wirklichkeit ist weitaus komplizierter. Und wer zum Beispiel wissen will, welche Faktoren einem jungen Tennisspieler den Aufstieg in die Weltelite ermöglichten, sollte sich eher an konkrete wissenschaftliche Studien halten, die Fakten mithin, als seiner Intuition zu folgen.

Weltklassespieler beginnen in jungen Jahren

In einer Zeit, in der Wissenschaftler vom Gehirn und dessen enormer Lernfähigkeit noch weniger wussten als heute, im Jahr 1985 nämlich, führte der US-Psychologe Benjamin Bloom umfangreiche Interviews mit Spitzensportlern durch. Der amerikanische Psychologe befragte zum Beispiel 18 Tennisspieler, die alle einmal unter den ersten zehn der Weltrangliste gestanden hatten, ihre Eltern und Trainer. Er wollte in Erfahrung bringen, was für die erfolgreiche Karriere der Spieler verantwortlich war. Bloom fand heraus, dass alle Probanden relativ früh, nämlich im Alter von sechs Jahren, mit dem Sport begonnen hatten. Sie schlugen aber nicht nur hier und da ein paar Bälle, sondern trainierten regelmäßig 15 bis 20 Stunden pro Woche. Mit 12 bis 13 Jahren waren sie bereits zu dem geworden, was man gemeinhin als ein Talent bezeichnet, und hatten sich in den nationalen Altersranglisten weit oben positioniert. Dies bildete aber erst das Fundament für die weitere Laufbahn. In den Lebensjahren 13 bis 16 steigerten die Aspiranten ihre Trainingsintensität noch einmal, sodass sie sich schon als Jugendliche der Weltspitze annäherten. Zu sehr vergleichbaren Aussagen kam eine andere Studie mit Langstreckenläufern und Schwimmern.

Bloom identifizierte aufgrund seiner Beobachtungen gar Entwicklungstrends für angehende Spitzenleister. Zunächst würden die Kinder den Sport vornehmlich als Spiel empfinden, als eine Tätigkeit, die Freude bereitet. In dieser Phase sei die Unterstützung der Eltern sehr wichtig, sodass weder einerseits das Interesse am Training erlahmt, noch, was heute viele vergessen, allzu viel Druck von außen den Kindern den Spaß verdirbt. Mit steigender Trainingsintensität entwickelten die jungen Sportler einen eigenen Antrieb, ihre Spiele zu gewinnen und an ihren Schwächen zu feilen. Dieser Wettbewerbs- und Arbeitsaspekt des Sports werde schließlich in der dritten Phase noch einmal deutlicher heraustreten und sich manifestieren.

Die Führenden der Tennisweltrangliste hatten schon sehr früh den Sport zum Mittelpunkt ihres Lebens erkoren. Sie hatten dabei in Kauf genommen, dass sie weniger Zeit mit Freunden oder anderen Beschäftigungen verbringen würden. Bloom registrierte darüber hinaus, dass die Nachwuchsspieler selbst oder ihre Familien Zeit und Geld investierten, um an Wettkämpfen oder Lehrgängen teilzunehmen. »Es steht demnach außer Frage, dass Persönlichkeitsmerkmale wie überdauernde Motivation, Konzentration oder Selbstmotivation sowie Beharrlichkeit wesentliche Voraussetzungen für die Realisierung der selbst gesteckten Trainingsziele darstellen.« Einen solchen, sehr naheliegenden Schluss zogen der Entwicklungspsychologe Wolfgang Schneider von der Universität Würzburg und die Sportwissenschaftler Klaus Bös und Hermann Rieder von der Universität Karlsruhe in ihrem Aufsatz »Leistungsprognose bei jugendlichen Spitzensportlern« aus Blooms Diagnosen.

Wieder zeigt sich, dass Motivation möglicherweise entscheidender ist als die richtigen Gene. Lassen die Befunde des 1999 verstorbenen Professors aber eine noch weiterreichende Folgerung zu? Beweisen sie in logischer Konsequenz, dass jeder alles erreichen kann, wenn er nur entsprechende fleißig ist? Die Antwort ist ein klares Nein. Denn es wäre schließlich denkbar, dass Bloom aufgrund seines Auswahlkriteriums »Studienteilnehmer befand sich unter den ersten zehn der Weltrangliste« von vornherein nur jene Spieler interviewte, welche die möglicherweise erforderlichen biologischen Anlagen bereits mitbrachten. Ein Hinweis auf die Rolle von Anlage und Umwelt für Spitzenleistungen im Sport lässt sich aber durchaus gewinnen: Womöglich geht es ohne die passenden Erbanlagen; ohne extremen Trainingsfleiß geht garantiert gar nichts. Das ist eine sehr wichtige Erkenntnis.

Das wirklich Mentale beim Sport

Seit und mit der Veröffentlichung der Arbeiten von Bloom schält sich aber noch ein weiterer Aspekt immer deutlicher heraus, nämlich der kognitive. Selbst wenn Sport primär mit dem Körper ausgeübt wird, so ist das wichtigste Instrument dafür doch das Gehirn. Damit ist nicht nur eine »mentale Frische« gemeint, wie sie Boris Becker immer wieder einforderte, um Spiele gewinnen zu können. Auch nicht in erster Linie das Diktum eines Oliver Kahn, der überzeugt ist, eine Partie entscheide sich »im Kopf«. Was Athletenpersönlichkeiten vor großem Publikum an Entschlossenheit und Konzentrationsvermögen an den Tag legen, um das Zünglein an der Waage zu ihren Gunsten zu beeinflussen, ist zweifellos mit entscheidend für den unmittelbaren Erfolg.

Langfristig maßgeblich ist indes die Arbeit hinter den Kulissen und die dafür erforderliche Willenskraft. Erst sie treibt den Spieler zum Training an und lässt ihn die monotone und oft solitäre Arbeit überstehen – und zwar jeden Tag aufs Neue.

Zudem ist das Gehirn das wichtigste Organ für jede Art von Fähigkeit und Fertigkeit. Ein Sportler muss nicht nur ein funktionierendes Kreislaufsystem ausbilden, dazu die Muskeln und die Sehnen, die ihre Kraft aushalten und übertragen, sowie ein Skelett, das die oft eigenartigsten Bewegungsabläufe erlaubt und dennoch Stabilität bietet. Vor allem muss sein Gehirn lernen, den gesamten Apparat sinnvoll zu orchestrieren und in die Erfordernisse der Wirklichkeit einzubetten. Auf tausend verschiedene Arten kann ein Ball dahergeflogen kommen oder gespielt werden. Ebenso viele Arten muss der Sportler kennen, um darauf zu reagieren und agierend sich selbst einen Vorteil zu verschaffen.

Mit »Kennen« ist jedoch nicht unbedingt Bewusstsein verbunden. Der Begriff beschreibt nichts, worüber der Wettkämpfer reden oder nachdenken müsste. Die damit verbundene Wahrnehmung und Körperbewegung entspringt vielmehr Vorgängen im Gehirn, die unbewusst ablaufen. Bei dem damit einhergehenden Wissen handelt es sich, wie die Fachleute sagen, um implizites oder, anders ausgedrückt, inbegriffenes Wissen. Damit sind zum Beispiel Bewegungsabläufe beschrieben, die das Gehirn in passenden Situation initiiert, ohne dass dies dem Ausübenden klar wäre. Die Fähigkeit Auto zu fahren speist sich großteils aus implizitem Wissen;

Fahrrad fahren, Laufen, das Binden der Schnürsenkel, handwerkliche Fertigkeiten, gar das Zwiebelschneiden – sie alle sind implizit, nicht selten auch das tägliche Einschalten des Fernsehers.

Wer implizites Wissen besitzen will, muss es sich zuvor aneignen. Und auch, wenn das nicht in der Art und Weise geschieht, wie Schüler etwa Vokabeln oder Matheformeln pauken, so handelt es sich doch um ein Lernen, nämlich ein implizites Lernen. Jeder von uns musste sich als Kind einmal die vertrackte Grifffolge einprägen, mit der zwei Schuhbänder miteinander zu verknüpfen sind und nicht die Finger: fassen, halten, umfassen, ziehen, zurren. Anfangs schien uns dieser doppelte Schleifenknoten unendlich kompliziert und es verlangte unsere volle Aufmerksamkeit, wenn wir Schritt für Schritt nachvollziehen wollten, was Mutter oder Vater uns vorgemacht hatten. Heute knüpfen wir ihn nahezu täglich und denken weder an das Wie noch an die Tatsache überhaupt.

Das implizite Lernen erfordert, dass wir uns die erforderlichen körperlichen Prozeduren zunächst einmal bewusst machen, die Bewegungen genau kontrollieren. Wir gehen Schritt für Schritt vor, schreiten vom Einfachen zum Komplizierten. So lange, bis sich das Gehirn die Abläufe gemerkt hat und die erforderlichen Muskeln in der erforderlichen Stärke ohne Zutun des Bewusstseins ansteuert, um das Programm abzuspulen. Dann sind uns die Bewegungen, wie wir sagen, in Fleisch und Blut übergangen.

Spitzenleistungen erfordern ein ausgefeiltes Gedächtnis

Sportler müssen sich folglich enorme Mengen impliziten Wissens aneignen, bevor sie zu Könnern werden. Ihr Gehirn hat all die Anweisungen gespeichert, wie beim Ausüben einer bestimmten Sportart und ihrer unzähligen Spielsituationen unter extremen Zeitdruck zu reagieren ist. Weil das so ist, handelt es sich bei Sport genauso wenig um eine rein körperliche Tätigkeit, wie das Klavierspielen eine rein geistige darstellt. Handlungen erfordern das fein gewobene Zusammenspiel von Körper und Gehirn – und zwar in drei aufeinanderfolgenden Schritten: beim Erwerb der Regieanweisungen und deren erstmaliger Ablage im Gedächtnis; bei der langfristigen, über Jahrzehnte anhaltenden Speicherung im Gedächtnis; und schließlich beim Abruf der Bewegungsfolgen, sei es im Konzertsaal oder auf dem Sportplatz.

Zentrale Schaltstelle für Spitzenleistungen ist also das Gedächtnis. Dort ist das prozedurale Wissen von Handwerkern, Tänzern, Sportlern oder Musikern abgelegt, das lexikalische Wissen von Forschern, Musikern, Schriftstellern oder Ärzten, das episodische oder autobiografische Wissen von Künstlern und das räumliche Wissen von Taxifahrern – um beispielhaft ein paar Disziplinen mit ihren Schwerpunkten zu nennen.

Mit dem Gedächtnis hat es indes eine besondere Bewandtnis: Es ist zwar eine natürliche Gabe, aber es ist deswegen nicht fixiert. Das Speichervermögen ist dehnbar und zwar zu enormer Größe. Das haben wir im Kapitel »Wenn Lady Di den T-Rex umarmt« bereits diskutiert. Das Gehirn ist massiv plastisch, also wandelbar, und Lernen regt es zu umfangreichen Umbauvorgängen an. Die an der Verarbeitung der Reize beteiligten Regionen weiten sich aus oder verdicken sich, die Faserverbindungen dazwischen festigen sich, um eine sehr feine zeitliche Abstimmung der transportierten Signale zu gewährleisten. In den Nervenzellen werden ganze Gensätze aktiviert, andere abgeschaltet, manche Synapsen werden verstärkt, andere abgeschwächt, ganz abgeschaltet, oder neue entstehen. Daneben wachsen ständig frische, junge Nervenzellen heran – über Jahre und Jahre hinweg, ein Leben lang. Neuronen, die lernen müssen, die nach Aufgaben suchen, weil sie sonst wieder verdorren. Nur ein Trainierender gibt ihnen Aufgaben.

50 000 Partien im Kopf

Welche Bibliotheken des expliziten und impliziten Wissens Spitzenkönner in ihrem Denkapparat angehäuft haben, ist für Beobachter oft schwer nachzuvollziehen. Zuschauer bewundern beispielsweise deren »Bewegungsintelligenz«. Damit ist die stillschweigende Annahme verbunden, die Herkunft der Befähigung sei unbekannt, verborgen, mithin natürlich. Natürlich ist sie auch, nur ihr Umfang ist es nicht.

Beim sogenannten Denksport Schach ist diese Situation einsehbar. In dieser Paradedisziplin der Expertenforschung konnten Psychologen recht genau prüfen, woraus sich die Stärke von Spielern speist und wie Expertise zustande kommt. Intelligenz spielt dabei, wie schon im Kapitel »Der Talent-TÜV« erwähnt, so gut wie keine Rolle, sondern in grober Näherung die Zahl der absolvierten Partien. Wobei es nicht genügt, Spiele stur auswendig zu lernen, sondern die verschiedenen Stellungen, ihre Entstehung, ihre kritischen und entscheidenden Phasen, die Mechanik einzelner Figuren und den Verlauf der Partien im Gedächtnis abzulegen und bei Bedarf darauf zuzugreifen.

Untersuchungen zeigten, dass ein guter Vereinsspieler etwa 1000 unterschiedliche Schachkonstellationen im Kopf hat. Spitzenspieler dagegen verfügen über das gigantische Repertoire von rund 50 000 derartigen Mustern. Sie können sich diese im Nu vergegenwärtigen und zur Lösung ihres Schachproblems heranziehen.

Vor mehr als 20 Jahren gab Garri Kasparow, Schachweltmeister von 1985 bis 2000, in einem einfachen Feldtest eine Kostprobe seines Könnens – obschon eine Weile her immer noch beeindruckend. Aus einer Sammlung von einigen 10 000 Meisterpartien, die zwischen 1927 und 1987 gespielt worden waren, sollte er vor Journalisten eine bestimmte Auswahl aufgrund ihrer typischen Stellungen wiedererkennen. Das gelang ihm scheinbar völlig anstrengungslos. Wie aus der Pistole geschossen nannte er jeweils die beteiligten Spieler sowie Austragungsort und -jahr. Ganz bescheiden erklärte Kasparow seine Leistung damit, dass er eben so viele Partien im Kopf habe wie andere Leute Wörter. Er hätte auch behaupten können, er sei genial. Niemand hätte ihn deswegen misstrauisch angesehen.

Die beiden US-Psychologen William G. Chase und Herbert A.

Simon legten eine Arbeit vor, die analysierte, wie Schachspieler ihr Wissen organisieren. Dic Veröffentlichung des Papiers ist zwar ebenfalls schon ein bisschen her, 1973 war es, die geschilderten Ergebnisse aber sind weiter von Bedeutung.

Wie es scheint, benutzen die Denksportler dieselben Techniken wie auch Gedächtniskünstler, etwa der mehrfache Weltmeister Gunther Karsten: Sie fassen Einzelinformationen zu Gruppen zusammen und legen sie in einem einzigen Paket ab. Die Psychologen nennen die Technik »Chunking«, vom englischen Wort *chunk*, Brocken oder großes Stück. Selbst Anfänger systematisierten ihre Erfahrungen in derartigen Paketen, doch enthalten sie deutlicher weniger Informationen, sind also kleiner als die Brocken der Fortgeschrittenen. Die Bündeltechnik erwies sich laut Studie bei den Spielern als der entscheidende Schritt in der Aufbereitung der Information. Chunking half ihnen dabei, viele Daten im Gedächtnis abzulegen und daneben die Vorgänge des Speicherns und des Abrufens sehr rasch zu leisten.

Wissen erleichtert Wissen

Viele neue Studien bestätigen den Befund, dass Experten mit den Fakten ihres Fachgebietes einen besonderen Umgang pflegen. Mediziner, die Arztbriefe lesen, tun dies schneller und nehmen dabei mit deutlichem Abstand mehr Informationen auf als Studenten oder gar Laien. Musiker lernen unbekannte Stücke umso rascher und leichter, je größer ihr Können, sprich ihr Umfang an explizitem und implizitem Wissen, bereits ist. Dieser Effekt wirkt offenbar bis in die feinsten Verzweigungen einer Disziplin hinein. Studien zeigten, dass Musiker Bach-Stücke in kürzerer Zeit einstudierten, wenn sie sich zuvor bereits mit barocker Musik beschäftigt hatten.

Untersuchungen mit dem Hirnscanner zeigten, dass das Denkorgan von Experten in derartigen Situationen weniger aktiviert ist als das von Novizen. Erstere sind ökonomischer organisiert und erkennen anscheinend sogleich, worauf es ankommt. Wissen, folgt daraus, erleichtert die Aneignung neuen Wissens.

Erstaunlicherweise zeigen Experten diesen Lernvorsprung nur bei »regelhaftem Material«. Damit sind Informationen gemeint, welche im Rahmen ihres Fachgebietes einen Sinn ergeben. Sollten sie in Versuchen regelloses Material erinnern, also etwa Schachspieler sich Stellungen merken, die es nach den Regeln gar nicht geben dürfte, Musiker eine Tonleiter, die nicht existierte, Handballspieler eine Situation auflösen, die eigentlich keinen Sinn machte, waren ihre Leistungen kaum besser als die von Anfängern. Beim Golf fielen Könner auf das Niveau von Laien zurück, wenn sie mit einem S-förmig gebogenen Schläger putten mussten. Passten die Sinnesinformationen mithin nicht zu den fein organisierten Bündeln und Schubladen, die Experten im Kopf bereits gebildet hatten, waren sie sinnlos. Bei Mannschaftssportarten, die ohnehin einen gewissen Grad an Chaos aufweisen, war dieser Effekt dementsprechend weniger ausgeprägt als zum Beispiel beim sehr strukturierten Schach.

Die Sinne schärfen sich

Die Anpassungen des Gehirns betreffen nicht nur das Gedächtnis, sondern auch die Wahrnehmung. Das leuchtet zwar ein, weil beide Eigenschaften in einem engen Zusammenhang stehen, ist aber im Einzelnen doch frappierend. Musiker können zum Beispiel Frequenzen und Lautstärken von Tönen besser unterscheiden als Laien, nicht jedoch diejenigen gesprochener Sprache. Wieder setzt sich dieser Trend bis ins Detail einer Domäne hinein fort – als Domäne bezeichnen Psychologen das Spezialgebiet eines Experten: Instrumentalmusiker unterscheiden Tonlagen besser, Schlagzeuger hingegen Rhythmen und die Dauer von Tönen. Klavierspieler besitzen sensiblere Fingerkuppen und das entsprechend bessere Tastvermögen als andere Instrumentalmusiker.

Wie stark sich die Wahrnehmung von Experten durch ihr Training verändert, offenbarten Hirnscans mit dem MRT. Eine Forschergruppe um die Neuropsychologin Beatriz Calvo-Merino von der Londoner City University verglich zwei Tanzstile miteinander: Capoeira – ein brasilianischer Kampftanz – und klassisches Ballett. Die Wissenschaftler führten jeweils den Tänzern und einer Kontrollgruppe zwölf verschiedene, je drei Sekunden lange Filmsequenzen vor. Beobachteten die Künstler die eigene Stilrichtung, war ein verzweigtes Netzwerk von Spiegelneuronen im Gehirn aktiviert. Diese Nervenzellen imitieren die Bewegungsabläufe anderer und spielen speziell beim Lernen eine wichtige Rolle. Bei den Kontrollpersonen verhielten sich die Spiegelneuronen dagegen neutral. Und ungerührt ließ es sie auch, wenn Capoeira-Tänzer Ballettszenen betrachteten oder umgekehrt Balletttänzer Capoeira-Szenen.

Die beiden Pädagogen Hans Gruber von der Universität Regensburg und Andreas Lehmann von der Universität Würzburg ziehen in einem aktuellen Beitrag zur *Enzyklopädie der Psychologie* ganz klare Schlüsse aus diesen Befunden: »Alle diese Adaptationen sind Folge intensiver Übung; sie belegen, dass eine Adaptation der kognitiven Verarbeitung und der Funktion der Sinnesorgane möglich, aber auf domänenspezifische Stimuli beschränkt ist.« Das heißt unter anderem: Spezialisiertes Können transferiert nicht unbedingt. Wer im Basketball ein Überflieger ist, wie Michael Jordan einst, muss sich nicht wundern, wenn er im Baseball versagt. Aus demselben Grund gibt es im Tennis Rasen- oder Sandplatzspezialisten. Natürlich können einige grundlegende Fähigkeiten durchaus in einer anderen Disziplin von Nutzen sein: Eine gute Ausdauer ist beim Laufen und beim Inline-Skating von Vorteil. Wer sich im Fußball mit fliegenden Bällen beschäftigt hat, wird beim Golf ganz gute Startbedingungen haben. Doch eine vergleichbare Könnerschaft ist im anderen Gebiet nicht garantiert.

Eine von Wissenschaftlern derzeit stark untersuchte Frage ist: Betrachten Könner Spielsituationen anders als Laien, um die relevanten Informationen rascher zu ermitteln? Wie unterscheiden sie zwischen wichtig und unwichtig? Um Antworten zu finden, zeichneten Forscher in einem Versuch die Augenbewegungen von Badminton- und Squash-Spielern auf, während diese Filmszenen ihres Sports betrachteten. Dabei unterschieden sich Erfahrene und Laien kaum in der verwendeten allgemeinen Suchstrategie. Die Differenz lag aber in dem Gebrauch, den sie von der erfassten Informationen machten. Gute Spieler konnten unmittelbar bevorstehende Ereignisse besser vorhersehen, sie also antizipieren. Sie stützen ihre Entscheidungen etwa darauf, wie ein Spieler den Arm führt. Anfänger indes begnügen sich mit der Beobachtung des Schlägers.

Und weil Spitzenkönner wissen, welche Anhaltspunkte dem Gegner Aufschluss über die eigene geplante Aktion geben, ist das Verbergen und Täuschen kein ungewöhnlicher Bestandteil des impliziten Gedächtnisses und der impliziten Wahrnehmung. Für den Elfmeter im Fußball etwa konnten Forscher belegen, dass die Fähigkeit des Schützen, in der Hüfte zu rotieren, ein wichtiger Faktor dafür ist, ob er den Torwart überlistet und ins Netz trifft. Umgekehrt vermögen erfahrene Torhüter, die Hüftrotation des Schützen besser wahrzunehmen und seine Absichten besser zu durchschauen, als Kollegen mit weniger Praxis. Sie erhöhen damit die Wahrscheinlichkeit, in die richtige Ecke zu hechten.

Der Experten-Experte

Aus der Summe derartiger Befunde, die ganze Lexika füllen, zieht Anders Ericsson von der University of Florida in Tallahassee weitreichende Schlüsse. Wenn die anatomischen Hebelverhältnisse des Skeletts oder die Körpergröße nicht dagegenstehen, dann ist aus seiner Sicht vieles möglich. »Nach allem, was ich bisher gefunden habe, ist das Leistungsvermögen einer Person nur durch feste und durch Training unveränderliche Attribute begrenzt, wie sie etwa die Körpergröße, die Augenfarbe oder Gesichtsmerkmale darstellen«, meint der Psychologe. Bei dieser Aussage sollte man genau auf die Formulierung achten. Sie schließt nämlich nicht ausdrücklich aus, dass es Erbanlagen geben könnte, die über eine

Begabung entscheiden. Sie besagt nur, der gebürtige Schwede kenne keine derartigen Faktoren. Nach seiner Ansicht kann fast jeder fast alles lernen, wenn er nur will. Gewonnen hat er sie in seiner mehr als 20 Jahre langen Tätigkeit auf seinem Gebiet – als ein weltweit anerkannter Experte des Expertentums.

Ob Ericssons Denkweise radikal ist oder einfach nur streng wissenschaftlich, darüber kann man sicherlich streiten. Die Max-Planck-Gesellschaft, namentlich das Institut für Bildungsforschung in Berlin, entschied sich für die erste Ansicht und verwehrte dem vielversprechenden jungen Psychologen einst eine Top-Position, wie er rückblickend schildert. Für seine Haltung indes spricht der Charme der Überraschung, der Neugier, der Innovation, des Kontra-Intuitiven, des Stimulierenden. Sie lehnt Gewissheiten ab, die nur zu Anerkanntem geworden sind, weil alle Welt daran glaubt und sich fortwährend gegenseitig darin bestätigt – für die es aber keine stichhaltigen Belege gibt. Viele der damit verbundenen wissenschaftlichen Fallstricke sind detailliert in den vorhergehenden Kapiteln nachzulesen.

Ericsson hat deshalb aufgehört, von Genies, Talenten oder Begabungen zu sprechen oder sich gar fachlich mit ihnen zu beschäftigen. Zu leer sind diese Begriffe, zu missverständlich und schwammig für die Forschung. Obendrein gehen sie von Voraussetzungen aus, die erst noch zu etablieren sind. Er erforscht mit seinen Studenten stattdessen, wie Rekordhalter im Lösen von Kreuzworträtseln vorgehen, wie viel Zeit Experten in Zoologie und Botanik bei ihrer Arbeit verbringen oder ob etwa mit Preisen bedachte Schriftsteller besser darin sind, den Stil klassischer Textpassagen zu imitieren als durchschnittliche Autoren. Er interessiert sich für den lernenden Menschen und nicht den vermeintlich göttlichen Funken in ihm. Diese grundlegend demokratische Gesinnung scheint sein gesamtes Wirken zu durchziehen, als Hochschullehrer, als Forscher, als Mensch. Ob in seinen Seminaren oder in der persönlichen Begegnung, er mutet aufmerksam an, interessiert, präsent, ernst nehmend. Respekt bringt er Ideen, Meinungen, Neugier entgegen, nicht aber Statussymbolen. Manch einer wird solcherart Verhalten als provokant empfinden.

Ericsson, Jahrgang 1947, sagt, wenn er könnte, wie er wollte, er würde sein Leben genau so einrichten, wie es ist. Wenn nicht gerade ein Football-Spiel der College-Mannschaft ansteht, raubt ihm in der amerikanischen Provinzstadt von Tallahassee kein Stau die Zeit. Der 61-Jährige wohnt nur wenige Minuten von seinem Büro auf dem Palmen bestandenen Campus der University of Florida entfernt. Jeden Abend geht er um elf Uhr zu Bett und steht morgens um halb acht Uhr auf, »Schlaf ist wichtig«, betont er. Nach dem Frühstück verfasst Ericsson seine Artikel, Beiträge oder Bücher. Ab elf etwa fährt er an seinen Arbeitsplatz, um Seminare zu begleiten, seinen Forschungen nachzugehen oder Organisatorisches zu erledigen – jeden Tag, in der Regel sieben Tage die Woche. Der Erfinder der 10 000-Stunden-Regel hat sein Pensum längst absolviert und macht dennoch immer weiter.

Was macht einen Experten aus?

Ein Experte muss nach Ericssons Definition drei Kriterien erfüllen. Erstens: Die betreffende Person sollte auf einem bestimmten Gebiet eine Leistung erbringen, die herausragend ist, also über derjenigen seiner Vergleichsgruppe liegt. Zweitens: Die Leistung muss konkrete, nachvollziehbare Resultate erzielen. Zum Beispiel sollte ein Neurochirurg nicht nur mit dem Skalpell gut umgehen, sondern Heilungserfolge bei seinen Patienten vorweisen können. Ein Schachspieler etwa muss in Ausscheidungen unterschiedlichen Niveaus Partien gewinnen. Drittens: Die Leistung sollte reproduzierbar sein, am besten im Labor, und weder zufällig noch einmalig auftreten.

Erst diese Kombination von Merkmalen erlaubt es einem Forscher überhaupt, das Können eines Experten zu ergründen. Der Wissenschaftler vermag nun beispielsweise bestimmte Faktoren zu variieren, um zu sehen, wie sich die veränderte Ausgangslage auf die Entscheidungen des Experten auswirken. Er kann ihm Filmszenen vorspielen, verzeichnet dabei seine Augenbewegungen oder bittet ihn, während seiner Analysen laut zu denken.

Die Leistung eines Könners soll sich am Erfolg bemessen. Diesen zu erfassen, ist nicht in allen Domänen einfach. In der Leichtathletik liefert die geworfene oder gesprungene Weite, die gelaufene Zeit klare Zahlen (von Rückenwind oder Höhenluft einmal abgesehen). Ebenso im konfrontativen Sport, auch im Schach, wo die Zahl der gewonnenen Spiele oder Titel eine gute Bewertung erlaubt. Bei Medizinern, Managern oder gar Künstlern fällt die Entscheidung schon schwerer. In diesen Domänen sind die Herausforderungen komplex und die Aufgabenstellungen, etwa zwischen verschiedenen Unternehmen oder individuellen Patienten, unterschiedlich. Noch komplizierter wird es, wenn der Erfolg letztendlich von der Einschätzung eines mehr oder weniger sachverständigen Publikums abhängig ist – wobei es sich hierbei auch um den eigenen Aufsichtsrat handeln kann.

Nicht alle Experten, die sich selbst so nennen oder, speziell im Fernsehen, von anderen so bezeichnet werden, sind also welche. Im Jahr 1976 trat dies anhand eines Vergleichs von französischen und kalifornischen Spitzenweinen eklatant zutage. Neun französische Verkoster bewerteten die Tropfen und stuften diejenigen aus der neuen Welt höher ein als die europäischen. Dieser Umstand produzierte Empörung in der Grande Nation, doch insgeheim freute sich das Publikum wohl höhnisch darüber, dass die sogenannten Fachleute bei den Weinen keinerlei Unterschied in der Herkunft ausmachen konnten. Aktuelle Untersuchungen bestätigen das: Wenn sie sich nicht an Preis und Etikett orientieren können, sind manche der sogenannten Weinexperten genauso blind für die Qualität des Genussmittels wie jeder andere unsichere Verbraucher, der sich im Supermarkt schnell mit Fusel und Chips für den Fernsehabend eindeckt. Eine andere, kontrollierte Studie ergab, dass manche Psychotherapeuten mit jahrzehntelanger Berufserfahrung in der Behandlung ihrer Patienten nicht signifikant erfolgreicher waren als Anfänger, die nichts weiter als einen dreimonatigen Einführungskurs besucht hatten. Auch dies wird mancher mit Schadenfreude quittieren.

Extrem lange Erfahrung in einem Fach kann in einem Teilgebiet sogar zu schlechteren Leistungen führen. Untersuchungen zeigten, dass Ärzte seltene Leiden der Lunge oder des Herzens umso schlechter diagnostizierten, je länger ihre Ausbildungszeit hinter ihnen lag. Vermutlich vergaßen sie die Merkmale einer Krankheit schlichtweg, wenn sie ihr über längere Zeit nicht begegnet waren. Ein Auffrischungskurs vermochte diese Schwäche umgehend zu beheben.

»In einer Höhle zu leben macht noch keinen Geologen«, erklärt Ericsson angesichts dieser Ergebnissen schnodderig. Erfahrung mag zwar nicht automatisch zur Perfektion führen, eine bestimmte Art des Lernens aber durchaus, urteilt der Psychologe. Er nennt es »deliberate practice«, zielgerichtetes Üben, das einen Anfänger mittels sehr, sehr vieler Trainingseinheiten in einen Könner verwandelt. Kernpunkt des Konzeptes ist es, gezielt an den Schwächen zu arbeiten und beständig auf tägliche kleine Fortschritte zu bauen – statt den einen märchenhaften Durchbruch über Nacht zu erhoffen.

Wer den Eindruck hat, diese Ideen schon einmal in der Sportberichterstattung gelesen oder gehört zu haben, liegt durchaus richtig. Sein Ziel sei es, jeden Spieler jeden Tag ein Stückchen besser zu machen, erklärte Jürgen Klinsmann, Trainer des Fußballbundesligisten FC Bayern München, wiederholt, als er seine Arbeit letztes Jahr begann. Das wissenschaftliche Rückgrat dieser ehrgeizigen und emsigen Vorgehensweise bilden Ericssons Erkenntnisse.

Aller Anfang ist zauberhaft schwer

Gesetzt den heute gar nicht mehr so seltenen Fall, Sie beginnen mit dem Golfspielen – es könnte sich auch um Skifahren, Segeln, Tennis, Kochen, Baumfällen, Autofahren oder einen neuen

Job handeln. Was passiert dabei? Anfangs wird Ihnen das meiste fremd und ungewohnt erscheinen. Die Menschen, ihre Kleidung, ihre Ausdrücke und die spezielle Sprache, der Platz mit seiner Unübersichtlichkeit und den großen Entfernungen.

Auf dem Grün werden Sie vielleicht erst einmal erstaunt sein, wie klein der Ball ist. Und nachdem Sie festgestellt haben, dass er nach einem Schlag in alle möglichen Richtungen fliegen oder kullern oder gar liegen bleiben kann, werden Sie mit Zurückhaltung an den neuen Sport herangehen. Die gröbsten Fehler vermeiden, heißt: nicht versehentlich die Mitspieler verletzen, nicht in den Rasen schlagen, den Ball treffen und ihn so gut es geht in die erforderliche Richtung befördern. Nach einer Weile, einem Anfängerkurs womöglich, erwerben Sie die Platzreife. Je mehr Sie spielen, umso mehr erhöhen Sie Ihre Treffsicherheit und die Wucht, die Sie in einen Schlag legen können.

Bald grüßt Sie der Wirt der angeschlossenen Gaststätte mit Namen – je nachdem wie gut sein Gedächtnis und sein Geschäftssinn ist. Und in einer überraschend kurzen Zeit, nach vielleicht 50 Stunden auf dem Platz, wird sich Ihr Spiel immens verbessert haben. Sie können Ihre Schläge immer gründlicher kontrollieren, die Ausreißer werden immer seltener. Im Austausch mit Ihren Golffreunden entwickeln Sie ein Gespür, wie Sie den Ball in welcher Situation hätten treffen sollen und tatsächlich getroffen haben.

Nach und nach wissen Sie besser, wann welcher Schläger einzusetzen ist und machen plötzlich die gleichen Witze, die Sie anfangs noch als etwas speziell empfunden hatten. Sie spüren, dass Sie Ihnen über Unsicherheiten hinweghelfen und gleichzeitig erlauben, sich über die vermeintlichen Fehler und Lernfortschritte auszutauschen. Ihr Spiel automatisiert sich zusehends, Sie handeln vermehrt intuitiv, konzentrieren sich nur noch in besonderen Situationen und beteiligen sich an den Gesprächen – man ist schließlich gemeinsam auf dem Platz, um zu entspannen und das Miteinander zu genießen.

An der Talentkreuzung

Das ungefähr ist der Punkt, der ein entscheidendes Stadium markiert. Jeder Spieler, egal ob Amateur oder Profi, egal in welcher Disziplin, erinnert sich gut an ihn. Sie schwimmen nun gut mit, fallen weder positiv noch negativ auf – und stehen doch an einer Kreuzung: Wenn Sie sich mit dem nun erreichten Niveau zufriedengeben, werden Sie von sofort an kaum noch Fortschritte machen. Im extremen Fall wird Ihr Spiel über Jahrzehnte hinweg auf diesem Niveau stagnieren. Über Ihre Fehler gehen Sie hinweg, Sie beschäftigen sich nicht mehr mit ihnen, kommentieren sie entschuldigend mit »war schon einmal schlechter« und marschieren ungerührt zum nächsten Loch weiter.

In die andere Richtung ginge es nur dann, wenn Sie Ihr Verhalten ändern würden. Sie müssten zum Beispiel aus Ihrer Gruppe ausscheren, um von exakt derselben Stelle des Grüns aus fünf-, zehn- oder zwanzigmal denselben Schlag auszuführen. Erst dies ließe Sie erkennen, wie sich unter sonst gleichen Bedingungen veränderte Details – die Körperhaltung, die Konzentration, der Schwung, die Kraft – auf die Bahn des Balls auswirken. Würde ein erfahrener Mentor Ihnen beistehen, Sie beobachten und auf systematische Fehler aufmerksam machen, Sie würden diese Patzer anschließend vermeiden. Würden Sie den Erfolg Ihrer Korrekturen sofort kritisch am Ergebnis kontrollieren können, vielleicht anhand einer Videoaufzeichnung – Ihr Lernfortschritt wäre noch größer.

Ohne emsiges, konzentriertes, selbstkritisches Üben stagniert jeder ab einem bestimmten Niveau. Das ist an sich nichts Besonderes, man sollte es sich aber bewusst machen. Selbst Größen wie der 2002 verstorbene US-Golfprofi Sam Snead – manchem wird er noch als derjenige bekannt sein, der über Jahrzehnte beim Augusta-Masters den Ehrenabschlag vollführte – hätten sich ohne extremen Trainingsfleiß nicht vier Jahrzehnte lang an der Weltspitze halten können. Eine Fachzeitschrift feierte Snead einst als »das größte Naturtalent aller Zeiten«. Er selbst erzählte eine ganz andere Version seiner Bildungsgeschichte: »Die Leute sagten immer, ich hätte einen natürlichen Schwung. Sie dachten, ich wäre kein harter Arbeiter. Aber als ich jung war, spielte und übte ich den ganzen Tag und nachts im Licht der Scheinwerfer meines Autos. Meine Hände bluteten. Niemand arbeitete härter für Golf als ich.«

Daran ist zu sehen, dass es nicht zwingend mit Spaß verbunden ist, es auf einem oder mehreren Gebieten zur Meisterschaft zu bringen. Ericsson erklärt: »Keiner genießt es, zu versagen und sich etwa wehzutun, wenn er auf das Eis oder den Boden der Turnhalle fällt.«

An diesem Punkt wird noch einmal sehr deutlich der Unterschied der beiden Haltungen klar. Wissenschaftler, die von der Bedeutung natürlicher Anlagen ausgehen, vertreten die Ansicht, wer Talent besitze, übe eine Handlung besonders häufig aus, gerade weil sie ihm leichtfalle. Dies produziere Erfolgserlebnisse, und deshalb trainiere derjenige umso mehr. Folglich sei nicht Training ursächlich für das Können, sondern korreliere nur damit. »Deliberate practice ist nichts anderes als eine Näherung für Talent«, kritisiert Intelligenzforscher Robert Sternberg Ericssons Standpunkt. Ericsson und seine Kollegen sagen: Ein Anfänger trainiere viel, weil er das Ziel vor Augen habe, es zur Meisterschaft zu bringen. Das Training bilde also die Basis für das Können.

Auf den Punkt gebracht, lassen sich die Denkrichtungen etwa wie folgt zusammenfassen: Talent führt zu Training führt zu Erfolg, vermuten die Natur-Vertreter. Motivation oder Vorbilder führen zu Training führt zu Erfolg, halten die Umwelt-Vertreter dagegen. Der Begriff des Trainings aber ist für beide Ansätze zentral.

Sich mit dem eigenen Nicht-Können beschäftigen

Jenseits der mitunter verdrießlichen Diskussion über vermeintliche Ursachen findet Ericsson Idee vom »deliberate practice« als Lernkonzept in zahlreichen Studien Unterstützung. Entsprechend den Befunden der Expertenforschung übten Musiker umso intensiver oder belegten Spezialkurse, je mehr sie bereits wussten. Gesangsamateure nutzten die Übungsstunden dazu, sich zu entspannen und die Zeit zu genießen. Profis dagegen strengten sich dabei an und erhöhten ihre Konzentration, um sich zu verbessern. Spiel und Lernen sind ab einer bestimmten Stufe zwei Paar Stiefel.

Junge Auswahlspieler im Fußball verwendeten deutlich weniger Zeit zum spielerischen Herumkicken als durchschnittliche Vereinsspieler ihrer Altersgruppe. Schachspieler waren stärker, wenn sie regelmäßig allein konzentriert den Verlauf von Meisterpartien durchdachten und geistig nachvollzogen, warum ein Spieler welche Züge gewählt hatte.

Das »deliberate practice« sieht also nicht nur stures Repetieren vor. Es beinhaltet auch aktives, problemlösendes Denken. Es erfordert die volle Konzentration und die Disziplin, sich allein – ohne Freunde, ohne Ablenkung, teils auch ohne Trainer – dem Studium zu widmen. Und es erfordert ein Bewusstsein der eigenen Schwächen. Wissenschaftliche Arbeiten wiesen nach, dass die Menge an Zeit, die Zöglinge jeweils einer bereits gemeisterten oder im Gegensatz dazu: nicht gemeisterten Fähigkeit widmen, relativ genau deren Niveau beschreibt. Gute Eiskunstläufer etwa legten den Schwerpunkt darauf, Figuren und Sprünge zu wiederholen, die sie schon konnten. Bessere Eiskunstläufer befassten sich mit den noch wackeligen Partien ihrer Darbietung. Wer dazulernen will, muss sich vor allem um die Dinge bemühen, die er nicht kann, und sich nicht auf jenen Fertigkeiten ausruhen, die er bereits beherrscht.

Dies hat eigenartige Konsequenzen: Gerade derjenige, der am meisten investiert, muss lernen, mit dem Gefühl des Scheiterns und der Frustration umzugehen. Seine Freude wird er nicht primär am Üben selbst, sondern in den immer seltener werdenden Momenten empfinden, wenn eine neue Hürde genommen, ein Schwierigkeitsgrad gemeistert ist – und natürlich am Erfolg, dem gewonnenen Spiel oder Lauf. Erst das Bewusstsein des Nicht-Gekonnten wird es in Gekonntes verwandeln.

Das ist zwar positiv, doch es bedeutet auch, dass der Trainierende permanent mit dem Eindruck der Unvollkommenheit, der Unbestimmtheit umzugehen hat. Subjektiv beschäftigt er sich stets mit seinem Unvermögen. Er bewegt sich, wenn auch vielleicht auf hohem Niveau, auf einem Terrain, das er nicht genug beherrscht. Er weiß im Prinzip nicht, ob er sich weiter steigern kann, das hat er mit jedem gewöhnlichen Anfänger gemein. Nur objektiv, also aus der selbstkritischen Distanz, wird er die Gewissheit entwickeln können, sich fortzuentwickeln, nicht stehen zu bleiben. Richtig gut zu werden bedeutet, diese widersprüchlichen persönlichen Eindrücke zu meistern – gerade gegenüber einer Öffentlichkeit, die von Schwächen nichts hören möchte.

Die Praxis von Beruf oder Alltag scheint dem entgegenzustehen. Dort ist ein besonderer Antrieb zum Dazulernen, die Motivation, jeden Tag ein Stückchen besser zu werden, nicht spürbar. Doch wenn Arbeitnehmer über Jahre und Jahrzehnte hinweg in ihrer Produktivität stagnieren, so nicht deswegen, weil sie nicht mehr könnten oder ihre kognitiven Fähigkeiten sie beschränken würden. Eine Anzahl wissenschaftlicher Untersuchungen versucht dies tatsächlich zu belegen.

Nein, die Ursache liegt eher in fehlenden Lerngelegenheiten sowie in mangelnden Anreizen. Wie viele Freizeitsportler oder -musiker begnügen sich Arbeitnehmer mit einem Niveau, das ihnen selbst und ihrer Umgebung, Vorgesetzten oder Kollegen, als gerade so akzeptabel erscheint. Ja, Unternehmen legen in aller Regel mehr Wert darauf, dass Aufgaben erledigt werden und ein hierarchisches Gefüge erhalten bleibt, als dass durch gesteigerte Leistungen und Ansprüche Unruhe in die Abteilungen kommt.

Sind Mitarbeiter aber entschlossen, sich um eine Beförderung zu bewerben, dann sind sie in der Regel sehr wohl in der Lage, ihre Arbeitskraft deutlich zu steigern – mitunter in einem Umfang, der sie selbst erstaunt. Beispiele wird jeder zur Genüge aus der Praxis kennen.

Zielvorstellungen entwickeln und im Auge behalten

Es ist also ganz offenbar eine klare Vorstellung davon erforderlich, was überhaupt erreicht werden soll und vor allem warum. Nur mit einem Ziel vor Augen können Menschen die Opfer und die Motivation aufbringen, »sich über die bekannte Komfortzone ihrer Leistung hinauszubewegen«, wie es Ericsson formuliert. Denn professionell zu lernen, ist unbequem, es ist zeitaufwändig und mühsam.

Dies zu erkennen, ist eine weitere Quelle der Frustration, die ebenfalls jeder kennt. Wer entdeckt hat, wie hoch die Anforderungen eines neu begonnenen Hobbys oder einer neuen beruflichen Existenz sind, der wird Gefahr laufen, nur noch die Mühseligkeiten vor sich zu sehen. Darunter wird seine Lernbereitschaft leiden. Er wird weniger üben, gegenüber Mitstreitern zurückfallen und aus Frustration schließlich ganz aufgeben. Womöglich wird seine Rechtfertigung so lauten: »Ich habe eben kein Talent dafür.« Eine Abkürzung aber gibt es nicht. Jeder, der sich ehrgeizige Ziele steckt, muss durch dieses tägliche Nadelöhr hindurch.

In einer Studie, die so unterschiedliche Probanden wie Kinder, die an einem Buchstabierwettbewerb teilgenommen hatten, und Kadetten beim Militär umfasste, belegte Angela Duckworth von der University of Pennsylvania die entscheidende Rolle des Durchhaltevermögens für den Erfolg. Die Psychologin ließ ihre Studienteilnehmer Fragebögen ausfüllen, auf denen sie Aussagen wie »Ich bringe zu Ende, was ich anfange« oder »Von Rückschlägen lasse ich mich nicht entmutigen« auf einer Skala bewerten sollten. Am Ende zeigte sich, dass Beharrlichkeit mit besseren Leistungen im Zusammenhang stand. Hartnäckige Offiziersanwärter hatten bessere Noten, und unerschütterliche Kinder waren im Wettbewerb höher platziert. Das Durchhaltevermögen vermochte den Erfolg gar weitaus besser vorherzusagen als der Intelligenzquotient (IQ) und stand nicht mit diesem in Zusammenhang. Für ein Talent sind diese Persönlichkeitseigenschaften viel wichtiger als eine Begabung. »Wir sind der Überzeugung, dass Menschen, die in einem Bereich brillieren – ganz gleich in welchem –, vor allem eine Eigenschaft besitzen: die Fähigkeit, die Zähne zusammenbeißen zu können«, folgerten Duckworth und ihre Mitarbeiter.

Tröstlich mag allein sein, dass dies auch für die Allergrößten ihrer Zunft galt und gilt. Franz Beckenbauer steht im Ruf, einst der beste Fußballer der Welt gewesen zu sein. Er wurde Weltmeister als Spieler und Trainer, holte maßgeblich die Weltmeisterschaft 2006 nach Deutschland. Alles die Erfolge eines genialen Straßenjungen aus dem Münchener Stadtteil Gießing, der seinen Weg machen musste?

Wer Beckenbauers Biografie *Einer wie ich*, erschienen im Jahr 1975, liest, wird eines ganz anderen belehrt. Der spätere »Kaiser« beschreibt darin neben einigen frühen Irrungen seine zähe Arbeit mit einem einbeinigen Trainer. Immer wieder fiel Beckenbauer in den Matsch, holte sich Schrammen und wunde Knie, wenn er sich gegen seinen Betreuer durchsetzen sollte. Trotz der Behinderung verstand es dieser, seinen Körper unter Zuhilfenahme zweier Krücken so einzusetzen, dass der kleine Franz entweder nicht an den Ball kam oder ihn umgehend wieder an seinen Sparringspartner verlor. Der Ärger, die Frustration und die ständigen Selbstzweifel darüber trieben Beckenbauer jedoch an, sich jeden Tag noch mehr anzustrengen.

Anders als sein Image vom inspirierten und genauso launigen wie leichtfüßigen Genie, war und ist Beckenbauer ein emsiger Arbeiter. Das offenbarte seine Akribie als Nationaltrainer genauso wie seine rastlose Tätigkeit im Umfeld der Weltmeisterschaft. Am Ende der Verlängerung eines Endspiels beim Elfmeterschießen ein Tor zu erzielen, resultiert für ihn keinesfalls primär aus der Eingebung oder augenblicklichen Nervenstärke des Spielers, auch nicht aus einer grundsätzlichen Kompetenz, die gute Fußballer ohnehin besitzen, sondern aus Übungsfleiß. Von dem weißen Punkt aus zu treffen, bekräftigte Beckenbauer im Fernsehen mehrfach kopfschüttelnd, insbesondere in Bezug auf erneut unterlegene britische Mannschaften, das könne man doch trainieren.

Motivation und Ernsthaftigkeit sind entscheidende Persönlichkeitseigenschaften für eine Karriere, meint auch Michael Henke, der als Co-Trainer Ottmar Hitzfelds mit Borussia Dortmund und dem FC Bayern München die Champions League im Fußball gewann. »Ned Zelic brachte Anlagen mit wie der junge Beckenbauer, aber den großen Durchbruch schaffte er nicht. Er hörte nie auf, ein australischer Beachboy zu sein«, erklärt Henke. Ein Owen Hargreaves dagegen hätte frühzeitig klare Vorstellungen seines Zieles entwickelt, spielt heute in einer der besten Vereinsmannschaften der Welt, Manchester United, und gewann zweimal die Champions League.

Auch scheinbar Mystisches ist erlernbar

Gezielte Schulung einfacher Abläufe ist viel verbreiteter und bewirkt weit mehr, als mancher glauben mag. Beim britischen Fußballklub FC Arsenal London, für seinen ästhetischen Stil weltweit bekannt, lässt Trainer Arsène Wenger seine Spieler so lange flache Kurzpässe üben, bis sie diese fast im Schlaf beherrschen. Roger Federer, einer der erfolgreichsten aktiven Tennisspieler, vergnügt sich nicht mit komplizierten Schlägen durch die Beine, sondern exerziert zusätzlich die einfachen Bälle mit Rück- und Vorhand, immer wieder.

Wer etwa eine Fremdsprache erlernt, wenn er älter als drei Jahre alt ist, wird sie später nicht mehr akzentfrei beherrschen. Diese vermeintlich gesicherte Aussage beruht auf der Beobachtung sehr vieler Fremdsprachler. Verantwortlich dafür sind sensible Phasen der Gehirnentwicklung, wir haben darüber im Kapitel »Zahlensinn und Sprachinstinkt« gesprochen. Japanische Kinder zum Beispiel verlieren recht bald die Fähigkeit, r- und l-Laute als verschieden wahrzunehmen und damit auszusprechen.

Das Wissen um dieses Unvermögen ist so verbreitet, dass es etwa in Witzen, Comics oder Werbespots immer wieder beschrieben oder aufs Korn genommen wird. Deutsch oder Englisch sprechende Japaner, die das Gegenteil beweisen würden, sind so selten, dass sie das Vorurteil nicht entkräften. Dennoch können Erwachsene aus dem Land des Lächelns lernen, l und r zu unterscheiden.

Das zeigte eine eindrucksvolle Studie von Jay McClelland an der Stanford University, Kalifornien, aus dem Jahr 2002. In einem speziellen Hörtraining, dem Konzept des »deliberate practice« vergleichbar, präsentierte der Neurowissenschaftler japanischen Muttersprachlern zunächst unnatürlich überbetonte Laute. Auf diese Weise konnten sie Wörter wie etwa »klagen« oder »Kragen« differenzieren lernen. Nach und nach erhöhten McClelland und seine Mitarbeiter den Schwierigkeitsgrad. Sie gaben den Probanden jedoch stets unmittelbar danach Rückmeldung, ob sie die vorgespielten Begriffe richtig wahrgenommen hatten. Abschließende Tests ergaben, dass das Training mit kleinen Steigerungen und Rückmeldungen einen klaren Lerneffekt bewirkte – in den Zentren für Sprachverarbeitung und nicht primär den unteren Ebenen des Hörens.

Eine zweite Sprache perfekt zu meistern ist mithin für Kleinkinder nur leichter als für Erwachsene oder ältere Kinder. Gänzlich unmöglich ist das für die letztere Gruppe jedoch nicht, vorausgesetzt, sie genießt das richtige Training. Manche schaffen es auch im Eigenstudium: Die in Polen gebürtige Ärztin Katharina Larisch aus München verließ ihr Heimatland im Alter von sieben Jahren. Deutsch spricht sie dennoch akzentfrei. Sie sagt, sie hätte großen Wert darauf gelegt. In der Praxis wird es indes so sein, dass die große Mehrheit der Erwachsenen dafür keine Lust, keine Zeit oder kein Geld erübrigen kann.

Selbst derart geheimnisumrankte und für Manager entscheidende Gaben wie »Führungsqualität« oder »Charisma« stellen nicht unbedingt Eigenschaften dar, die jemandem entweder in die Wiege gelegt sind oder ihm zeitlebens fremd bleiben. Sie sind erwerbbar, wie Psychologe Ericsson betont. Wer regelmäßig vor der Aufgabe steht, vor Angestellten, in Fachkonferenzen oder gegenüber einem Kontrollgremien zu reden und diese Menschen vom eigenen Standpunkt zu überzeugen, der benötigt Sicherheit und Überzeugungskraft, kurzum: schauspielerischen Ausdruck – und dafür gibt es Schulen. Mit Unterstützung eines Regisseurs oder eines Schauspielers können Führungskräfte lernen, wie sie vor einer Gruppe ihre Argumente vertreten und was sie tun müssen, um ihre Wirkung und ihren Auftritt zu veredeln. Eine wissenschaftlich fundierte Erfolgskontrolle gibt es aus naheliegenden Gründen nicht. Doch das Vorgehen ist nicht ohne historische Vorbilder. Der frühere britische Premier Winston Churchill, dem besonderes Charisma nachgesagt wurde, exerzierte seine Redekunst regelmäßig vor dem Spiegel.

Die Hürde im Kopf

Am Beispiel des manuellen Texterfassung konnten Wissenschaftler die Wirkungsweise des Konzeptes vom »deliberate practice« gut belegen. Die Kunst der Schreibkräfte – früher an der Schreibmaschine, heute auf der Computertastatur – besteht darin, mit den Augen den Fingern ein Stück weit voraus zu sein. Sie lesen nicht die Wörter, die sie gerade tippen, sondern diejenigen, die sie in wenigen Augenblicken schreiben werden. So bereiten sie sich auf Schlüsselstellen mit schwierigen Typenkombinationen vor. Wenn sich das nach der Ausbildung einmal eingespielt hat und die Vorgesetzten zufrieden sind, halten die Schreiber ihre Geschwindigkeit normalerweise über ihr Berufsleben hinweg konstant.

Wollen sie ihre Effektivität hingegen erhöhen, müssen sie es zunächst einmal einfach tun: schneller schreiben. Studien zeigten, dass Steigerungen von 10 bis 20 Prozent normalerweise bei entsprechend erhöhter Konzentration über einen kurzen Zeitraum von rund einer halben Stunde kein Problem waren. Bei der Analyse kristallisierten sich exakt jene Problemstellen heraus, welche die Schreiber bremsten. Übten sie diese Kombinationen in einem anschließenden Training und erhöhten dabei die Geschwindigkeit immer ein kleines bisschen mehr, steigerte dies plötzlich ihre

Gesamtleistung. Die zu überwindende Engstelle lag indes nicht draußen, nicht in der Fingerfertigkeit, sondern drinnen, im Kopf.

Vergleichbares gilt für viele Sportarten, die extrem schnelle Bewegungsabläufe oder Reaktionen erfordern, Schwimmen, Laufen, Tennis oder Mannschaftsspiele. Könner sind in der Lage, die nötigen Handlungen schneller und gleichzeitig kontrollierter auszuüben als durchschnittliche Kontrahenten. Dies hängt nicht etwa mit einer Begabung für größere Genauigkeit oder eine höhere Verarbeitungsgeschwindigkeit im motorischen System zusammen. Auch ein Meister muss die mentalen Schaltkreise erst langsam und Schritt für Schritt aufbauen, die es ihm später erlauben, dieselben Aktionen präzise und in Hochgeschwindigkeit auszuführen. Er zeichnet sich schließlich dadurch aus, dass er seine Handlungen unter Kontrolle hat und schwierigste Abläufe beliebig wiederholen kann.

Genau besehen ist gerade dies die Eigenschaft eines Weltklassespielers oder -wettkämpfers: mit sehr hoher Verlässlichkeit Topleistungen zu bieten. Ins Schwarze trifft jeder einmal, doch die große Kunst besteht darin, dies immer wieder zu schaffen und sogar dann, wenn es darauf ankommt, die psychische Belastung also sehr hoch ist. Beim Fußball kennt jeder Amateur geniale Momente in eigenen Spiel, ist folglich ganz grundsätzlich zu Herausragendem fähig. Jeder hat Stärken, die er mit einer gewissen Verlässlichkeit zeigen kann. Jedoch diese Stärken in vielen verschiedenen Spielsituationen zu zeigen und sie wenn erforderlich verlässlich »abrufen zu können«, wie Sportler in Interviews formulieren, zeichnet erst einen wirklichen Profi aus.

Simulationen der Praxis

»Beim ›deliberate practice‹ geht es darum, für die verschiedenen Domänen Methoden zu ersinnen, dank derer sich die Leistung über das normale, komfortable Maß hinaus erhöhen lässt«, erklärt Ericsson. Im Schachtraining ist es zum Beispiel die Strategie der

»Suche nach der besten Option« oder der Vergleich mit den Zügen von Großmeistern. Ein Spieler wählt eine veröffentlichte Partie aus, denkt sie in Ruhe und Zug für Zug durch. Er ersinnt alternative, eigene Züge und kontrolliert ihre Qualität umgehend am Vorbild. Weichen die beiden voneinander ab, hat der Schüler vielleicht einen Aspekt in der Stellung übersehen. Diesen gilt es nun einzubeziehen und neu zu überdenken. Immer wieder. Langsam, aber gründlich analysierend wird ein schwächerer Spieler stärker. Er schult seine mentalen Bewegungs- und Reaktionsprogramme, baut Bibliotheken auf, greift schneller darauf zu und wird bessere und beste Lösungen auch unter dem Zeitdruck und der Belastung eines Wettkampfes finden. Sich zu schnell zu viel auf einmal aufzubürden, birgt stattdessen die Gefahr der Frustration und des Abbruchs.

In komplexeren Situationen der Berufswelt, zum Beispiel in der Medizin oder der Pflege, haben sich nach Ericssons Forschungen Simulationen als eine sehr hilfreiche Methode erwiesen. Idealerweise sollten sie den Lernenden Fälle präsentieren, die ihre Kenntnisse und ihr Vermögen ein wenig übersteigen. Das Problem sollte lösbar sein, also nicht die handwerkliche Grenze berühren. Nach Abschluss eines Durchgangs sollte ein geübter Trainer die Handlungen analysieren und herausarbeiten, worin das optimale Vorgehen bestanden hätte. Kurze Lernabschnitte sind hierbei besser als lange und stoffreiche. Wichtig ist, dass unmittelbar danach eine Rückmeldung erfolgt. Das gibt dem Zögling die Chance, darüber nachzudenken und die Ausführungen zu korrigieren. Beherrscht er ein bestimmtes Niveau, sollte das Geübte in einem neuen Kontext präsentiert und mit anderen Fällen kombiniert werden. So lange, bis die trainierte Fähigkeit Bestandteil des festen Repertoires geworden ist.

Das Konzept ist beliebig dehnbar. Fußballtrainer Klinsmann etwa filmt nicht nur, wie seine Spieler die Übungen ausgeführt haben, um ihnen unmittelbar danach eine Rückmeldung zu geben und gemachte Fehler zu korrigieren. Er filmt auch sich selbst, um zusammen mit seinen eigenen Coaches zu erkennen, ob in seinem Trainerverhalten Raum für Verbesserungen ist – jeden Tag ein Stück.

Für den Weg vom Anfänger zum Könner müssen gut 10 000 Stunden in das gezielte Üben investiert werden, versichert Ericsson. Entscheidend sei allerdings nicht die schiere Menge des täglichen Pensums, sondern die volle Konzentration. Wie Beobachtungen aus den verschiedensten Fachgebieten zeigen, können die wenigsten Experten sich über mehr als vier oder fünf Stunden so sammeln, dass sie voll bei der Sache sind. Manche Wissenschaftler oder Schriftsteller nehmen sich zwei Stunden am Morgen, um die anspruchsvollsten Aufgaben zu erledigen, also etwa neue Ideen zu Papier zu bringen, andere schaffen das über fünf Stunden hinweg.

»120 Minuten mögen wenig erscheinen«, stellt Ericsson fest, »und doch ist es mehr Zeit, als die meisten Professoren, Manager oder Führungskräfte aufbringen können, denn den Großteil ihrer Zeit nehmen Sitzungen oder tagesaktuelle Belange in Anspruch.« Samstag und Sonntag eingerechnet addieren sich die täglichen zwei Stunden zu mehr als 700 im Jahr und schließlich zu satten 7 000 in einem Jahrzehnt – langsam wächst der Experte. »Denken Sie daran, was Sie erreichen könnten, wenn Sie zwei Stunden am Tag dem ›deliberate practice‹ widmen«, mahnt der Erfinder des Lernkonzeptes.

Man kann versuchen, sich im Selbststudium weiterzuentwickeln. Vorteilhaft ist aber ein Trainer, der die eigenen Schwachstellen erkennt und »konstruktive, manchmal vielleicht schmerzhafte Rückmeldung« gibt, der den Ehrgeiz seines Zöglings zu den richtigen Zeitpunkten bremst oder anfeuert und genau im Auge hat, wann er welchen Schritt tun muss, um das nächsthöhere Niveau zu erreichen. Allerdings birgt ein Trainer die Gefahr, dass der Schüler auch dessen Mängel übernimmt. Deswegen ist bei Erreichen eines höheren Niveaus durchaus ein anderer Mentor erforderlich.

Vom gestressten Spediteur zum Bio-Winzer

Die zunehmende Freizeit ermöglicht es, dass immer mehr Menschen sich immer häufiger im Leben mit Neuem beschäftigen. Man beginnt zu malen, lernt ein Musikinstrument oder fängt an zu singen, beschäftigt sich mit teuren Weinen oder dem Kochen aufwändiger Speisen. Auch in der Berufswelt ist kontinuierliche Fortbildung wichtig, um die entsprechende Qualifikation und damit die eigene Stelle zu erhalten – gerade in Zeiten der wirtschaftlichen Krise. Andere spielen mit dem Gedanken, sich eine neue Existenz zu schaffen, wenn sie – etwa als Arzt, Anwalt oder Börsenmakler – die nötigen finanziellen Mittel zusammengetragen haben. Hinzu kommt vielleicht das Gefühl, ein Gefangener des Systems zu sein und den Kontakt zum eigentlichen Leben verloren zu haben.

Bei Paul Weindel leitete eine schwere Erkrankung eine Wende in seinem Leben ein. Der heute 54-Jährige führte zusammen mit seinem Bruder ein Logistikunternehmen mit mehreren Filialen und 500 Mitarbeitern in Deutschland und Europa. Seine Zeit verbrachte er mehr im Auto, Zug oder Flugzeug als bei seiner Familie – und mit 41 Jahren fand er sich urplötzlich auf der Intensivstation eines Krankenhauses wieder. Dort, sagt er, habe er bemerkt, dass etwas nicht stimme in seinem Leben, und beschlossen, sich eine neue Existenz aufzubauen. Er verkaufte seine Firmenanteile und erwarb mit dem Kapital ein landwirtschaftliches Gut bei Toulon in Südfrankreich. Sein tiefer Wunsch war, wie er sich erinnert, in der Natur zu arbeiten. Im Jahr 1995 war das.

Mit Wein hatte Weindel zuvor lediglich bei geschäftlichen Anlässen als Konsument zu tun gehabt. Nun stand er vor der Aufgabe, die 24 mit Rebstöcken bepflanzten Hektar der Domaine La Tour Vidaux so zu bearbeiten, dass sich am Ende aus den Trauben nicht nur ein Genussmittel keltern ließ, sondern ein konkurrenzfähiges obendrein. Schließlich wollten er selbst, seine Frau Marlena sowie die damals vier und neun Jahre alten Söhne vom Verkauf leben.

Weil dies noch nicht schwer genug war, stellte Weindel auf biologischen Anbau um. Wäre er einfach von einem Industriebetrieb in den nächsten, wenn auch womöglich romantischer anmutenden, gewechselt, hätte ihn das kaum befriedigt.

Sich Fehler erlauben

So nahmen in der zweiten Hälfte der neunziger Jahre in der traumhaften Landschaft der Provence, eine halbe Autostunde von der Mittelmeerküste entfernt, Lernkarrieren ihren eigenwilligen Gang: Während die Kinder recht bald Deutsch nur noch mit französischem Akzent sprachen und die notorischen Grammatikfehler ihrer Eltern korrigierten, eignete sich der Vater die Grundregeln des biologischen Weinbaus an – ohne freilich Ericssons Regeln des gezielten Übens zu kennen. Er besuchte andere Güter – ausgenommen allerdings die unmittelbaren Nachbarn. Sie waren der festen Überzeugung, biodynamischer Anbau funktioniere in dieser Region nicht, die Schädlinge und das wuchernde Unkraut würde sich nur mit Chemie in Schach halten lassen. Weindel zog Bücher zurate – viele Bücher – und passte, was er über Techniken und Verfahren erfuhr, an die Gegebenheiten auf Vidaux an. Er erlaubte sich, Fehler zu machen, auch wenn die Rückmeldung nicht unmittelbar folgte, weil sich etwa ein falscher Rebschnitt erst im Herbst auswirkte und erst nach drei Jahren wieder verwachsen hatte. Drei Jahre entsprechen drei Ernten.

Zugute kam Weindel, dass er sich um die Weinbereitung selbst vorerst nicht zu kümmern brauchte – das Gut besaß keinen eigenen Keller und der Vorbesitzer hatte die Trauben an die örtliche Kooperative verkauft. Also lernte der frischgebackene Winzer in kleinen Schritten und beschränkte sich zunächst auf die Arbeit im Weinberg. 1997 begann er mit dem Bau eines eigenen Kellers und erhöhte damit Jahr für Jahr den Anteil des auf Vidaux selbst gekelterten Weins. Seit 2004 liefert er nichts mehr an die Kooperative, sondern produziert, keltert, vermarktet und verkauft alles in Eigenregie – neun Jahre nachdem er in seinen Zweitberuf gestartet war.

Die Geduld, eine Aufgabe nicht auf einmal schaffen zu wollen, sondern Schritt um Schritt voranzugehen, sowie die Ausdauer, bei Rückschlägen nicht aufzugeben – diese Eigenschaften hält Weindel für entscheidend, um ein Ziel zu erreichen. Dann, davon ist er überzeugt, könne man alles lernen. Dass er sein Handwerk versteht, das beweisen nicht nur Auszeichnungen und die Aufnahme seiner Produkte in die französische Weinbibel *Hachette*. Seine Weine aus den Sorten Grenache, Cabernet Sauvignon und Syrah sind hervorragende Vertreter ihrer Region. Sie sind tiefgründig, rau wie die Landschaft und verströmen mit jedem Schluck die Aromen des Schieferbodens und der wilden Kräuter der Provence. Es gäbe da, verrät Weindel, ein ungeschriebenes Gesetz: Ein Wein sei wie sein Winzer.

Mit seinem neuen Leben ist er zufrieden. Er sagt: »Früher war ich abends erschöpft und wusste nicht warum, heute weiß ich, was ich getan habe und welchem Zweck das diente.« Dieses Gefühl gebe ihm viel mehr Zufriedenheit als ein hohes Einkommen. Wären da nicht der enervierende Preisdruck und die latenten Absatzschwierigkeiten für hochwertige Weine aus der für billige Massenware verrufenen *Côtes de Provence*, sein Leben wäre perfekt.

Weindel ist nicht nur vom Spediteur zum Winzer geworden, sondern hat auch gelernt, ein Vorbild zu sein. Vier Güter haben in seiner unmittelbaren Nachbarschaft mittlerweile auf biologischen Anbau umgestellt. Zwölf Domänenbesitzer aus den Gemeinden Pierrefeu, Cures und Puget Ville, die zuvor aus einem nur ihnen bekannten Grund jahrelang nicht mehr miteinander gesprochen hatten, schlossen sich zu einem Verein zusammen, um ihren Wein in einem gemeinsamen Geschäft zu verkaufen. Weindel agiert als der Schatzmeister der Gruppe, wegen seiner langen Erfahrung als Unternehmer.

Fahrplan ins Ziel

Viele werden sich fragen: Was kann ich mit meinen 40, 50, 60 oder 70 Jahren noch erreichen? Nun, man kann seine Weisheit in die Waagschale werfen und prüfen, was für ein Wagnis man bereit ist einzugehen, wenn man sein Leben ändern will – aber nicht zu viel, denn sonst tut man es nie. Zum Tänzer, Fotografen, Koch, Jazzer, belesenen Studienreisenden oder Modedesigner wird es je nach Niveau allemal reichen. Was das Hinzulernen betrifft, so scheinen dem Menschen kaum Grenzen gesetzt. Er kann sein Gedächtnis noch trainieren, auch wenn er sich an seine Schulliebe kaum mehr erinnert. Im Gehirn sind alle nötigen biologischen Mechanismen lebenslang aktiv, wenn auch mit den Jahren auf kleinerer Flamme als bei Kindern oder Jugendlichen – dies alles ist im Kapitel »Wenn Lady Di den T-Rex umarmt« nachzulesen.

Etwas mehr an Übung vermag den Nachteil des Alters zu kompensieren. Nötig sind dazu nicht ein Gewinn in der Begabungslotterie oder übermenschliche Anstrengungen. Es helfen auch keine Durchhalteparolen oder die Bewältigung einer einzigen, entscheidenden extremen Herausforderung. Manche Ratgeberbücher überbetonen derartige Aspekte und propagieren, für Erfolg müssten Menschen nur ein paar einfache Schritte umsetzen, um große Hürden zu überwinden, nur hier und da ein paar Kleinigkeiten ändern, und schon stelle sich der Durchbruch ein.

Solche Formeln sind blanker Unsinn. Viel wichtiger ist es stattdessen, sich von Vorurteilen nicht in seiner Neugier behindern zu lassen. Zusätzlich erforderlich ist die hohe Motivation, am Ball zu bleiben, sowie die Bereitschaft durchzuhalten und kontinuierliche, disziplinierte Arbeit am Detail zu betreiben – und dies über Jahre hinweg, mindestens zwei Stunden am Tag. Das mag sich öde und langweilig und nach harter Arbeit anhören. Aber es führt zum Ziel.

Kapitel 9

Das eigene Talent wagen

»Warum also der ewige Stilwechsel? Ganz einfach, weil ich nichts richtig kann! Ich habe keine Ausbildung an einem Instrument, außer dreier mühevoller Jahre Akkordeonunterricht bei meinem Großvater, die ihm und mir die Sorgenfalten ins Gesicht trieben. Da ich also nichts richtig gelernt habe, folgerichtig auch nichts richtig kann, bleibt mir der Zugang zu den elitären Musikrichtungen verwehrt. Alles, was ich mache, bleibt deswegen im Bereich der Popmusik, und dort wird dann nach Lust und Laune gewütet, werden Genregrenzen überschritten ohne Rücksicht auf Verständnis des potentiellen Hörers und darauf, ob dieser nachvollziehen kann, was ich ausdrücken will.«

So schrieb Wolfgang Petters, der ein gelernter Elektromeister ist und heute ein kleines Café in München betreibt, um zu erklären, warum er in vier verschiedenen Gruppen seines weithin verehrten Musikverlages namens Hausmusik spielte – und jede für sich noch einmal unterschiedliche Stile pflegte: Weil er nichts richtig konnte.

Bildungsgeschichten verlaufen selten geradlinig. Immer ist das Individuum dabei unwissend. Und wo es ums Können geht, da ist das Nicht-Können stets im Boot. Wenn vom Erfolg die Rede ist, so im gleichen Atemzug vom Misserfolg und dem weiten, von Unsicherheit geprägten Bereich dazwischen. Eines aber ist sicher: Wer seine Talente entfalten will, der darf sich nicht von seinen vermeintlichen Defiziten und dem Risiko zu scheitern abschrecken lassen. Sich weiter zuentwickeln ist ein Wagnis.

Holger Czukay, Kopf der 1968 gegründeten Experimental-Band Can, gestand in einem Interview, dass er nie ein Instrument gelernt hätte. In seiner musikalischen Anfangszeit spielte er den Kontrabass in einer Band, die in der Gaststätte »Zur Fröhlichkeit« in Duisburg Karnevalslieder und Schlager zu Gehör brachte. Er wusste, auf den Kontrabass hört niemand. Mit dem Selbstbild des Versagers ging er zu dem Komponisten Karlheinz Stockhausen, der ihn in einen der ersten Meisterkurse für Neue Musik aufnahm. »Ich war schon überall durchgefallen, als ich zu ihm ans Konservatorium kam, und ich hatte nur eine Wahl: bei der Wahrheit zu bleiben. Ich sagte: ›Herr Stockhausen, ich bin überall durchgefallen, ich habe noch nie eine Prüfung bestanden.‹ Alles habe ich ihm erzählt, alles, was mir so zugestoßen ist. Danach guckte er mich an und sagte: ›Sie nehm' ich.‹«

Can schrieben Musikgeschichte und gelten als eine der innovativsten Bands aller Zeiten. Schon vor der Erfindung der Technik des Samplings, eine Tonaufnahme in einen neuen musikalischen Kontext zu stellen, mischte Can Geräusche und Schreie in ihre Stücke. Heute nennen Pop-Stars wie Brian Eno oder David Bowie den Namen der Band, wenn sie nach ihren wichtigsten Vorbildern gefragt werden.

Auch der mit Preisen ausgezeichnete Schauspieler Christoph Maria Herbst, bekannt aus der TV-Serie *Stromberg,* hatte seine liebe Mühe mit seiner Ausbildung. Schauspielschulen hatten ihn sämtlich abgelehnt, doch hielt er unbeirrt an seinem Ziel fest: »Das war für viele Jahre ein Problem für mich, auf der Bühne zu stehen mit Leuten, die vom Max-Reinhardt-Seminar kamen. Ich hatte mich irgendwie so reinlarviert mit Glück und Mut. Ich habe in meine Vita gerne mal Begabung reingeschrieben, gerne aber auch das eine oder andere Mal reingelogen, ich hätte eine Ausbildung. Ich war dann immer geständig, die Intendanten haben mich nie rausgeschmissen. Ich habe überall vorgesprochen und hätte mit

Kusshand eine Schauspielschule besucht. Wenn Sie mir die Frage stellen, ob die Ablehnungen für irgendetwas gut waren, dann antworte ich: Ja. Ich habe mir bis heute eine ungeheure Neugier und Wachheit bewahrt. Und ich habe festgestellt, dass manche, die von einer Schule kamen, mit einer ungeheuren Hybris aufgetreten sind. Die sagten: ›Ich zeig euch mal, wie das geht, ich habe das gelernt‹ – und sind ganz furchtbar auf die Schnauze gefallen.«

Eberhard Zangger wagte es, gegen die Konventionen einer ganzen Wissenschaftsrichtung anzukämpfen, und gewann dabei eine entscheidende Erkenntnis. Er verließ die Schule mit 16 Jahren, machte im Senckenbergmuseum in Frankfurt eine Ausbildung zum Technischen Assistenten, lernte am Bergbaumuseum in Bochum Geologischer Präparator, holte das Abitur nach, studierte mit Unterstützung der Studienstiftung Geologie, machte seine Doktorarbeit an der Universität von Stanford, wurde Schriftsteller und argumentierte sehr klug, dass das historische Troia mit dem mythischen Atlantis identisch sei. Dafür kürte ihn eine Zeitschrift zum »Einstein der Archäologie«. Unter den von Autoritäten und Abhängigkeiten geprägten Archäologen ließ ihn die kesse These indes gegen eine Wand laufen. Also warf er nach mehreren Büchern hin und betreibt heute eine Kommunikationsagentur in Zürich. Er sagt: »Ich habe erkannt, dass es nicht schwer ist, eine Entdeckung zu machen, aber ungleich schwerer, dafür Recht zu bekommen.«

Der Einfluss der anderen

Jeder Mensch hat seine eigene Bildungsgeschichte. Und egal, wie sie nun verlaufen ist, positiv oder negativ, alle lieben es, darüber zu reden. Doch Bildungsgeschichten beschreiben nicht einfach nur Erinnerungen. Sie erklären das Selbstverständnis eines Menschen, sein Entstehen, sein So-Werden, sein Denken, sein Leben. Oft handeln sie vom Einfluss des Talents auf das eigene Können, der Rolle, welche die Eltern als Vorbilder einnahmen, und immer wieder auch von der schädlichen Wirkung, die zu großer Druck von außen, zu viel Drill haben können. So berichtet Mats Wilander, der in den 1980er Jahren einer der weltbesten Tennisspieler war, dass ehrgeizige Eltern und Trainer seinen Sport zu einem menschenverachtenden Geschäftsmodell erniedrigt hätten, das ein auch für Tennisfans fragwürdiges Ergebnis zeitigt: »Es ist mir schon öfter passiert, dass ich Eltern gefragt habe: ›Warum spielt Ihr Sohn denn kein Tennis mehr?‹ Und die Eltern antworteten: ›Ach, das hat keinen Sinn, es führt zu nichts.‹ Verzeihung, aber Tennis ist ein Sport, Sport soll Spaß machen. Ich kann diese ganzen russischen Tennismaschinen nicht mehr ertragen, besser gesagt: die Nick-Bollettieri-Tennis-Akademie-Maschinen. Was passiert denn mit den Kids, die von ihren Eltern da reingesteckt werden? Zwei von 50 haben eine Chance, Profi zu werden. Was ist mit dem Rest? Der bekommt von den Eltern suggeriert: Du hast es nicht geschafft! Diese Kinder haben keinen Traum mehr, weil sie von nichts anderem träumen durften als von Tennis. Und die, die es schaffen, werden immer langweiliger, weil sie keine Leidenschaft vermitteln. Aber das ist nicht ihr Fehler, das liegt an dem Apparat, der sie kreiert hat. Und der killt unseren Sport. Zu viele Leute sagen heute: ›Tennis ist langweilig.‹« Durch Training, das haben die vorherigen Seiten gezeigt, lässt sich wahrlich viel erreichen. Aber eine eigene Motivation, das eigene Wollen ist dabei unersetzlich.

Die reale Wirkung von Ideen

Neben dem Einfluss, den andere auf die Bildungsgeschichte eines jeden einzelnen haben, entfaltet vor allem das Bild, das sich jeder selbst vom eigenen Talent – oder seinem Mangel – macht, eine enorme Wirkung. »Es ist eine entscheidende Steuergröße, die über Leistungen in der Schule, den sozialen Erfolg, das Selbstwirksamkeitserleben und vieles andere mehr entscheidet«, unterstreicht die Pädagogische Psychologin Maria Spychiger von der Hochschule für Musik und Darstellende Kunst in Frankfurt. Das Selbstkonzept, fügt sie hinzu, ist eine Einflussgröße, die Dinge passieren lässt. Das bedeutet: Die Überzeugung, ob eine Begabung angeboren ist oder erlernt werden kann, führt zu ganz unterschiedlichen Lernkarrieren. Carol Dweck von der Stanford University, der wir im Kapitel »Schneller, besser, reicher – IQ« bereits begegneten, hat sich wissenschaftlich intensiv mit diesem Phänomen beschäftigt. Menschen, so Dweck, unterscheiden sich grundsätzlich in ihrer Einstellung zur Frage, wie Talent entsteht. Auf der einen Seite stehen diejenigen, die an dessen genetischen Ursprung glauben. Sie gehen davon aus, dass ihre Qualitäten gleichsam in Stein gehauen sind, und sind darum bemüht, ihre Fähigkeiten entsprechend zu demonstrieren. Dweck bezeichnet das als fixierte oder feste Haltung. Ihnen gegenüber stehen diejenigen mit einer Entwicklungs-Haltung. Sie sind überzeugt, dass sich Fähigkeiten ausbauen, erlernen lassen.

Dweck konnte feststellen, dass die Vertreter der zwei Haltungen an Herausforderungen unterschiedlich herangehen. Die »Fixen« betrachten Misserfolge als ein endgültiges, unveränderliches Urteil über ihre Fähigkeiten und verlieren die Motivation. Die anderen bleiben neugierig und versuchen, aus den Fehlern zu lernen, es besser zu machen.

Die Antworten auf die Fragen »Wer bin ich und was kann ich?« und »Kann ich mein Talent überhaupt entwickeln?« bestimmen also mit darüber, was jemand lernt, welche Entscheidungen er trifft, welchen Beruf er ergreift und was er zu wagen bereit ist. Dies erlaubt eine faszinierende Feststellung: Auch wenn Individuen, lernende Kinder zumal, in der Regel nicht wissen können, wie Talent entsteht, sondern nur eine mehr oder weniger begründete Vorstellung davon entwickeln können, so wirkt sich ihre wie auch immer gewonnene Auffassung dazu doch massiv in der Realität aus. Sein Ziel erreicht eher, wer sich nicht von allgemeinen Begabungsmythen oder Festlegungen anderer abhalten lässt, sondern fest an sich glaubt und an sich arbeitet. Dass Frauen etwas nicht können, dass man es im Alter als Anfänger zu nichts mehr bringt, dass man von Natur aus sportlich sei oder unsportlich, redegewandt oder technisch unbegabt – das sind Festlegungen, die nur deswegen wahr werden, weil so viele sie unkritisch übernehmen, und zwar, das ist entscheidend, für sich selbst.

Fleiß führt weiter als Talent

Die Datenlage der Wissenschaft stützt die Entwicklungshaltung auf breiter Front. Zwar ist die Erlernbarkeit von Talent nicht bewiesen, aber sie ist die sachlich am besten begründete Hypothese – wenn auch die intuitive Auffassung von der Begabung und der vermeintlichen Bedeutung der Gene hartnäckig dagegenstehen mag. Einmal abgesehen davon, dass sich nicht mit Bestimmtheit sagen lässt, was ein Genie ist – die Antwort auf diese Frage geht im Wirrwarr der Definitionen, Konventionen und Bildungslegenden unter –, müssen wir feststellen: Selbst Genies der allerhöchsten Kategorie wie Einstein, Darwin, Newton oder Mozart sind mit hoher Wahrscheinlichkeit erst durch die Erziehung, äußere Umstände und das Urteil ihrer Mitmenschen außergewöhnlich geworden. Alles spricht dafür, dass das »geborene Genie« ein Mythos ist, entstanden aus der Faszination von verblüffenden Bildungsgeschichten.

Von Inselbegabungen wie etwa Kim Peek ist überhaupt nicht klar, wie ihre extremen Fähigkeiten entstehen. Anzunehmen ist, dass sie zulasten grundlegender, für das Miteinander und den Alltag unverzichtbarer menschlicher Geistesfunktionen zustande kommen.

Auch auf dem Gebiet der Intelligenz, wo auf den ersten Blick durch viele Zwillingsstudien noch die besten Arbeiten zur Erblichkeit eines Talents vorliegen, ist die Sache genau betrachtet weitaus weniger eindeutig. Die analytische Intelligenz, für die das Kürzel IQ eigentlich steht, ist nur ein kleiner Ausschnitt der kognitiven Fähigkeiten des Menschen. Der IQ mag den Schulerfolg noch relativ gut vorhersagen, mit dem Lebenserfolg hat er jedoch nicht so viel zu tun, wie weithin angenommen – das macht ihn selbst zu einem Un-Bildungsmythos. Das ist heute glücklicherweise stärker akzeptiert als noch in den 1970er und 1980er Jahren. Um die wechselseitigen Einflüsse von Genen und Umwelt zu klären, hat die Wissenschaft noch viel Arbeit zu erledigen. Zumal sogar die analytische Intelligenz durch ein Training des Arbeitsgedächtnisses steigerbar ist, wie aufsehenerregende Forschungsarbeiten zeigten.

Diese Ergebnisse sowie die geschilderten neuen Erkenntnisse zur Steigerung der Gedächtnisleistungen und zur Wandlungsfähigkeit des Gehirns zeigen: Talent ist erlernbar. Das ist, wie schon erwähnt, der am besten begründete Schluss, der sich aus den wissenschaftlichen Befunden ziehen lässt. Er hat eine Bedeutung, die über den Einzelnen weit hinausreicht. Denn unsere Auffassung von Talent ist immer auch eine von der gesellschaftlichen Mehrheitsmeinung geprägte Auffassung. Das hat eine Konsequenz, um die kaum jemand weiß: Wenn wir gesellschaftliche Aussagen über Bildungschancen treffen, dann bedeutet das an sich bereits, Bildungschancen zu verteilen.

Ob Individuum oder Gesellschaft: Wer die Rolle der Begabung oder der Gene betont, vermittelt damit, dass Talente unveränderlich sind. Und wer dies für sich selbst akzeptiert, der wird dem Lernen zwar möglicherweise einen gewissen Effekt zubilligen, aber nicht erwarten, damit Großes zu erreichen. Oder er wird meinen, ein Spezial-Talent zu besitzen, also vielleicht das Mozart-Gen, aber nicht unbedingt das Fußballer-Gen, und sich auf eine Richtung festlegen. Wer hingegen annimmt, alles lässt sich lernen, der wird sich anstrengen. Er wird eigene Fehler nicht als Vorwand heranziehen, um aufzuhören, sondern sich umso mehr bemühen – es lag ja nicht an den schlechten Genen, sondern an der mangelnden Vorbereitung. Mit anderen Worten: Wer eine Lern-Haltung pflegt – als Individuum wie als Gesellschaft –, der wird Lernen ernten. So wird die faktisch beste zur vernünftigsten Hypothese: Talent ist erlernbar. Viel mehr als eine Anlage ist es indes ein Wagnis, das jemand bereit ist einzugehen.

Für den Menschen in der Nach-Moderne mag dies positiv erscheinen. Wer sein Schicksal selbst in der Hand hat, dem ist alles möglich. Doch diese von vorne besehen herrlich leuchtende Medaille der Selbstbestimmung hat eine dunkle Seite: Dem Einzelnen wie auch der Gesellschaft erwächst aus der Freiheit eine Bürde. Es wiegt schwerer, erfolglos zu sein, wenn man es versäumt hat, seine Fähigkeiten zu erlernen, als wenn man in der Genlotterie einfach kein Glück hatte. Einmal konnte jemand nicht, das andere Mal wollte er nicht. Die Freiheit bringt eine Verantwortung mit sich, um die wir wissen und mit der wir souverän umgehen sollten. Das mag für Einzelne bedeuten, bewusst auf das Wagnis zu verzichten, das eigene Talent mit Fleiß zur Blüte zu bringen. Im Sinne aller jedoch ist es unsozial, wenn eine Gesellschaft nicht das Beste aus ihren Fähigkeiten macht, weil sie Bildungschancen falsch verteilt und einem falschen Begriff von Talent und Lernen anhängt.

Geniale Dilettanten

Können und Nicht-Können war auch bei Wolfgang Petters' Musikverlag Hausmusik, der 2007 seinen Betrieb einstellte, immer wieder ein Thema – nicht jedoch das Wollen. Hausmusik war kein herkömmlicher Verlag, dem vertraglich verbundene Künstler ihre Werke zulieferten, damit dieser sie verbreite. Es war ein Projekt unter Freunden und Bekannten, von Handwerkern, Akademikern, Künstlern, Angestellten, Studenten, Hörern, Konzertgehern, Plattensammlern, wild gewordenen oder schüchternen Schülern. Eine lose Gemeinschaft, nie ein Kollektiv, aus der Gegend zwischen Landsberg und Weilheim, die sich zum Ziel gesetzt hatte, Musik zu komponieren, aufzunehmen, auf Tonträgern zu vervielfältigen, diese selbst zu verpacken und zu vertreiben.

Die Hausmusiker waren von Leidenschaft bewegt und in der Mehrzahl doch eher Anfänger an ihren Instrumenten. Im Großen und Ganzen bestimmte also Handeln das Geschehen, und nicht Zweifeln – wenn man so will eine Entwicklungs-Haltung.

Konzerte dauerten drei Stunden und mehr, ohne Pause. Dabei kamen nacheinander um die zwei Dutzend Musiker auf die Bühne und verschwanden manchmal schon nach kurzem Vortrag wieder. Das Publikum hatte nicht nur das Kommen und Gehen zu verarbeiten, sondern ständige Stilwechsel zwischen Trash, Folk&Country, Grunge, Rock, Pop und experimentellem Irgendetwas, meist mit elektrischen Gitarren und Verstärkern.

Selbst gemacht waren auch die Veröffentlichungen. Im Keller oder im Wohnzimmer nahm man die Stücke auf, zunächst auf einem Vierspur-Kassettengerät, später auf einem Achtspur-Tonband. Zur Produktion der Umschläge saß dann zum Beispiel ein zusammengewürfelter Haufen in Petters' Wohnung und bemalte jeden einzelnen Karton mit der Hand. Manchmal gab es zu schneiden und zu kleben, weil jemand die Idee gehabt hatte, dass sich beim Aufklappen der Pappe die Flügel einer Fledermaus ausbreiten sollten. Andere setzten sich alleine hin und überlegten sich Entwürfe, zeichneten Comics oder fertigten eine ganze Auflage in der eigens angeschafften Siebdruck-Werkstatt im Keller. Jedes einzelne Stück aus dieser Manufaktur der Freiwilligen erhielt in der Regel eine eigene Seriennummer – selten mehr als 500. Und nach den ersten fünf und zehn Jahren gab es zum Jubiläum je eine Sonderedition, die »Festplatte«.

Größere und kleinere Musikmagazine aus Würzburg, Wien, Hannover, Köln, Berlin oder Bremen bewunderten die Frische, mit der die Hausmusiker ans Werk gingen. Sicher trug zu dem Interesse auch bei, dass sich befreundete Gruppen wie The Notwist, Lali Puna und Console unterdessen weltweit einen Namen machten. Die Kritiker lobten die Kreativität dieser »genialen Dilettanten«, ihr mutiges Aufbrechen von Genregrenzen, das nun zu einem eigenen Stil geworden sei. Und immer wieder klang dabei das Provinz-Motiv an: Von der eigenständigen Szene zwischen Landsberg und Weilheim war die Rede, und warum gerade in Oberbayern so etwas entstanden sei. Vielleicht weil es dort nebelig und kalt sei und die Abende langweilig? Die Provinz, hieß es, sie leuchte.

Einfach anfangen!

Im Herbst 1991, in der Einsamkeit der österreichischen Alpen, ging es mit Hausmusik los. Eine Gruppe von Musikern fuhr nach Kärnten ins Gebirge. Man sammelte Pfifferlinge, spielte Schafkopf, trank Bier und schrammelte »Keep on Rockin' in the Free World«, Neil Youngs Hymne, immer wieder den Refrain, die ganze Nacht lang und so laut, dass es bis ins Tal hinunter jaulte, oder Cover-Versionen von Velvet Underground und The Feelies.

Irgendwann nahm Joachim Apitz, von Hauptberuf Trödler, seine Gitarre und begann, ein paar Phrasen aus einem Übungsbuch zu einer wunderschönen Swing-Melodie zu variieren. Edmund Epple, damals und auch heute Plattenhändler, stieg ein, Schlagzeug und Bass kamen dazu. Sie schalteten ein Vierspur-Kassettengerät an und nahmen auf.

Zehn Jahre lang passierte nichts – was das Stück angeht. Im Jahr 2001 veröffentlichte Wolfgang Petters »Jacques Tati«, so hieß der Song mittlerweile, zusammen mit einigen anderen auf einer LP und CD zum zehnten Jahrestag von Hausmusik, Auflage 2000 Stück, von denen viele noch im Magazin liegen. Apitz wusste davon nicht einmal.

Dann passierte wieder nichts.

Bis Apitz und Epple, die beiden Komponisten, im Frühjahr 2008 ein Werbevideo der Royal Bank of Scotland erhalten, produziert von der Londoner Agentur M&C Saatchi, mitsamt einer Lizenzanfrage. Zur verspielten Leichtigkeit von »Jacques Tati« ist ein Golfer zu sehen, der perfekt ausgerüstet ist, aber schlecht spielt und die Schuld daran beim Schläger, dem Boden und dem grinsenden Caddy sucht, von dem er glaubt, er denke, er könne nichts – nur nicht bei sich selbst. »Golf erfordert Qualitäten, die nicht beim Profi-Ausrüster zu bekommen sind«, bedauert eine Männerstimme aus dem Hintergrund. Und während »Jacques Tati« lässig weitertänzelt, vielleicht so, wie Hausmusik tänzelte, gelingt dem Möchtegern ein gänzlich unerwarteter und richtig guter Putt. Zufall? »Mach es geschehen«, fordert die Werbestimme.

Etwas zu können oder nicht, das spielt erst einmal keine Rolle. Wichtig ist, sich nicht aufhalten, nicht entmutigen zu lassen. Zunächst mag vielleicht nur ein Zufallstreffer gelingen. Mit Selbstbewusstsein, Vertrauen in die Macht des Lernens und Übung, sehr viel Übung, werden aus Dilettanten geniale Dilettanten und schließlich Talente. Denn ein Genie, das steckt in jedem.

Mein Dank gilt

Andreas Lehmann, Michael Henke, Werner Kern, Erna Schreivogl, Jürgen Hesse, Volker Weindel, Tony Buzan, Fred Gage, Gerd Kempermann, Douglas Fields, George Bartzokis, Vinh Bui Thanh, Anders Ericsson, Tobias Bonhoeffer, Gunther Karsten, Annette Anton, Olaf Meier, Jochen, Benedikt und Magdalena, Wendy, Eberhard, Ingrid, Frank, Margit, Tommy, Wolfgang, Marion, Achim, Antje, allen Hausmusikern und ganz besonders: Angus.

Literatur

Kapitel 1: Vom Können und Wollen

Tony Buzan: *Das Mind-Map-Buch. Die beste Methode zur Steigerung Ihres geistigen Potenzials*, Moderne Verlagsgesellschaft, München 2005

Martin Wölzmüller: *Der Lechrainer und seine Sprache. Landschaft – Brauchtum – Mundart*, Landsberger Verlags-Anstalt, Landsberg 1987

Kapitel 2: Wie Genies denken

Zerah Colburn: *A Memoir of Zerah Colburn; written by himself*, G. and C. Merrian, Springfield, 1833

Francis Galton: *Hereditary Genius: An Inquiry Into Its Laws and Consequences*, Prometheus Books, New York 2006

Michael J. A. Howe: *Genius Explained*, University of Cambridge Press, Cambridge 1999

Uwe M. Schneede: *Vincent van Gogh – Leben und Werk*, C. H. Beck, München 2003

John Sloboda: *Exploring The Musical Mind*, Oxford University Press, Oxford 2005

Daniel Tammet: *Elf ist freundlich und Fünf ist laut. Ein genialer Autist erklärt seine Welt*, Patmos, Düsseldorf 2008

Darold A. Treffert: *Extraordinary People: Understanding Savant Syndrome*, To Excel/kaleidoscope Sof, 2000

Kapitel 3: Der Talent-TÜV

Simone de Beauvoir: *Das andere Geschlecht*, Rowohlt, Reinbek 1992

Gregory R. Bock, Kate Ackrill (Hrsg.): *The Origins and Development of High Ability*, Wiley, Chichester 1993

Klaus Bös, Wolfgang Schneider, Hermann Rieder, Nancy Schott: *Vom Tennistalent zum Spitzenspieler*, Czwalina, Hamburg 1997

Herbert Bruhn, Reinhard Kopiez, Andreas C. Lehmann: *Musikpsychologie. Das neue Handbuch*. Rowohlt, Hamburg 2008

Torsten Bultmann: »Die Eliten und die Massen, Kritik eines bildungspolitischen Stereotyps«, in: Christoph Butterwege, Gudrun Hentges (Hrsg.): *Alte und neue Rechte an den Hochschulen*, Agenda, Münster 1999

Torsten Bultmann: *Zwischen Humboldt und Standort Deutschland, Die Hochschulpolitik am Wendepunkt*, BdWi-Verlag, Marburg 1993

K. Anders Ericsson, Roy W. Roring, Kiruthiga Nandagopal: »Giftedness and evidence for reproducibly superior performance: an account based on the expert performance framework«, in: *High Ability Studies*, 18:1, 2007, S. 3–56

Michael J. A. Howe, Jane W. Davidson, John A. Sloboda: »Innate Talents: Reality or Myth?«, in: *Behavioral And Brain Sciences* 21, 1998, S. 399–442,

Thomas Mann: *Tonio Kröger*, in: Sämtliche Erzählungen Band 1, S. Fischer, Frankfurt 1987

Daniela Sfameni: *Die Auswirkungen des demographischen Wandels auf das Personalmanagement und die Talentsuche*. Vortrag Dekra-Stiftung, München 2008

Kapitel 4: Schneller, besser, reicher – IQ

Hans Magnus Enzensberger: *Im Irrgarten der Intelligenz – Ein Idiotenführer*, Suhrkamp, Frankfurt 2007

James R. Flynn: *What is Intelligence?*, Cambridge University Press, New York 2007

Joachim Funke, Bianca Vaterrodt-Plünnecke: *Was ist Intelligenz?*, C. H. Beck, München 1998

Howard Gardner: Intelligenzen. *Die Vielfalt des menschlichen Geistes.* Klett-Cotta, Stuttgart 2002

Stephen Jay Gould: *Der falsch vermessene Mensch*, Suhrkamp, Frankfurt 2007

Torkel Klingberg: *Multitasking. Wie man die Informationsflut bewältigt ohne den Verstand zu verlieren*, C. H. Beck, München 2008

Robert Plomin, John C. DeFries, Gerald E. McClearn, Peter McGuffin: *Behavioural Genetics*, Palgrave Macmillan, London 2008

Robert J. Sternberg: *International Handbook of Intelligence*, Cambridge University Press, Cambridge 2004

Ellen Winner: *Hochbegabt. Mythen und Realitäten von außergewöhnlichen Kindern*, Klett-Cotta, Stuttgart 1998

Kapitel 5: Im Universum der Möglichkeiten

Fred H. Gage, Yves Christen (Hrsg.): *Retrotransposition, Diversity and the Brain*, Springer, Berlin/Heidelberg 2008

Gerd Kempermann: *Neue Zellen braucht der Mensch: Die Stammzellforschung und die Revolution der Medizin*, Piper, München 2008

Kapitel 6: Wenn Lady Di den T-Rex umarmt

Eric Kandel: *Auf der Suche nach dem Gedächtnis. Die Entstehung einer neuen Wissenschaft des Geistes*, Siedler, München 2006

Gunther Karsten: *Lernen wie ein Weltmeister: Zahlen, Fakten und Vokabeln schneller und effektiver lernen*, Goldmann, München 2008

Hans Markowitsch: *Das Gedächtnis: Entwicklung, Funktionen, Störungen*, C. H. Beck, München 2009

Kapitel 7: Zahlensinn und Sprachinstinkt

Donald B. Bailey, John T. Bruer, Frank J. Symons, Jeff W. Lichtman (Hrsg.): *Critical Thinking About Critical Periods*, Paul Brookes Publishing, Baltimore 2001

Karl H. Brisch, Theodor Hellbrügge (Hrsg.): *Der Säugling – Bindung, Neurobiologie und Gene*. Klett-Cotta, Stuttgart 2008

Brian Butterworth: *What Counts. How Every Brain is Hardwired for Math*, Simon&Schuster, London 1999

Stanislas Dehaene: *The Number Sense. How The Mind Creates Mathematics*, Oxford University Press, Oxford 1999

Keith Devlin: *Das Mathe-Gen*, 5. Auflage, dtv, München 2006

Sabine Pauen: *Was Babys denken. Eine Geschichte des ersten Lebensjahres*. C. H. Beck, München 2006

Hartmut Spiegel, Christoph Selter: *Kinder & Mathematik. Was Erwachsene wissen sollten*, 2. Auflage, Kallmeyer'sche Verlagsbuchhandlung, Seelze-Velber 2004

Kapitel 8: Wecke den Experten in dir!

Benjamin S. Bloom (Hrsg.): *Developing Talent in Young People*, Ballantine Books, New York 1985

K. Anders Ericsson, Neil Charness, Paul J. Feltovich, Robert R. Hoffman (Hrsg.): *The Cambridge Handbook of Expertise and Expert Performance*, Cambridge University Press, Cambridge 2006

Hans Gruber, Andreas C. Lehmann: »Entwicklung von Expertise und Hochleistung in Musik und Sport«, in: Franz Petermann, Wolfgang Schneider (Hrsg.): *Enzyklopädie der Psychologie, Bd. 7: Angewandte Entwicklungspsychologie*, Hogrefe, Göttingen, 2008

Wolfgang Schneider, Klaus Bös, Hermann Rieder: »Leistungsprognose bei jugendlichen Spitzensportlern«, in: Jürgen Beckmann, Hanno Strang, Erwin Hahn (Hrsg.): *Aufmerksamkeit und Energetisierung*, Hogrefe, Göttingen 1993

Kapitel 9: Das eigene Talent wagen

A. Bell: *It's The Singer Not The Song – Über die musikalische Gemeinde Hausmusik*, Diplomarbeit, Fachbereich Gestaltung der Fachhochschule Würzburg, Würzburg 2003

Holger Czukay: »Holger Czukay über Lärm«, *Süddeutsche Zeitung* 22./23./24.3.2008, Seite VIII

Carol S. Dweck: *Selbstbild. Wie unser Denken Erfolge oder Niederlagen bewirkt*, Campus, Frankfurt/New York 2007

Christoph Maria Herbst: »Ich bin ein Schisser aus Wuppertal«, *Süddeutsche Zeitung* 22./23./24.3.2008; S. 21

Wolfgang Petters: *Weil ich nichts richtig kann, Hauspost – Festschrift zum 5-Jährigen Bestehen von Hausmusik*, Eigenverlag W. Siefer, Landsberg 1996

Register

Abstammung 34, 65
Alleinstellung 45
Alzheimer 114, 125 f., 160, 166–168, 187
Anatomie des Verlernten 158
Anekdoten 45, 56
Anlage(n), genetische/natürliche (siehe auch Erbanlagen) 28, 50, 59 f., 69, 86, 91–94, 104, 109, 154, 189, 211 f., 215, 230, 235, 251
Anlage-Umwelt-Debatte (siehe auch Nature or Nurture) 59–61, 78, 104, 108, 154, 188 f., 215
Arbeitseifer 67
Arbeitsgedächtnis 99, 101 f., 123, 165, 171, 175, 208, 251
Augstein, Rudolf 47
Asperger-Syndrom 37
Ausbildung 51, 79–81, 143, 227, 245
–, berufliche 14, 21, 23, 53, 237, 246 f.
–, schulische 34, 208
Außenseiter 23, 26, 78, 182
Autismus 37, 187
Autisten 43

Bach
–, Johann Christian 49
–, Johann Sebastian 13, 48, 220
Bachmann, Ingeborg 47
Ball, Karlene 166
Bartzokis, George 183, 187
Beethoven, Johann van 13, 34, 47, 75, 77
Befähigungsniveau, strukturelles 28 f.
Begabung(en) 14–16, 19, 21, 23, 27, 27–31, 33, 35 f., 39, 44, 49, 51, 57, 59–61, 66, 68 f., 71, 73, 75, 77, 80 f., 82, 84–87, 92, 95, 98, 103, 108 f., 130, 138, 140, 149, 159, 193, 209 f., 213, 224, 238, 246, 249–251
Begabungsbegriffe 76, 81

Begabungsforschung 39, 96, 109
Begabungsmythen 249
Begabungsgene 65
Bengtsson, Sara 184 f., 188, 194
Bernstein, Leonhard 64
Bewegungsintelligenz 129, 219
Bewunderung 44 f., 47, 73
Bildungsgeschichte(n) 46, 57, 86, 151, 162, 208, 230, 245, 247 f., 250
Binärzahlen/-ziffern 136 f., 144
Bloom, Benjamin 214 f.
Bolt, Usain 74
Bonhoeffer, Tobias 155–158, 161
Boole, George 64
Boring, Edwin 95
Bortfeld, Heather 193 f.
Bouchard, Thomas 59, 88 f.
Bouchard-Statistiken 88
Brain-derived Neurotrophic Factor (BDNF) 127–129
Bunsen, Robert Wilhelm 31
Buschkuehl, Martin 99
Butterworth, Brian 203 f.
Buzan, Tony 11–14

Calvo-Merino, Beatriz 222
Can 246
Candolle, Alphonse de 34
Carpenter, Cameron 76
Chanel, Gabrielle Bonheur (Coco) 47
Charisma 236 f.
Chomsky, Noam 192
Chopin, Frédéric 75
Colburn, Abia 19 f.
Colburn, Zerah 18, 20–22, 27, 30, 34
Console 253
Counterstrike 177–179
Czukay, Holger 246

Da Vinci, Leonardo 13, 34
Dalai Lama 47
Darwin
–, Charles 13, 33 f., 51–54, 56, 58, 66, 131 f., 250
–, Erasmus 33, 35
Deep Fritz 71
Deliberate Practice 71, 227, 230 f., 236–238, 240
Demenz 114, 125 f., 166
Denken, logarithmisches 206
Denkerstirn 44, 139
Denksportwettbewerb(e) 136 f.
Denktraining, körperliches 174
Deutsche Gedächtnismeisterschaften 11
Dialekt 9, 196
Dickens, William 103–106, 108
Differenzialpsychologie 32
Dilettanten, geniale 252 f., 255
Dogmen 114
Dopamin 180
Dranganski, Bogdan 148
Dresdner Zentrum für Regenerative Therapien 116
Dussek, Ladislav 72

Dweck, Carol 93 f., 249
Dyslexie 164

Edison, Thomas Alva 15, 45
Effizienz der Denkprozesse 99
Ehrfurcht 19, 44, 58
Eingebung 15, 50, 234
Einsamkeit 45
Einstein, Albert 13, 32, 34, 45, 47, 56–59, 78, 143–145, 247, 250
Einteilung, logarithmische 205, 207
Elbert, Thomas 164, 169
Elite-Phase der Universitäten 81
Emotionen 41, 110
Epilepsie/epileptische Anfälle 41, 44
Erbanlagen 50, 60, 88, 90 f., 94, 105, 109, 135, 202, 209, 215, 223
Erbfaktoren 35, 91
Erbgut 33, 60, 66, 73, 88, 96, 106, 109, 130 f., 188, 190–192, 208
Erblichkeit
–, der Intelligenz/des IQ 59, 61, 89, 96, 103 f., 106, 108, 110
–, eines Talents 250
–, von Denkleistungen 32
Erfahrungen 15, 24, 29, 85, 118, 135, 147, 154, 158, 161, 220
Erfolgsintelligenz 97
Ericsson, Anders 59 f., 63, 71 f., 102, 141, 223–225, 227, 230, 233, 236, 238–240, 242
Eriksson, Peter S. 115 f.
Erklärungsmodelle, wissenschaftlich-rationale 31
Erlebnisstrom 160
Erziehung 20, 34, 81 f., 99, 250
Eselsbrücken 141
Eugenik 33
Euler, Leonhard 21
Experimentelle Psychologie 33
Experte(n) 50, 62, 71, 76, 123, 211, 220 f., 223–226, 240
Expertenforscher/-forschung 141, 219, 230
Extremwerttheorie 74

Fantasie(n) 12, 14, 57, 63, 112, 142–145, 160, 198
Fermat, Pierre de 21
Fermatsche Zahl 21
Fleiß 68, 81, 103, 196, 210, 250, 252
Flynn, James 103–106, 108
Flynn-Effekt 103
Fremdsprache(n) 21, 106, 147, 194, 196, 23
Freud, Sigmund 34
Frühreife 19, 22, 49, 60, 65, 75
Führungsqualität 236

Gage, Fred 112 f., 116–118, 122, 130–133, 174
Galilei, Galileo 34, 47, 56
Gall, Franz Joseph 31
Galton, Francis 32–34, 51, 78, 90 f., 161, 190
Gandhi, Mahatma 34

Gardner, Howard 95
Gauß, Carl Friedrich 13, 31, 34,
Gebrselassie, Haile 75
Gedächtnis, fotografisches 64
Gedächtnisakrobaten 138, 140, 165
Gedächtnisautobahn 150
Gedächtnistalent 16
Gedächtnisweltmeisterschaften 136
Gehirnentwicklung 187, 235
Gehirnhälfte(n) 40, 42 f., 147, 186
Gehirnjogging 165, 168
Gehör, absolutes 60, 64
Geistesakrobaten 33, 63
Geisteskrankheiten 124
Genealogie der Klugen 33
General Intelligence (g) 96
Genflöhe 129–141, 135
Genialität 15, 31, 64
Genieklischee 23
Genjagd 87, 90,
Gen-Umwelt-Interaktionen 87
Geschwisterpaarungen 88
g-Faktor 96
Gliazellen (siehe auch Myelin) 164, 181 ff.
Godde, Ben 123
Goethe, Johann Wolfgang von 13, 34
Götz, Magdalena 182
Gould, Stephen Jay 97
Grenze, biologische 74
Grenzwerteffekt 67
Großhirnrinde 32
Guilford, Joy Paul 13, 95

Halberda, Justin 207 f.
Hamilton, William Rowan 21
Handlungskontrolle 126, 148
Häretiker 52
Hausmusik 245, 252 ff., 256, 261
Hebb, Donald 150
Helmholtz Zentrum 182
Helmholtz, Hermann von 31, 34
Herbst, Christoph Maria 246
Herkunft, geografische 34
Hippocampus 116–120, 122, 128, 134, 140, 144, 149, 164, 173, 183
Homo sapiens 27, 35, 110, 122, 132
Howe, Michael J. 46–50, 53, 56 f., 60 f.

Ideenreichtum 30
Idiot Savants 36
Individualität 132–134
Informationsverarbeitung 50, 120, 153, 180
Inselbegabung(en) 36, 39, 62, 250
Insulin-like Growth Facor (IGF) 127–129
Inszenierung 22, 63
Intelligenz
–, analytische 70, 96 f., 110, 250 f.
–, fluide 99–101
–, kristalline 99
–, mathematische 97
Intelligenzquotient (IQ) 40, 59,

61 f., 66, 70, 87–94, 96, 98 f., 102–106, 108–110, 141, 166, 186, 208, 233, 249 f.
Intelligenztest(s) 40, 84, 88, 93–95
Intuition 15, 22, 37, 47, 54, 58, 114, 203, 213
IQ-Paradox 103 f.
IQ-Vergleichsstudien 98

Jackson, Michael 11
Jäggi, Susanne 99–101
James, William 14
Junk-Brain 12

Kandel, Eric 150–153
Kandinsky, Wassily 27
Kant, Immanuel 13, 31, 57, 78, 110
Karsten, Gunther 136–141, 143–146, 174–176, 220
Kartensprint 137, 144
Keine-neuen-Neuronen-Dogma 114
Kempermann, Gerd 116, 120, 124, 148, 174
Kleinhirn 40, 117, 128
Kokoschka, Oskar 27
Kopernikus, Nikolaus 13
Kornberg
–, Arthur 65
–, Roger 65
Kraft, schöpferische 15
Kreativität 14, 41, 58, 63, 72, 211, 253
Kreativitätstest 13
Kreativspiele 12
Küchenmathematik 22

Lali Puna 253
Lebensregeln, widerlegte 172
Lebenstüchtigkeit 32
Lehmann, Andreas 72, 76, 222
Lehrbuchweisheiten 12
Leistungsfähigkeit/-vermögen, kognitive(s) 68, 70, 123, 128, 162, 165, 174
Leistungsvoraussetzung(en) 29
Lemke, Leslie 36
Lenin, Wladimir Iljitsch 32
Lernbehinderte 36
Lernbehinderungen 62
Lernfenster 192–194
Lernvermögen 78, 117 f., 130, 134
Lernziel 26
Lesestörung 164
Liebermann, Max 27
Loci-Methode 142
Logik, mathematische 64

Magnetstimulator, transkranieller (TMS) 42 f.
Mann, Thomas 15, 47
Marc, Franz 27
Mathe-Gen 85, 202
May, Arne 148, 172 f.
McHugh, Tommy 44
Mendel, Gregor 47
Mentalsportler 137

Menzel, Adolph von 31
Merkfähigkeit 31, 102, 136
Merkgebäude 143, 145
Merksysteme 141
Merktechniken 103, 145
Merzenich, Michael 166, 169–171
Metapher(n) 55, 144, 146 f., 202
Michelangelo 47
Milieu 34, 213
Missbildungen, strukturelle 40
Mnemotechniken 142
Möbius, Paul 32
Mommsen, Wolfgang J. 31
Moral 53, 185
Motivation 54, 56, 58, 60, 64, 69, 72, 92, 94, 108 f., 173 f., 196, 215, 230, 232 f., 235, 244, 248 f.
Mozart, Wolfgang Amadeus 13, 34, 47–50, 57, 72, 75, 77, 250 f.
Multiple Sklerose 164, 187
Multiplikatoren, soziale 107
Mutation 54, 132
Myelin (siehe auch Gliazellen) 180, 181, 183 ff., 194

Nature or Nurture 34, 44, 46 f., 60, 65, 154, 189 f.
Naturtalent(e) 17, 229
Neigungskarriere 76
Nervenleitungsgeschwindigkeit 99
Neugeborenenimitation 191
Neurobiologie 122, 156, 174, 190
Neurogenese, adulte 118
Neuronennetzwerk 156 f.
Neuro-Rente 121
Neurowissenschaften 40
Newton, Isaac 13, 34, 55 f., 78, 250
Nobelpreis(träger) 47, 58, 65 f., 152, 212 f.
Nottebohm, Fernando 115
Nüsslein-Volhard, Christine 47

Objektinformationen 41
Ortsmethode 143

Paganini, Niccoló 72
Paracelsus (Theophrast von Hohenheim) 28
Parkinson 114, 125, 166
Pasteur, Louis 34
Pawlowsche Experimente 150
Peek, Kim 37–41, 44, 250
Pelé 13, 34
Perrig, Walter 99–102, 107, 165
Persönlichkeitseigenschaften 89, 92, 233, 235
Persönlichkeitsprofil 134
Petters, Wolfgang 245, 252 ff., 261
Phrenologie 31
Piaget, Jean 13, 197
Picasso, Pablo 13, 27
Planck, Max 34
Plastizität 146, 163, 174, 185
Plomin, Robert 61, 87 f., 90–92, 96 f.
Polgár, Lászlo 16, 71

Popularisierung von Spitzenleistungen73
Pridmore, Ben 138, 144, 175
Primzahlen 37, 42
Psychologie, experimentelle 33
Psychometrik(er) 33, 89, 95 f., 108, 110

Quantenmechanik 21

Rain Man 37–39
Ramanujan, Srinivasa 64
Rechenoperation(en) 19, 37
Rechentechnik 22
Rechenwettkampf 21
Rollenmodell 26
Russell, Bertrand 11, 86
Russellsche Wolke 12

Saint-Exupéry, Antoine de 12
Satie, Erik 72
Savant(s) 36–39, 41–44
Savant-Syndrom 39
Schachcomputer 71
Schachspiel(er) 16, 67, 70, 72, 93, 220 f., 225, 231
Schaulust 19, 44
Schizophrenie 166, 187
Schneider, Wolfgang 68, 215
Schostakowitsch, Dimitri 72
Schubert, Franz 47
Selbstentdeckung, spielerische 138
Selbstkonzept des eigenen Talents 85
Selter, Christoph 197–201
Shakespeare, William 34
Signalmolekül 128
Simulationen 238 f.
Snyder, Allan 42–44
Sonderling 18, 24, 26, 45
Spätberufene 27
Spätstarter 22, 66
Spiegel, Hartmut 197–201
Spielmeyer, Walther 114
Spitzenförderung 16
Split Brain 40, 42
Sponsoren 20
Sprachinstinkt 65, 177, 192, 235
Spychiger, Maria 248
Steffny, Herbert 69
Sternberg, Robert 97, 100, 230
Stirnhirn 31, 128, 185
Stockhausen, Karlheinz 246
Synapsen 127, 146, 150, 153–159, 161, 180, 182–184, 188 f., 218

Talent(e)
–, erlernte(s) 14, 71
–, verschüttete 42
–, verschwendetes 22
Talent-Erfahrungen 15
Talentglobus/-karte 211 f.
Talentkreuzung 229
Talentpsychologen 63
Tammet, Daniel 36 f., 44
Taub, Edward 164

Thanh, Vinh Bui 177–179, 194, 209 f.
The Notwist 253
Tolstoi, Lew Nikalojewitsch 47
Training, kognitives 165, 168
Trainingsfleiß 48 f., 60, 215, 229, 234
Treffert, Darold 39 f., 42

Üben, zielgerichtetes 71, 227
Überflieger 26, 45, 222
Überzeugungskraft 75, 237
Übungsfleiß siehe Trainingsfleiß
Ullén, Frederick 184
Umweltfaktoren 34, 213
Unsterblichkeit 22

Van Gogh, Vincent 18, 23–27, 30, 34, 66
Vascular Endothelial Growth Factor (VEGF) 128
Vererbung 33–35, 47
Versager 24, 27, 66, 246
Verschaltungsmuster 150
Verzweigungsmuster 150
Vier-Promille-Gen 90
Virchow, Rudolf 181 f.
Vogt, Oskar 32
Völcker-Rehage, Claudia 123
Volkspsychologie 28 f.
Vorurteile 83, 111, 181, 213, 244

Weber, Max 47
Wechselwirkungsdynamik 105
Weindel, Paul 241–243
Wellcome Trust 148
Weltbild, christliches 28, 30
Weltgenie 57, 59
Whitehurst, Grover 193 f.
Wiedeking, Wendelin 47
Wilander, Mats 248
Wiltshire, Stephen 36
Woods, Tiger 67, 84
Wunderkind(er) 18–22, 45, 48, 50, 60, 75 f.
Wundt, Wilhelm 33, 47

Zahlenjongleur 19
Zahlenlandschaften 37
Zahlenmarathon 137
Zahlensinn 65, 177, 197, 202, 204, 207 f., 235
Zahlensprint 136
Zahlenwahrnehmung, verzerrte 206
Zangger, Eberhard 247
Zielvorstellungen 233
Zirkelschluss 29 f., 32, 96
Zwei-Photonen-Mikroskop 155
Zwillingsstudien 65, 89, 106, 250